儒家人才管理

Confucian Talent Management

蔡文著 著

图书在版编目（CIP）数据

儒家人才管理/蔡文著著．—北京：经济管理出版社，2019.6
ISBN 978-7-5096-6548-0

Ⅰ.①儒…　Ⅱ.①蔡…　Ⅲ.①儒家—人才管理—思想评论　Ⅳ.①B222.05　②C962

中国版本图书馆 CIP 数据核字（2019）第 084189 号

组稿编辑：杜　菲
责任编辑：杜　菲
责任印制：黄章平
责任校对：陈晓霞

出版发行：经济管理出版社
　　　　　（北京市海淀区北蜂窝 8 号中雅大厦 A 座 11 层　100038）
网　　址：www.E-mp.com.cn
电　　话：（010）51915602
印　　刷：三河市延风印装有限公司
经　　销：新华书店
开　　本：720mm×1000mm/16
印　　张：16.75
字　　数：285 千字
版　　次：2019 年 6 月第 1 版　2019 年 6 月第 1 次印刷
书　　号：ISBN 978-7-5096-6548-0
定　　价：88.00 元

·版权所有　翻印必究·

凡购本社图书，如有印装错误，由本社读者服务部负责调换。
联系地址：北京阜外月坛北小街 2 号
电话：（010）68022974　邮编：100836

总　序
为解决人类管理问题提供中国方案

文明因交流而多彩，文明因互鉴而丰富。共同建设美丽地球家园、共同构建人类命运共同体，需要推动跨国界、跨时空、跨文明的交流互鉴，从不同文明中寻求智慧、汲取营养，以文明交流超越文明隔阂、以文明互鉴超越文明冲突、以文明共存超越文明优越，推动人类文明进步和世界和平发展。

中华文明，是在中国大地上产生的文明，也是同其他文明不断交流互鉴而形成的文明，历经5000多年的历史变迁，始终一脉相承，是中华民族的精神血脉，需要薪火相传、代代守护，更需要与时俱进、勇于创新。今天，时代的进步推动中华文明创造性转化和创新性发展，激活其生命力，是摆在我们面前的重要课题。

当今时代，人类生活在不同文化、不同种族、不同肤色、不同宗教和不同社会制度所组成的世界中，各国人民形成了"你中有我、我中有你"的命运共同体。面对世界百年未有的大变局，面对全球经济治理中与日俱增的风险挑战，携手解决人类共同面临的各种挑战，中国发挥什么样的作用，成为全世界关注的焦点，也是摆在我们面前的重要课题。

70年来的奋斗实践，中国取得了举世瞩目的历史性成就，中华民族"站起来""富起来"最终必然"强起来"的伟大复兴梦想正日益成为现实。国际上理性看待中国的人越来越多，为中国点赞的人也越来越多。进入新时代，中国管理学者必须增强底气、鼓起士气，树立世界眼光，立足中国大地，用中国理论解读中国实践，用中国话语讲好中国故事，为解决人类管理问题奉献中国智慧，为丰富人类管理思想提供中国方案，为改善人类管理实践展现中国力量,形成同我国综合国力相适应的国际话语权。

为此,我们一方面需要面向实践、瞻望未来,积极面对中外管理实践中面临的新情况、新问题、新挑战,汲取不同文明土壤中的管理思想,提出管理的新观点、新理论、新思想。另一方面也需要回顾历史、鉴古知今,系统整理中华优秀传统文化中所蕴含的管理思想,以中华民族独有的爱国精神、社会理想、生命境界、处世哲学、道德规范、心性修养和改革精神等为底蕴想问题、观大势、思管理。因为中华优秀传统文化一直是中华民族的力量之源、情感之源、动力之源和信心之源,也是今天治国理政、发展经济和改善管理实践的重要思想源泉。今天,中华优秀传统文化早已走向世界,越来越受到国际社会的认可,中华优秀传统文化中蕴含着解决当今国际社会共同面临的一系列管理难题的重要启示,值得全人类共同学习、珍视和爱护。

中国古代管理思想源远流长、博大精深。光辉灿烂的中华文明留下无数传世经典,凝聚着独具特色的中国管理智慧。中华民族修建万里长城、开凿大运河、治理黄河等伟大管理实践,也积累了丰富的管理经验。系统整理中国古代管理思想,用独特的视角、概念和精神提出不同于西方的管理理论体系,服务当代管理实践,已经成为时代的迫切需要,也是历史赋予当代中国管理学者的光荣使命。

正是基于以上认识,我们决定撰写《中国管理思想精粹》丛书,其核心目的有二:一是从现代管理的视角系统解读中华优秀传统文化中的管理思想,深入总结中国管理的经验与智慧,推动中国管理思想走向世界,提升中国文化软实力;二是系统总结中国古代企业经营和公共管理的实践,提炼出有别于美国式管理、日本式管理的中国管理模式,建构有中国特色、中国气派的现代管理理论体系,推动世界管理理论的创新与变革。

本丛书拟分为五辑:"(原)理"系列、"(朝)代"系列、"(学)派"系列、"(诸)子"系列、"商(帮)"系列,共20多本。"(原)理"系列,包括《中国管理思想史》《中国古典管理哲学》《中国管理学原理》等著作,主要是通过对于中国管理思想发展脉络的梳理和核心管理概念的创新,构建中国管理理论体系的基础。"(朝)代"系列,包括《先秦政府治理思想》《秦汉国家管理思想》《近代管理思想》等著作,主要是通过深入分析各个历史阶段的重要管理思想，展现中国管理思想的发展演变历史过程。"（学）派"系列，包括《兵家战略管理》《儒家行为管理》《儒家伦理管理》等著作，主要是通过对中国传统某一个学派的某类管理思想的专题剖析，准确传达各学派管理思想的精髓和当代运用要领。"（诸）子"系列，包括《老子管理思想》《孙子竞争战略》《管子管理思想》等著作，主要是通过对某个著名思想家或某部典籍的管理学构建，力求完整剖析和深入研究其某类管理思想。"商（帮）"系列，包括《赣商管理思想》《晋商管理思想》《徽商管理思想》等著作，主要是通过对中国古代不同商帮的商业竞争与企业经营思想的系统解读，提炼中国古代的企业经营管理智慧。

总体上，我们期望本套丛书能够体现以下几个特点：

第一，管理学与历史学视角的融合。既强调从管理学学科架构去分析中国古代管理思想，发现其内在的逻辑规律，为创立中国自己的管理理论提供重要支撑；又将中国古代管理文献视为确定的历史事实，通过研究者的工作还原不同历史时期的管理环境、管理实践和管理思想。管理思想的产生和发展也离不开环境的影响，历史学视角的研究将探讨中国管理思想与中国文明的关系，研究中国管理思想发展的内在规律，揭示中国古代管理思想与中国古代文明高度发达之间的关系。

第二，跨文化比较的视角。将中国古代管理思想视为人类有目的的思维活动的一部分，和西方管理思想一样，都是人类管理思维活动的集中体现。主要通过对不同社会文化背景中产生的管理思想、管理模式以及管理效果进行多维度的分析和比较，探讨它们之间的异同和不同文化背景中的管理理论与实践的可转移性。与此同时，通过内容分析与哲学思辨的方法，探究中国古代管理文献的思想意涵及其文化源流，比较其与西方管理思想之间的差异。

第三，多维立体的管理思想体系。既有对中国古代管理思想史的纵向梳理，又有对同一时期各个不同思想流派管理思想的横向探索；既有对管理哲学、管理原理等基础之基础的研究，也有对古代管理实践之解析。

本套丛书的撰写始于2008年，至今已逾十载，可谓"十年磨一剑"。丛书作者，是一批对中华优秀传统文化具有浓厚兴趣、有志于用中国古代管理思想为世界贡献智慧的学者。十年来，团队为了丛书的编写召开了20多次专题会议，出版社的编辑等多次参与丛书的讨论，许多博士、硕士研究生也为此付出了辛勤的汗水，在此一并表示感谢！丛书还得到了国家社会科学出版基金、国家出版基金的大力支持，对此，团队感到十分的欣慰和感激。

心怀梦想，勉力十年，但工作仍属起步，尚需不忘初心，笃力前行。希望我们的研究能够启迪广大读者的管理学习、管理研究和管理实践。当然，由于水平有限，我们的研究难免存在问题，敬请批评、指正，以求不断完善。

整理国故，弘扬中国管理文化是一项系统工程。中国古代管理思想中尚有许多经典命题亟待做出"创造型转化、创新性发展"，时不待我，但非一日之功，亟待当代中国人的文化自觉、责任担当，希望有更多学科越来越多的学者共同持续地努力。

吴照云

2019年4月2日

前　言

　　21世纪以来，人类已经进入知识经济时代，显然，与过去的农业经济、工业经济不同，知识经济是建立在知识和信息的生产、分配和使用上的经济。在知识经济时代，知识正在成为生产力诸要素中最活跃的因素，知识作为最重要的一种资源，也必将会在经济社会发展的各个领域中发挥着越来越关键的决定性作用，由此，作为知识这一重要资源的载体——"人才"无疑必将会成为知识经济时代中最重要的核心资源，可以说，知识经济时代实质上就是一个人才主权的时代。20世纪60年代，美国著名经济学家西奥多·舒尔茨和贝克尔提出的人力资本理论就可对这一时代作出最好的诠释与说明，该理论开辟了关于人类生产能力的崭新思路，提出人力资本是体现在人身上的资本，即对生产者进行教育、职业培训等支出及其在接受教育时的机会成本等的总和，表现为蕴含于人身上的各种生产知识、劳动与管理技能以及健康素质的存量总和。人力资本比物质、货币等形态的资本具有更大的增值空间，特别是在当今人类进入知识经济时代，人力资本将有更大的增值潜力，因为作为"活资本"的人力资本，更具有其他形态资本所不具备的创新性、创造性以及有效配置资源、调整企业发展战略等应变能力。发达国家经济发展的数据表明，人力资本的积累和增加对经济增长与社会发展的贡献远比物质资本、劳动力数量增加重要得多。因此，根据人力资本理论对人力资本进行投资，以各种形式来发展和提高人的智力、体力与道德素质等，以期形成更高的生产能力是知识经济时代各国政府及其各个组织需要面对的亟待解决的重大课题。

　　众所周知，中国是一个人力资源大国，但还远远不是一个人力资源强国。要想使中国成为一个人力资源强国，就必须要使庞大的人力资源转化为人力资

| 儒家人才管理 |

本，其关键就在于提高人力素质，即要全面加强人力资本投资，全面提高人民的素质和能力，培育与开发出越来越多的人才，使人才数量和结构日益与我国经济社会发展相适应，这是当前我国政府急需解决的关键问题。为加强我国人才队伍建设，2010年6月，中共中央、国务院印发了《国家中长期人才发展规划纲要（2010~2020年）》，这是我国制定的第一个中长期人才发展规划，更是这一时期内我国人才工作的指导性文件，也为我国各级地方政府及其各个部门的人才管理工作提供了纲领性的指导与总体的发展方向。显然，这只是一个宏观层面的人才发展规划纲要，但从微观层面来看，对一个组织而言，更重要的是它应如何来做好人才管理工作呢？毫无疑问，对"人"的管理是一项极其复杂的工作，因为"人"是极其复杂的一种高级动物，"人"的成长受其生存环境及其文化的巨大影响，正如法国著名哲学家克洛德·阿德里安·爱尔维修所说："人是环境的产物。"由此，对"人"的管理必然就应考虑不同文化环境背景下的"人"所具有的不同特点，进而采取不同的管理方法或领导模式。正如保罗·赫塞（Paul Hersey）于1969年提出的情境领导理论（Situational Leadership Theory，SLT）就认为，我们在领导和管理公司或团队时，不能用一成不变的方法，而要随着情况和环境的改变及其员工的不同，改变领导和管理的方式。然而，现实的情况是，当前在我国对人才进行管理所采用的理论主要源于西方人力资源管理理论。无疑，这一源于西方的现代人力资源管理理论的形成与发展均是以西方文化背景下的"人"为研究对象的，由此，基于这一特定文化背景下的"人"而发展起来的人力资源管理理论，如果仅仅是直接将其照搬到中国文化背景下以作为指导我们对"人才"进行管理的理论依据或管理工具，那么，中西文化间的差异就极有可能导致文化冲突，更有可能引起现有人力资源管理理论的"水土不服"及理论困境了。

中国是一个由儒家思想占据着统治地位长达2000多年的国家，儒家思想是中华民族2000年来最基本的主流价值观，由此，儒家思想文化在中国人的思想中产生了根深蒂固的影响，对中国绝大多数人的思想与行为都产生了深远的影响。在这一背景下，要探究我国"人才"管理问题，首先就必须要了解影响中国人思想的、占有主导地位的儒家思想文化，通过对中国传统儒家思想文化的探究，以充分了解与把握在这一文化背景下成长、生活与工作的"人"

的特点。同时，更重要的是，儒家管理思想在几千年的发展中已经形成了一套较完善的适用于中国文化背景下的治国方略以及"选人"、"用人"、"育人"、"留人"等人才管理思想及具体做法，这在儒家经典中表现为大量的关于"人性论"及如何对"人"进行管理的阐述。本书拟挖掘中国传统儒家管理这一宝贵的思想资源，以发现其中的"中国智慧"。正如美国管理思想史专家小乔治（C. S. George Jr.）在其《管理思想史》（1972）一书中曾指出："中国人早就以其智慧著名，但对他们的管理思想却很少有人进行研究。可是《孟子》和《周礼》等古籍却表明中国古人已经了解组织、计划、指挥和控制的某些原则。"

综观现有文献，学者们对儒家经典的研究主要还是侧重对儒家管理思想的挖掘与梳理，如学者们的研究涵盖从管理价值观到管理目标、管理控制观、管理人才观、管理方法等，形成了一套儒家管理思想理论体系，然而，对儒家人才管理思想的挖掘与梳理大多还是从人才管理的识人、育人或用人等某一个或几个侧重点来对儒家人才管理思想进行挖掘与梳理，现有研究对儒家人才管理问题还缺乏较全面的、深入的挖掘与把握，主要还只是对该理论体系的某一个侧面或仅从某一个视角对其进行探究与诠释，这些经典的人才管理思想精华还有待以后的学者们去进一步深入挖掘与探究。在此，本书拟先试图从较全面与系统的角度对儒家人才管理思想精华进行初步的探索，并力争呈现较完整的儒家人才管理思想理论体系的初步框架，即以儒家人性论思想精华的挖掘与剖析为基础，力求对人才的管理以充分了解其背后的民族特性和民族的传统文化，尊重人才的文化背景和信仰，尊重人性为前提，进而以人才管理四大核心模块"选人"、"育人"、"用人"、"留人"为主线对儒家经典中的选人、育人、用人、留人的思想精华进行挖掘与梳理，以试图呈现较系统的儒家人才管理思想的理论体系，以为我国各级政府及其各部门开展人才管理提供理论依据及其历史镜鉴，为建构中国管理思想理论体系添砖加瓦，亦为以后学界能更多、更深入与更好地研究中国儒家人才管理理论起到抛砖引玉的作用。

本书能够得以完成并出版，要感谢江西财经大学博士生导师吴照云教授，正是由于他的垂青，我才有幸参与了《中国管理思想精粹系列丛书》的编撰工作；同时，我还要感谢本书撰写过程中所引用著述的作者们，没有他们前期的研究基础，本书不可能得以完成；感谢江西财经大学工商管理学院钟尉博士、刘爱军博士，他们对本书结构框架及其研究内容的优化与完善提出了宝贵的意见；感谢江西财经大学企业管理专业硕士研究生危亮、熊燕平以及人力资源管理专业本科生杨诺等，他们为本书的撰写承担了部分资料的收集工作。

蔡文著

2018 年 12 月于江西财经大学

Abstract

Since the 21st century, human beings have entered the era of knowledge economy, and knowledge is becoming the most active factoramong the elements of productivity. As the most important resource, knowledge will play an increasingly crucial and decisive role in all fields of economic and social development, thus, as the carrier of knowledge, talent will undoubtedly become the most important core resource in the era of knowledge economy. It can be said that the era of knowledge economy is essentially an era of talent sovereignty. Therefore, how to effectively manage talents is a major issue that needs to be solved urgently. However, the management of "human" is an extremely complicated task, because "human" is an extremely sophisticated high-level animal. The growth of "human" is greatly influenced by its living environment and its culture, just as the famous French philosopher Claude Adrien Helvetiu said: "People are the product of the environment." Thus, the management of "people" must take into account the different characteristics of "people" in different cultural environments, then different management methods or leadership models should be adopted.

China is a country that has been dominated by Confucianism for more than 2000 years, Confucianism is the most basic mainstream value of the Chinese nationfor two thousand years. As a result, Confucianism culture has exerted a deep-rooted influence on Chinese thoughts, and has had a far-reaching influence on the thoughts and behaviors of the overwhelming majority of Chinese people. Therefore, in this context, to explore the issue of "talent" management in China, we must first understand the dominant Confucian ideology and culture that affects Chinese people's thoughts, and through the exploration of the traditional Confucian ideology and culture, we can fully understand and grasp the characteristics of "people" who grow up, live and work in this cultural context. At the same time, more importantly, the Confucian management thought has formed a set of relatively perfect strategies for governing the country under the background of our Chinese culture, as well as its talent management thoughts and specific practices. This is manifested in the Confucian Classics as a large number of discussions on "human nature" and how to manage "people". Therefore, this book intends to explore the precious ideological resources of Chinese traditional Confucian management to discover the "Chinese wisdom" among them. As C. S. George Jr., an American expert on the history of management thought, pointed out in his book History of Management Thought (1972): "Chinese people have long been known for their wisdom, but few people have studied their management thought. However, ancient books such as Mencius and Rites of Zhou have shown that the ancient Chinese have understood certain principles of organization, planning, command, and control." Thus, based on the analysis of Confucian human nature theory, this book tries to present a more systematic theoretical system of Confucian talent management by excavating and combing the essence of the selecting persons, educating persons, employing persons, and retaining persons in Confucian Classics.

目 录

第一章 导论 ... 1
- 第一节 问题的提出 ... 1
- 第二节 研究意义 ... 4
- 第三节 人才管理研究综述 ... 6
- 第四节 儒家人才管理思想框架 ... 23

第二章 儒家人性观 ... 26
- 第一节 性善论 ... 27
- 第二节 性恶论 ... 39
- 第三节 其他人性观 ... 49

第三章 儒家选人观 ... 65
- 第一节 儒家选人概述 ... 66
- 第二节 儒家选人之法 ... 78
- 第三节 儒家选人实践及其应用 ... 86

第四章 儒家育人观 ... 97
- 第一节 儒家育人概述 ... 97
- 第二节 儒家育人之法 ... 120
- 第三节 儒家育人实践及其应用 ... 135

第五章 儒家用人观……149
第一节 儒家用人概述……149
第二节 儒家用人之法……162
第三节 儒家用人实践及其应用……183

第六章 儒家留人观……193
第一节 儒家留人概述……193
第二节 儒家留人之法……210
第三节 儒家留人实践及其应用……223

参考文献……241

Contents

Chapter I Introduction 1
    Section 1 Problem Presentation 1
    Section 2 Research Significance 4
    Section 3 Summary of Research on Talent Management 6
    Section 4 The Ideological Framework of Confucian Talent Management 23

Chapter II Confucian View of Human Nature 26
    Section 1 Doctrine of Good Human Nature 27
    Section 2 Doctrine of Evil Human Nature 39
    Section 3 Other Views of Human Nature 49

Chapter III Confucian View on Selecting Persons 65
    Section 1 Overview of Confucian Selecting Persons 66
    Section 2 The Method of Confucian Selecting Persons 78
    Section 3 Practice and Application of Confucian Selecting Persons 86

Chapter IV Confucian View on Educating Persons 97
    Section 1 Overview of Confucian Education 97
    Section 2 The Method of Confucian Educating Persons 120
    Section 3 Practice and Application of Confucian Education 135

Chapter Ⅴ Confucian View on Employing Persons ············· 149

    Section 1 Overview of Confucian Employing Persons ············· 149

    Section 2 The Method of Confucian Employing Persons ············· 162

    Section 3 Practice and Application of Confucian Employing Persons ········ 183

Chapter Ⅵ Confucian View of Retaining Persons ············· 193

    Section 1 Overview of Confucian Retaining Persons ············· 193

    Section 2 The Method of Confucian Retaining Persons ············· 210

    Section 3 Practice and Application of Confucian Retaining Persons ········ 223

References ············· 241

第一章　导　论

　　21世纪是以信息经济、网络经济、数字化经济、大数据为特征的知识经济时代。什么是知识经济呢？1990年，联合国有关研究机构首次使用了"知识经济"的概念，1996年，联合国经济合作与发展组织在一份题为《以知识为基础的经济》的报告中，对"知识经济"首次给予了明确的定义，一个区别于农业经济、工业经济的新的经济形态正在开始兴起，知识经济是建立在知识和信息的生产、分配和使用之上的经济。无疑，在知识经济时代，知识正在成为生产力诸要素中最活跃的因素，知识作为最重要的一种资源，也必将会在经济社会发展的各个领域中发挥着越来越关键的作用。因此，在这一背景下，作为知识的载体——人才，也必将会成为知识经济时代最重要的核心资源，可以说，知识经济时代实质上就是一个人才主权的时代。由此，探究如何对人才进行有效的培育、开发与管理是当前各国政府及其各个组织需要面对的亟待解决的重大课题。

第一节

问题的提出

　　人才开发与管理对我国经济与社会发展具有重要的意义，对此，我国伟大的民主革命先行者孙中山先生就曾在分析中国实际情况后指出："欲图中国实业之发展者，所当注重之问题，即资本与人才而已"，"培养人才，实为当务之急。"邓小平也曾经明确指出："中国的事情能不能办好，社会主义和改革开放能不能坚持，经济能不能快一点发展起来，国家能不能长治久安，从一定意义上说，关键在人。"于是，邓小平提出应"尊重知识，尊重人才，我们要实现现代化，必须打破常规去发现、选拔和培养杰出的人才。"可见，人才开发与管理对于我国经济与社会发展的重要性，由此，为加强人才队伍建设，2010年6月，中共中央、国务院印发了《国家中长期人才发展规划纲要（2010~2020年）》（以下简称《人才规划纲要》），这也是我国制订的第一个中长期人才发展规划，更是今后一个时期内我国人才工作的指导性文件。《人才规划纲要》明确提出，到2020年我国人才发展的总体目标是：培养和造就规模宏大、结构优化、布局合理、素质优良的人才队伍，确立国家人才竞争比较优势，进入世界人才强国行列，为在21世纪中叶基本实现社会主义现代化奠定人才基础。毫无疑问，制定与实施《人才规划纲要》是贯彻落实科学发展观、更好地实施人才强国战略的重大举措，是在激烈的国际竞争中赢得主动的战略选择，对于加快我国经济发展方式转变、实现全面建设小康社会奋斗目标具有重大意义。《人才规划纲要》全文约19000字，分为序言，人才发展指导方针、战略目标和总体部署，人才队伍建设主要任务，体制机制创新，重大政策，重大人才工程，组织实施等部分。显然，这为我国各地方政府、各部门的人才管理工作提供了纲领性的指导与总体的发展方向。

那么，应如何做好人才管理工作呢？毫无疑问，对"人"的管理是一项极其复杂的工作，因为"人"是极其复杂的一种高级动物，"人"的成长受其生存环境及其文化的巨大影响，正如法国著名哲学家克洛德·阿德里安·爱尔维修所说："人是环境的产物。"由此，对"人"的管理必然就应考虑不同文化环境背景下的"人"所具有的不同特点，进而就应采取不同的管理方法或领导模式。正如保罗·赫塞（Paul Hersey）于1969年提出的情境领导理论（Situational Leadership Theory, SLT）就认为，我们在领导和管理公司或团队时，不能用一成不变的方法，而要随着情况和环境的改变及其员工的不同，而改变我们领导和管理的方式。显然，情境领导理论认为管理的重点在于领导者自身应根据管理对象不同而采取不同的领导模式。然而，当前在我国采用的现代人力资源管理理论源于西方管理理论，其经历了两个发展阶段：一是传统的人事管理阶段，即从18世纪末开始的工业革命，一直到20世纪70年代，这一期间又可具体分为科学管理阶段、工业心理学阶段、人际关系管理等几个阶段；二是人力资源管理阶段，即从20世纪70年代末以来，人事管理让位于人力资源管理。显然，这一源于西方的现代人力资源管理理论其形成与发展均是以生活和工作在西方文化背景下的"人"为研究对象的，由此，基于这一特定文化背景下的"人"而发展起来的现代人力资源管理理论，如果仅仅是直接将其照搬到中国文化背景下以作为指导我们对"人"进行管理的理论依据或管理工具，那么，中西文化间的差异就极有可能导致文化冲突，进而更有可能引起现有人力资源管理理论的"水土不服"及其理论困境了。

众所周知，中国是一个由儒家思想占据着统治地位长达2000多年的国家，儒家思想是中华民族2000年来最基本的主流价值观，由此，儒家思想文化在中国人的思想中产生了根深蒂固的影响，对中国绝大多数人的思想与行为产生了深远的影响。因此，在这一背景下，要探究我国"人才"管理问题，首先就必须要对影响中国人思想的占有主导地位的儒家思想文化进行探究，通过对中国传统儒家思想文化的探究，以充分了解与把握在这一文化背景下成长、生活与工作的"人"的特点。同时，更重要的是，儒家管理思想在几千年的发展中已经形成了一套较完善地适用于中国文化背景下的治国方略以及"选人"、"用人"、"育人"、"留人"等人才管理理论，在儒家经典中就有着大量的关于"人性论"及其如何对"人"进行管理等的阐述，探究如何深入挖掘中国传统儒家管理这一宝贵的思想资源，以发现其中的"中国智慧"，正如美国管理思想史专家小乔治（C. S. George Jr.）在其《管理思想史》（1972）一书中曾指出："中国人早就以其智慧著名，但对他们的管理思想却很少有人进行研究。可是《孟子》和《周礼》等古籍却表明中国古人已经了解组织、计划、指挥和控制的某些原则。"[①] 进而，为建构中国管理思想理论体系奠定坚实的基础，以及为我国各地政府及其各部门开展人才管理提供理论依据及历史镜鉴，无疑，这是当前我国管理学者需要面对的亟待研究的重大问题。

---

① 黎红雷：《儒家管理哲学研究情况简介（续）》，《哲学动态》1991年第9期，第43-44页。

第二节

研究意义

19世纪末20世纪初，美国完成了从农业国向工业国的转变，许多工厂发展成为生产多种产品的大企业，但在当时，这些大企业的管理还相当落后，管理者仅仅是凭着各自的经验在进行管理，由此，美国经济发展速度和企业中劳动生产率的水平远远落后于科学技术成就和经济条件所提供的可能性。如何提高劳动生产率？成为当时在美国工业经济发展过程中最突出的问题。由此，西方学者们围绕这一主题开启了探究管理实践中的先进经验与规律的历程，进而从不同角度提出众多的管理理论，形成了所谓的"管理理论丛林"。

回顾西方管理理论的发展，在一定程度上也可以说西方管理理论就是在不断地探究如何对"人"进行管理的过程中不断产生与发展的，从西方"科学管理之父"弗雷德里克·温斯洛·泰勒基于亚当·斯密的"经济人"假设于1911年提出了科学管理理论，泰勒也基于"经济人"假设提出要制定科学的工作方法、挑选一流的工人、实行有差别的计件工资制等提高劳动生产率的方法，从而奠定了现代管理理论的基础。之后，西方管理思想与管理理论的建立与发展逐步经历了从最初的"经济人"假设，到"社会人"、"自我实现人"、"复杂人"、"道德人"等不同的人性假设阶段，由此，管理理论也从科学管理发展到行为科学管理和文化管理等，如泰勒的科学管理理论、法约尔的组织管理理论、韦伯的行政集权组织理论、梅奥的人际关系理论、麦格雷戈的X理论与Y理论、赫兹伯格的激励因素与保健因素理论、威廉·大内的Z理论等，显然，在这一演变过程中，主线都是围绕着"人"的问题而展开的，即如何通过对"人性"认识的不断深化，如何来满足人的多方面需求及其实现自我价值，如何规范与约束人的行为，进而如何通过对"人"的有效管理来最大限度地调动人的积极性等。由此，逐步形成了一个较为完善的西方管理理论体系。

然而，根据当代管理思想理论体系中的组织文化学、文化管理学等都强调了组织中个体需要具有复杂性和多样性，管理的多元化和文化性。① 显然，西方管理理论体系的构建是以其西方文化背景下对"人性"的不同假设为基础的，而我国儒家管理思想对有关人性问题也进行了较充分的论述，并早在先秦时期就达到了一个高峰。因此，本书拟通过基于中国传统儒家文化背景下对"人性"的充分阐述为基础，通过对孔子、孟子、荀子等儒家主要代表人物的经典论述的阅读，试图挖掘与阐述他们对人才管理的思想与主要观点，一方面，这是对中国传统古代管理思想宝贵资源中的理论精华予以继承与发展，以为建构中国管理思想理论体系奠定基础；另一方面，作为世界第二大经济体的中国，以其为主要研究对象，探究与挖掘在中国传统文化背景和"人性"假设下的治国方略以及"选人"、"用人"、"育人"、"留人"等人才管理理论，对于仅仅以西方文化背景下发展起来的西方管理理论的不足无疑是一种有效的丰富与完善，进而为东西方管理思想与管理理论的进一步融合发展与完善添砖加瓦。从这一角度来说，本书将具有重要的理论意义。

古往今来，任何一个大国的发展进程，既是经济总量、军事力量等硬实力提高的过程，也是价值观念、思想文化等软实力提高的进程。文化软实力集中体现了一个国家基于文化而具有的凝聚力和生命力，以及由此产生的吸引力和影响力。众所周知，中华民族具有5000多年连绵不断的文明历史，创造了博大精深的中华文化，中华传统文化是我们民族的"根"和"魂"，如果抛弃传统、丢掉根本，就等于割断了自己的精神命脉，正如习近平总书记指出的："不忘本来才能开辟未来，善于继承才能更好创新。"要建设社会主义文化强国，增强国家文化软实力，实现中华民族伟大复兴的中国梦，无疑，文化自信是更基本、更深层、更持久的力量。而中华文化独一无二的理念、智慧、气度、神韵，必定会增添中国人民和中华民族内心深处的自信和自豪。为此，2017年1月，中共中央办公厅、国务院办公厅印发了《关于实施中华优秀传统文化传承发展工程的意见》，并发出通知，要求各地区各部门结合实际认真贯彻落实。而要传承和弘扬传统文化，就要讲清楚中华优秀传统文化的历史渊源、发展脉络、基本走向，要系统地梳理传统文化资源，让收藏在禁宫里的文

---

① 宋新忠：《孔子人才管理思想——以〈论语〉为考察中心》，山东大学学位论文，2008年。

物、陈列在广阔大地上的遗产、书写在古籍里的文字都活起来,要认真汲取中华优秀传统文化的思想精华,深入挖掘和阐发其讲仁爱、重民本、守诚信、崇正义、尚和合、求大同的时代价值,而儒家管理思想作为中华优秀传统文化的主要代表与核心,本书拟对其中的人才管理思想精华予以挖掘与探析,无疑,在这一宏观背景下对儒家人才管理问题进行探究,本书将具有重要的现实价值。

此外,从组织层面来看,虽然古今社会形态不同,但古今社会中的组织管理却面临着许多共同的管理问题,而我国古代思想家在几千年前就提出了诸多的种种治国方略与对人进行管理的思想,其中,儒家管理思想更是很早就树立了"天地之间人为贵"和"以民为本"等人才管理理念,并由此提出了诸多如人才与时势、人才标准与鉴别、人才考核、人才培养等人才管理理论与方法,因此,通过深入挖掘这一宝贵的思想资源,以为当今社会中各组织鉴识与选拔人才、培育与任用人才、激励与留住人才等提供理论依据与历史镜鉴,显然,本书成果将具有重要的现实指导意义。

第三节

人才管理研究综述

知识经济时代,人的知识、智力、创新能力等人力资本正在日益取代土地、厂房、机器设备等物质资本,而成为经济社会发展过程中的主导资本,人才日益成为一个组织乃至一个国家的第一重要的资源或资本,显然,在21世纪知识经济时代,谁能更有效地吸引与获得优秀的人才、激励并留住优秀人才为其所用,谁就能在全球经济一体化的国际市场竞争中立于不败之地。由此,探索如何更有效地对人才进行管理的问题也日益成为众多学者们研究的重要课题,国内外学者们从不同视角进行了较为深入的研究,并取得了较为丰硕的研究成果,现将其中一些代表性的研究成果综述如下。

第一章 导 论

一、国外人才管理问题研究综述

（一）相关概念的界定

1. 人才的概念

1954年，美国著名管理学家Peter Drucher首先提出了"人力资源"（Human Resource）概念，德鲁克认为，人力资源是指拥有其他资源所没有的素质，即"协调能力、融合能力、判断力和想象力"，管理者可以利用其他资源，但是"人对自己是否工作绝对拥有完全的自主权。"① 而人才用英语表述其对应的词是"talent"，是指具有某种特殊能力的人或天才。因此，人才资源就是指人力资源中素质层次较高的那一部分人。如以创造性高过社会平均水平表示，它是一个边界模糊的概念，人才资源是指那些杰出的、优秀的人力资源，其着重强调了人力资源的质量。由此，与人力资源相比，人才资源的本质特征主要是表现在其创造性的劳动过程中：①人才资源的内在素质更具优越性；②人才资源劳动过程更具创新性；③人才资源的劳动成果更具创造性及其贡献的超常性；④人才资源更具稀缺性；⑤人才资源更具有不可替代性。显然，从这一角度来看，根据资源基础理论，人才资源实质上就是组织获取其持续竞争优势的一种战略性资产。Wright等（1994）运用资源基础理论分析了人力资源实践和人力资源本库（Human Capital Pool）成为战略资产的可能性，他认为，由于人力资源实践能够很容易地被竞争对手复制，所以无法成为战略资产，而人力资源库这种高技能、高智能的劳动力储备最有可能构成企业持续竞争优势的源泉。② Boxall（1998）则提出了"人力资源优势"概念，并认为人力资源优势由人力资本优势和人力整合过程优势组成，这两种优势的结合具有价值性、稀缺性、不可模仿性和不可替代性等特征，从而成为持续竞争优势的源泉。③

---

① Peter F Drucher. The Practice of Management [M]. New York: Harper & Brothers, 1954.
② Wright P M, McMahan G C & McWilliams A. Human Resources and Sustained Competitive Advantage: A Resource-based Perspective [J]. International Journal of Human Resource Management, 1994, 5 (2): 301-326.
③ Peter Boxall. Achieving Competitive Advantage through Human Resource Strategy: Towards a Theory of Industry Dynamics [J]. Human Resource Management Review, 1998, 8 (3): 265-288.

2. 人才管理的概念

什么是人才管理呢？出于不同的研究目的，学者们从不同的研究视角给出了人才管理概念不同的定义，至今并没有形成一个被大家所共同认可的定义。但是通过对学者们的研究成果进行梳理可以发现，现有对人才管理内涵的研究成果主要是基于四个方面的视角来进行定义的：一是从传统功能导向视角定义，学者们将人才管理定义为包括招聘、甄选、培训与开发、职业生涯管理等在内的人力资源部门实践、运行、活动或专业领域的选择（Hilton，2000；Heinen，2004；Mercer，2005）。持有这种观点的学者认为，人才管理实际上也就是在做人力资源管理部门经常做的事情，如招聘管理、培训与开发管理、职业生涯管理等。二是从人才池导向的视角定义，学者们将人才管理看成是开发和储备人才的一种功能，如认为人才管理就是为了保证整个组织的工作岗位都有充足的员工而设计的一系列过程（Kesler，2002；Pascal，2004）。持有这种观点的学者认为，人才管理的主要任务就是通过职位或软件系统的应用，来突出员工的需求并且保证员工的连续性。三是从一般性导向的视角定义，学者们将人才管理看成不用考虑组织边界和职位的特殊性，而只是一般性的管理活动。他们认为，人才管理的主要内容是应在不考虑人才特殊作用或组织特殊需要的前提下，寻找、雇用以及差别化地奖励这些高度有能力的执行者，组织应该去管理人才的绩效池而不是特定工作的继任池（Axelrod et al.，2002；Michaels et al.，2001）。实际上持有这一观点的学者主要强调了人才的结果导向，如认为人才很重要，强有力的人才资源的功能就是向高绩效水平来管理每一个人（Buckingham & Vosburgh，2001；Walker & Larocco，2002）。四是从战略导向的视角定义，学者们将人才管理看成是一种战略而获取竞争优势的管理活动。如David和Kamel（2009）将人才管理战略看成是一些活动和过程，这些活动和过程可以系统地识别对组织可持续竞争优势有不同贡献因素中的关键要素，可以为填补工作岗位发展高潜力、高绩效和负责任的人才池，可以建立一个可区分的人力资源架构来促进有能力和责任心的人员填补岗位并且保证他们对组织恪守承诺。

（二）对人才管理具体内容的研究

如何来对人才进行管理呢？综述现有研究成果，可以将学者们对人才进行管理的具体内容归纳为以下几个方面：首先，人才管理的首要任务就是对组织中关键职位的识别与确定；其次，应是针对这些关键职位来开发人才池，尤其是要建立与形成高能力、高绩效的人才池；最后，要想使组织适应内外部环境的变化，人才管理还应开发与创建差异化的、有竞争力的组织人力资源管理架构体系。①

1. 对组织中关键人才职位的识别与确定问题的研究

学者们普遍认为，对关键性人才职位的识别与确定应是任何战略性人才管理系统中的第一个环节，因此，他们主张应关注关键性人才职位的确认或者是应关注对可持续竞争优势有不同影响潜力的"A类职位"（Boudreau & Ramstad, 2005; Huselid et al., 2005）。那么，应如何来识别与确定关键性人才职位呢？学者们提出了两种思路：一是自下而上式的。如Lepak和Shaw（2008）等战略人力资源管理学者们关注人才管理自下而上的理论发展，这种理论强调的是由于员工的价值和独特性，这些员工就能够为企业的战略目标做出贡献；② 二是自上而下式的。如Becker和Huselid（2006）提出自上而下的思想，提出只有当员工能够为组织战略目标做出贡献时，他们才拥有战略价值，不是所有的战略过程都对人力资本具有很高的依赖性的。③ 由此，他们认为在适应性方面的轨迹应该是工作而不应是个体员工。于是，对人才的管理就应根据其战略贡献的重要性来识别与确定关键性职位。如Boudreau和Ramstad（2007）就呼吁应对人才进行分割，并且着眼于那些对组织成功影响最大的人才池中的20%有质量和有效的人才进行重点研究。相反，现实中，往往很多的组织在执行人才分割的决策上缺乏科学性，由此，也意味着该组织在那些重要的却不是核心的人才池中投入过多，而在核心的人才池中投入不足。④

---

① 刘瑛、赵颖：《人才管理问题国外研究成果综述》，《科技管理研究》2014年第2期，第75-79页。

② Lepak D P, Shaw J D. Strategic HRM in North America: Looking to the Future [J]. International Journal of Human Resource Management, 2008 (19): 1486-1499.

③ Becker B E, Huselid M A. Strategic Human Resource Management: Where do We Go from Here? [J]. Journal of Management, 2006 (32): 898-925.

④ Boudeau J W, Ramstad P M. Beyond HR: The New Science of Human Capital [M]. Boston, MA: Harvard Business School Press, 2007.

2. 对组织如何开发填补关键人才职位的人才池问题的研究

学者们认为，在确定了关键人才职位后，如何保证这些关键人才职位能够及时得到填补呢？这就需要有一个人才池，因此，开发人才池就是为了满足关键人才职位能够及时得到填补的需要，从而，组织促成与发展那些高潜力、高绩效和有胜任能力的人才不断集聚的现象。如 Smilansky（2006）、Sparrow（2007）以及 Stahl 等（2007）就认为，在组织识别并确定了关键的人才职位后，战略人才管理系统的关键就是要开发一个可以增补这些关键岗位的人才池。一些学者通过对全球人才管理的实证研究结果发现，一些高绩效的组织普遍实施了人才池战略，也就是招聘最优秀的员工，然后为他们找到合适的职位（Stahl et al.，2007）。事实上，这与传统的招聘主要是基于对某一职位空缺后才做出相应的反应是不同的，开发人才池就是要针对一些关键人才职位的招聘反应要前移，即应在职位空缺前就应进行招聘，以形成关键职位人才池。而对如何有效地开发人才池，Cappelli（2008）认为组织必须要做到以下两点：一是组织应该将内部开发与外部招聘结合起来开发人才池。这种内外结合的人才开发手段就能确保组织在一定的时间内获取到足够的人才资源，且又能尽可能做到避免组织中人才资源浪费的现象。① 二是要在更广泛的组织背景下开发人才池，而不仅仅只考虑特殊成功职位需要。因为这样做就可以防止组织仅仅只为了某种特殊能力而去开发和培养人才的情况，导致人才适用性较狭窄；相反，如果在更综合、更广泛的能力下开发、培养人才，就能使这些培养后的人才可以适应更宽领域的工作岗位。②

3. 对组织应如何构建人力资源管理架构体系问题的研究

对这一问题的研究，学者们普遍认为，组织应开发与创建一个差异化的、有竞争力的人力资源管理架构体系。无疑，明确了关键人才岗位，并开发了人才池后，要使组织中的人才产生效益还必须要对组织中的人才进行充分而有效的激励，这就有赖于组织中的人力资源管理实践了，要针对不同的员工类别采取不同的人力资源管理措施，这就需要构建一个差异化的、有竞

---

① Cappelli P. Talent on Demand [M]. Boston, MA: Harvard Business School Press, 2008.
② Cappelli P. Talent Management for the Twenty-first Century [J]. Harvard Business Review, 2008 (3): 74-81.

争力的人力资源管理架构。由此,在过去的20多年的时间里,有关人力资源管理实践与组织绩效之间关系的研究一直是战略人力资源管理研究领域中的一个重要选题。

显然,组织中不同的人力资源管理架构对组织绩效具有不同的影响,许多学者就发现了差异化的人力资源管理架构的重要性,如 Lepak 和 Snell(1999,2002)、Tsui 等(1997)认为,不同的员工群体对组织业绩产生的贡献是不同的,实践中,组织早就综合运用了多重人力资源系统。Tsui 等(1997)就开展了在组织多重人力资源系统和这些人力资源系统对不同成果产生影响潜力之间进行区分的研究。由此,也说明了运用人力资源管理架构的差异性的重要,Lepak 和 Snell(1999)在战略人力资源管理背景下则开发了因情况而定的结构,并且证明了特殊的人力资源系统不可能适合所有的情况,除非依赖独特的人力资本。他们基于员工技能和贡献的独特性与价值性在四种类型的员工中做出了区分,并且认为独特性和有价值的执行者应通过一个差异化的人力资源架构被支持。[①] 如 Lepak 和 Snell(2002)就根据员工的独特性与价值性对组织与员工间雇佣关系的差异进行了区分,认为可以划分为四种类型:一是基于知识的雇佣,是指这类员工同时具有独特性与价值性,并且具有能够为公司战略目标做出重大贡献的潜力,对这类员工的管理,公司主要应依赖以知识为基础的雇佣,即强调内部开发和针对核心员工群体的长期员工契约管理。二是基于工作任务的雇佣,是指这类员工具有一定的战略价值,但是不具有或者较少具有独特性的员工,对这类员工的管理,公司一般主要采用基于已被确定的工作任务的内部雇佣,即这些员工雇佣后即可被用来执行较为明确的工作任务。三是基于合约的雇佣,是指这类员工既没有战略重要性也不具有独特性,由此,对这类员工的管理,公司采取的人力资源管理架构普遍采用外包的形式。四是基于联盟或合伙企业的合作关系,是指这类员工具有相对而言的独特性,但对于内部雇佣来说却没有足够的战略价值,因此,对这类员工的管理公司一般采取联盟或合伙的管理模式。Lepak 和 Snell(2002)进而通过实证研究发现,不同

---

① Lepak D P, Snell S A. The Human Resource Architecture: Toward A Theory of Human Capital Allocation and Development [J]. Academy of Management Review, 1999 (24): 31-48.

特点的员工在人力资本价值和独特性方面确实存在着差异性，针对不同的员工类别就应采取有差异性的人力资源管理架构，即一个特定的资源配置模式和人力资源架构应该与不同的员工类别结合起来。①

（三）对人才管理与组织绩效关系问题的研究

学者们对人才管理与组织间绩效的关系问题也进行了广泛的研究，现有的研究成果普遍认为人才管理对组织绩效会产生影响，且影响的路径是因为人才管理可以提高员工个体的绩效，而员工个体绩效的普遍提高进而就可以促使组织绩效的提高，由此，在人才管理中影响个体绩效的因素也就成了对组织绩效影响的关键因素。如 Lepak 和 Shaw（2008）提出，应通过对战略人力资源管理系统的构建来激励组织人才池中的员工产生组织的期望的行为，进而促使组织达成其战略目标。② 而员工行为在战略人力资源管理系统与组织绩效关系中具有调节作用，即组织要提高其绩效，就必须首先要提高员工个体绩效，也就是要使组织人才池中的员工个体绩效最大化，进而使组织绩效最大化，如 David 和 Kamel（2009）的研究结果表明，员工个体产出水平在战略性人才管理系统中具有重要的作用，因此，加强对员工的激励，确保员工组织承诺对组织绩效的提升具有重要的作用，可以将其作为战略人才管理系统与组织绩效影响关系中的调节变量。③ 还有一些学者如 Campbell 等（1993）、Murphy（1996）、Neil 和 Griffin（1999）等对此也进行了研究并得出了上述类似观点。

学者们还对人才管理中影响员工个体绩效的因素也进行了研究。如 Boselie 等（2005）通过研究提出了一个 AMO 理论框架，该理论框架中将员工个体绩效（P）看作是员工能力（A）、动力（M）以及机会（O）三者作用于行为

---

① Lepak D P, Snell S A. Examining the Human Resource Architecture: The Relationships among Human Capital, Employment, and Human Resource Configurations [J]. Journal of Management, 2002 (28): 517-543.

② Lepak D P, Shaw J D. Strategic HRM in North America: Looking to the Future [J]. International Journal of Human Resource Management, 2008 (19): 1486-1499.

③ David G C, Kamel M. Strategic Talent Management: A Review and Research Agenda [J]. Human Resource Management Review, 2009 (19): 304-313.

的一个结果。① 而 Blumberg 和 Pringle（1982）也认为员工个体绩效是其能力（身体健康情况、智力水平、受教育情况等）、期望（工作满意度、积极性等）以及行为机会（生产工具、机器设备等工作条件，同事关系、领导行为等人际关系情况）相互作用所带来的结果。因此，要提高员工个体绩效就应从这几个方面来强化对于人才的管理，如 Batt（2002）研究表明，服务业高绩效工作系统性的建立应通过提高员工技能水平以及公司特殊知识管理在员工个体绩效提高中的直接作用，同时，还应通过促使组织中员工离职补偿与员工积极性的改善在员工个体绩效提高中的间接作用。② 还有一些学者从组织承诺与角色外行为角度对组织绩效的影响问题进行了研究。如组织在人才管理中对如何保留组织人才池中员工，而不是相反的经常失去这些员工给予了极大的关注，由此，学者们对员工流动率的影响因素也表现出了较大的兴趣，研究认为，组织承诺被认为是在有效的人才管理和组织行为中具有积极影响的变量，其对解释员工保留与流动因素的关注也是一个较为普遍的变量，组织承诺被定义为在组织中个体对于组织的认同与参与的相对力量（Mowday et al., 1982）。Kristor（1996）认为，关键职位与关键人才相匹配可以促使人才表现出更高水平的组织承诺，而高水平的组织承诺又可让员工表现出更多的角色外行为。George 和 Bettenhausen（1990）研究发现，角色外行为对包括工作团队凝聚力、人员流动的消极关系以及离开组织的倾向在内的组织效用都具有直接的积极影响。

由此，综上所述，我们发现学者们从多种角度对人才管理系统与组织绩效间的关系问题进行了研究，并得出了众多的研究成果。显然，总体来看，学者们普遍都肯定了人才管理系统的重要性，他们认为人才管理系统的改进与完善对员工个体绩效具有重要的影响，如提高员工角色内行为、员工工作积极性、组织承诺水平以及改进员工角色外行为等，进而，员工个体绩效的改进就会促进组织绩效的大大提升。

---

① Boselie P, Dietz G, Boon C. Commonalities and Contradictions in HRM and Performance Research [J]. Human Resource Management Journal, 2005 (15): 67-94.
② Batt R. Managing Customer Services: Human Resource Practices, Quit Rates, and Sales Growth [J]. Academy of Management Journal, 2002 (45): 587-597.

二、国内人才管理问题研究综述

(一) 人才概念的研究

人才是知识经济时代最热门的话题之一,更是当今世界各国政府尤其关注的一个重点问题,因为,人才不仅仅是经济社会发展的重要资源问题,更是关系到人的发展问题。人才具有历史性、实践性与社会性,如人才具有时代性与社会性就是说在不同的时代和不同的社会中人才具有不同的含义,且在不同的历史时代与不同的社会中,受各种主客观条件的影响与制约,人才作用的发挥及人才作用的范围等都存在着较大的差异。正如马克思主义经典作家明确提出:"人民群众是一个历史的概念。在不同的国家和各个国家的不同历史时期具有不同的内涵。"

我国著名人力专家王通讯、王康将人才定义为,在一定社会历史条件下,凭借其创造性的劳动,促进社会发展和人类进步的人。刘圣恩在其编著的《人才学简明教程》中则认为,社会历史性是人才形成的前提,人是社会中的人,离开了社会、历史就无所谓人才;实践性是人才形成的前提与基础,人才必须是实践中的人才,离开了实践,人才也不存在;创造性是人才的核心和本质特征,而区分人才与非人才的界限就在于能不能进行创造性劳动。黄津孚则认为,人才是在一定社会历史时期,利用自身超常水平知识、技能或意志对社会发展做出较大贡献的人。简言之,就是符合社会发展需要的高素质的人,无论他的身份地位、学历或文凭,只要有突出的才能,有丰富的实践经验,能在自己的岗位上做出带头作用的人就都可以称为人才。总体来看,学者们对人才概念虽然没有形成一个统一的定义,但是从这些定义来看,其主要体现在以下几个特点:一是强调了人才的历史时代性,即认为人才是在一定的历史时代下的产物,必然具有某一历史时代的特点;二是特别强调了人才的实践性,即认为人才一定是能够对经济社会发展的实践具有突出影响或突出贡献的;三是特别强调了人才的内在素质优越性,即认为人才与一般人相比,其具有更优越的内在素质,如品德高尚、学识渊博、思维敏锐、创新力强、精力充沛等,而这些内在素质又往往是一般人所不具备的,由此,可以说,素质优越性是人才所具有的一个本质属性。正如我国《辞海》中将人才定义为,人才是指具有一定才能的人,即为社会发展和人类进步做出创造性的劳动,在某一行业、领域或工作中做出较大贡献的人。

(二)对儒家管理思想问题的研究

综观国内学者对儒家经典的研究成果,大多学者们主要是聚焦于对儒家管理思想的研究,学者们从儒家管理哲学、管理目标、管理内容与方法等方面对儒家管理思想进行了挖掘与探究,获得了众多的研究成果,主要代表性的研究观点综述如下。

1. 对儒家管理哲学的研究

管理哲学是介于哲学与管理学之间的一门交叉学科,剑桥大学克里斯托弗·霍金森于1978年出版了《管理哲学》一书,标志着管理哲学发展成为了一门独立的学科,与此同时,对中国管理哲学的研究也开始注重对中国古代典籍中管理哲学遗产进行系统、深入的发掘与梳理,从管理哲学的视角去剖析与理解儒家管理思想,为更深入地理解儒家管理思想开启了一个新的视角。一些学者对儒家管理哲学的整体性进行了研究,如黎红雷(1993)在其《儒家管理哲学》一书中提出,从现代管理学的观点看,儒学是一种与科学管理哲学交相辉映的人文管理哲学,其基本精神是"以人为中心,以道德教化为导向,以正己正人为途径。"进而,黎红雷将儒家管理哲学思想与现代管理的基本概念相对应,分别从"唯人则天"的管理本体论、"知治一致"的管理认识论、"执经达权"的管理方法论、"义以生利"的管理价值论等方面进行了论述。① 还有一些学者对先秦儒家一些主要的代表人物如孔子、孟子和荀子等的管理哲学进行了研究,如周伟民通过对孔子管理哲学思想的研究认为,"允执其中"是孔子的管理哲学,"虚以控实"、"静以制动"是其管理的实践精神,"博学之、审问之、慎思之、明辨之、笃行之"是孔子管理实践程序,对此进行革命性摒弃与转换是可以为当今的管理服务的。② 余海舰则对荀子管理哲学思想进行了研究,他在《荀子管理哲学思想研究》中阐述了荀子的哲学观点,如从"天人关系论"、"人性论"、"明分论",来探讨管理的主体、管理的本质、

---

① 黎红雷:《儒家管理哲学》,广东高等教育出版社,1993年。
② 周伟民:《孔子的管理哲学·实践精神·实践程序》,《海南大学学报》(社会科学版)1995年第3期,第8-9页。

管理的手段、管理的终极价值等问题。荀子的"明于天人之人"和"制天命而用之"的天人关系论突破了"天命论"的枷锁，使人成为管理的主体；荀子的"群居和一"的群观念，为管理设定了终极价值目标；荀子的"明分论"和"礼法论"为实现管理目的提供了合乎天人的管理方法论；荀子不但有"隆礼重法"的管理思想，而且创造性地用"义"的精神去统领礼法，使他的礼法观，既有传统的继承，又有独具慧眼的创新；荀子的"以礼分施"的君道论，又为管理的组织形式和组织伦理、管理境界提高、管理者的用人之道等提供了具体的依据，即"隆一而治"的组织结构、"正宜谋利"的组织伦理、"义立而王"的领导哲学、"治生乎君子，乱生于小人"的用人哲学。可见，该文正是沿着荀子的思路，先从荀子的哲学观点谈起，把人的问题分析明白，这就是要成为"明白人"，而后向管理层面落实，详细探讨了"明分论"和"礼法论"在其管理哲学中的地位和作用，这就是要做"明白事"。由此，得出让"明白人"做"明白事"就是荀子的管理哲学的基本结论。①

2. 对儒家管理目标、内容与方法等的研究

在儒家管理思想理论体系中，其管理的最终目标是什么呢？学者们对此也进行了较充分的挖掘与研究，总体来看，学者们大多都认同，儒家管理思想的根本目标就是通过修己来达到其终极目标——安人，即"安人"就是儒家管理的根本目标，且儒家管理思想认为，为了实现这一管理目标，儒家提出了通过以"修己"的自我管理模式为手段，进而设计了通过"修身、齐家、治国、平天下"等途径来实现其最终管理目标的思路与管理体系。

对儒家管理思想内容的研究，学者们也进行了剖析与梳理，但主要观点大致差不多，主要包括：一是认为儒家管理思想的内容主要集中在"以人为本、控制与激励"等方面。儒家的以人为本思想强调了管理的核心是"人"，儒家认为人是管理中的首要因素，主要的思想观点如"仁者爱人"；"民为贵，社稷次之，君为轻"；"民可近不可下，民惟邦本，本固邦宁"；"天之生民，非为君也，天之立君，以为民也"等。儒家控制与激励思想的主要观点有"道之以德，齐之以礼，有耻且格"。儒家倡导要实施"道之以德"即以道德价值

---

① 余海舰：《荀子管理哲学思想研究》，湖南师范大学博士学位论文，2012年。

为导向的内在控制与"齐之以礼"即以礼仪为规范的外在控制相结合的控制手段。此外，儒家还主张要通过"修己以安人"的表率激励、"爱而用之"的爱民和利民激励、"无功不赏，无罪不罚"的赏罚激励等来进行管理。二是认为儒家管理内容可分为修身的自我管理和安人的社会管理两大类。而修己的自我管理是安人的首要前提，安人的社会管理又是立足于自我修身管理的基础上的，两者互为依存。三是认为儒家主张提高管理者自身的素质是实现其管理目标的主要途径，即从这一角度来看，孔子管理思想的基本内容概括起来不外乎就是"修身"和"爱人"。修身是管理对人的内在要求，爱人是管理对人际关系所提出的原则，修身是爱人的基础，爱人又是修身的必然结果。

在对儒家的管理方法问题的研究上，学者们的研究观点也大致相同，都能看到执经达权、中庸之道这一根本特征，学者们也围绕这些方法从起源、经权观解释、中庸之道的内涵上等展开了分析与讨论，但不足之处是对执经达权思想、中庸之道等在管理中具体运用上分析还不够深入，还有待进一步去探究。①

（三）对儒家人才管理思想的研究

给出了人才概念的定义，学者们从不同的角度对人才管理问题进行了研究，但最多的还是运用西方人力资源管理理论对人才的选、育、用、留等问题进行了深入研究，由于本书主要是探究儒家人才管理问题，因此，在这里对此不再予以综述，重点放在对国内一些学者关于儒家人才管理问题的关注与研究成果的梳理上，而综观儒家经典，儒家虽然没有关于人才问题的专论，但是透析其管理思想经典可以发现，儒家还是有着大量的关于对人的管理问题的论述，即其关于人才管理的论述或思想多渗透在他们的哲学思想、社会思想、政治思想与管理思想等之中，如对于人才的标准，人才的社会地位，人才的选拔、考察、培养、任用等诸多方面都不乏一些真知灼见，对其精华进行挖掘与深入的探究将对我国当前组织的人力资源管理或人才管理具有重要的借鉴与启示意义，由此，学者们从不同的视角或侧重点对此也进行了初步的挖掘与探索，现将其中一些具有代表性的观点综述如下。

---

① 黄河：《儒家管理思想研究综述》，《南阳理工学院学报》2009年第3期，第40—41页。

| 儒家人才管理 |

1. 对儒家人性论的研究

学者们对儒家人性论问题进行了较广泛的研究,为深入了解儒家人性论的主要内容以及儒家对于人才管理的经典论述奠定了理论基础。一些学者对儒家人性观进行了挖掘与梳理。如黎红雷发表的《先秦儒家人性论的管理学意义》一文中,从现代管理学角度,重新审视了先秦儒家的人性论理念,论述了先秦儒家"性善论"、"性恶论"、"人性可塑论"等人性论观点,提出了强调塑造人性以实施管理,正是先秦儒家人性理论的独特之处。还有一些学者通过以儒家人性论分析为基础,进而,试图提出或构建基于儒家人性论基础上的中国古代管理思想理论体系。如李大元、陈应龙(2006)主要以儒家人性观为研究对象对中国古代人性假设问题进行了研究,他们认为,管理思想都是或明确或隐含地建立在一定的人性假设基础上的。从某种意义上说,管理就是依据不同的人性假设采取不同的激励和约束措施。由此,他们通过对建立在性无善无恶论、性恶论、性善论与性多元论哲学基础上的人性假设,即自然人假设、利欲人假设、道德人假设和动态人假设以及相对应的无为管理、制度管理、道德管理与人本管理方式进行了论述,并在此基础上将中国管理解构与梳理成平民学派、权力学派、正统学派和综合学派。①

2. 对儒家人才观的研究

儒家主要代表人物孔子、孟子和荀子等的人才思想不仅影响了他们所处的那个时代,而且持续对中国经济社会的发展产生了深远而又广泛的影响。在儒家的眼中,人才是什么呢?综观儒家经典,在儒家所探讨的视野中人才应是德才兼备的人,即既要有较高的道德修养,还要有出众的才能。如孙湜茗(1997)对此就进行了较深入的研究,他在《析儒家人才观及其现代意义》一文中提出,儒家或以儒家为主体之传统思想文化的根本价值和精髓,就在于其既肯定群体利益至上而又肯定个人利益的合理群体主义精神,在这种价值观基础上所形成的人才观,如要求德才兼备、弘扬人的主体精神,在不违背群体利益的前提下肯定个性的差异和发展,提倡奋进和创新等。儒家人才观中一些有

---

① 李大元、陈应龙:《东方人性假设及中国管理流派初探》,《经济管理》2006年第17期,第44-47页。

意义的思想主要有:

（1）儒家尚德不轻智，也就是现代所说的要求德才兼备。首先，关于尚德，即在儒家人才观中，道德居于首位。正如孔子曰："言忠信，行笃敬，虽蛮貊之邦，行矣；言不忠信，行不笃敬，虽州里，行乎哉?"① "人而无信，不知其可也。大车无輗，小车无軏，其何以行之哉?"② 等。其次，关于重智，即儒家推崇道德但却不轻视才智。正如孔子曰："未知焉得仁?"显然，孔子是将智视为完全人格的必要条件。又说："知、仁、勇，三者天下之达德也。"即将知、仁、勇三要素看作为完美人格的充足条件，而知、勇即是才智。董仲舒也说："莫近于仁，莫急于智"，故"必仁且智"。而荀子则用大德、大智和能立大功名描写大儒，因此儒家眼中的圣人总是德行与才智的化身，如《中庸》以舜为大智："舜其大知也与……执其两端而用其中于民。"

（2）弘扬立足大我的主体性。现代人要求在实事求是的前提下发扬主体性，即自主自觉的能动性。如强调人的尊严，认为"天地之性，人为贵。"③ 唯人能与天地并列为三，这是因为"天有其时，地有其材，人有其治"，人可以"赞天地之化育"，而且可以"制天命而用之。""能执人理与天交胜，用天之利，立人之纪。"树立高度的责任心，即儒家以"修身、齐家、治国、平天下"为己任，"思天下之民匹夫匹妇有不被尧舜之泽者，若己推而内之沟中。"④ 尊重人的独立性，即儒家一方面在一定程度上认可人格平等，主张君臣"以义合"，不合则去，认为"天之立君，以为民也；天之生民，非为君也。"⑤ 这可以说是在封建等级制度下最大限度的人格平等思想；另一方面儒家还在一定程度上肯定人格独立，如"三军可夺帅也，匹夫不可夺志也。"⑥ "慎思之，明辨之"。⑦ "故口可劫而使墨云，形可劫而使诎申，心不可劫而使易意，是之则受，非之则辞。"⑧ 努力激发人们自我发展、自我完善的内动力，

---

① 《论语·卫灵公篇第十五》。
② 《论语·为政篇第二》。
③ 《孝经》。
④ 《孟子·万章章句上》。
⑤ 《春秋繁露》。
⑥ 《论语·子罕篇第九》。
⑦ 《中庸》。
⑧ 《荀子·解蔽第二十一》。

强调自信、自尊、自爱。如"我欲仁，斯仁至矣。"①"人皆可以为尧舜"。②

（3）有限度地肯定个性的差异和发展。如孔子曰："居上不宽，为礼不敬，临丧不哀，吾何以观之哉？"③"宽则得众"、"躬自厚而薄责于人，则远怨矣"。④

（4）表现了一定的创新精神，如孔子曰："殷因于夏礼，所损益，可知也；周因于殷礼，所损益，可知也。其或继周者，虽百世，可知也。"⑤殷对夏礼，周对殷礼，皆有所因革，因循其不宜变动的大体，而改革其不合时宜的部分，可见，孔子虽然拥护周礼，但并不拘泥，而是对礼的因革具有一定的自觉性。⑥王璐颖（2012）也认为，先秦儒家对人才的认知同样也是注重人才的综合素质，他们认为，人才不是书呆子，而是聪明的文化人，这也可以说就是那个时代人们心目中的德才兼备的人。⑦如荀子在《荀子·臣道第十三》中就对人才的标准进行了阐述，荀子曰："忠信以为质，端悫以为统，礼义以为文，伦类以为理。"显然，荀子认为人才既要有道德品质又要熟悉伦理法律、遵守礼仪规范。而且就德与才而言，儒家更重视人才的德行，如《论语·宪问篇第十四》中子曰："骥不称其力，称其德也。"《孟子·尽心章句上》中孟子曰："君子之于物也，爱之而弗仁；于民也，仁之而弗亲。亲亲而仁民，仁民而爱物。"

3. 对儒家识才、选才、育才、用才等问题的研究

如何对人才进行有效的管理，显然，识才是用才的前提，要想正确地选择人才、使用人才，其前提就是要能够及时地、准确地发现人才、识别人才与选择人才，无疑，这一识才、选才、育才与用才的过程并非易事，即便是现在看来，它也是一项极其复杂的工作。对此，先秦儒家在这方面积累了较丰富的有关识才、选才、育才与用才的方法与途径，由此，学者们也从不同的视角对儒家的这些人才管理思想进行了挖掘与剖析。

---

① 《论语·述而篇第七》。
② 《孟子·告子章句下》。
③ 《论语·八佾篇第三》。
④ 《论语·卫灵公篇第十五》。
⑤ 《论语·为政篇第二》。
⑥ 孙湜著：《析儒家人才观及其现代意义》，《中国哲学史》1997年第2期，第12-17页。
⑦ 王璐颖：《先秦儒家人才观透视》，第二军医大学学位论文，2012年。

对于儒家识别人才问题的研究,儒家主张应从多角度来对人才进行考察与识别。如陈亚平(1996)认为,儒家识别人才主要有以下几种方法:一是观察法。孔子就认为要识别一个人就必须要"听其言,观其行",即观察一个人不能只看其表面,而应当去观察这个人的心理状态,以深入揭示其本质特征,如子曰:"视其所以,观其所由,察其所安。人焉廋哉?人焉廋哉?"① 例如,要考察一个人是否"孝顺",就需要实地观察,如何考察呢?孔子给出了具体的方法,子曰:"父在,观其志;父没,观其行;三年无改于父之道,可谓孝矣。"② 二是调研分析法。即儒家认为还要通过对各种信息进行调研分析来判断一个人,如子曰:"众恶之,必察焉;众好之,必察焉。"③ 即孔子认为如果大家都讨厌的人是否就一定是大恶人呢,大家都很喜欢的人是否一定就是贤才呢,不一定,这还要经过调查研究与分析后才能做出结论。那应如何来分析呢?孔子在《论语·子路篇第十三》中给出了回答,子贡问曰:"乡人皆好之,何如?"子曰:"未可也。""乡人皆恶之,何如?"子曰:"未可也;不如乡人之善者好之,其不善者恶之。"三是实践考验法。如荀子就认为对人才的考察应从多角度、多层面来进行分析,荀子曰:"故校之以礼,而观其能安敬也;与之举措迁移,而观其能应变也;与之安燕,而观其能无流慆也;接之以声色、权利、忿怒、患险,而观其能无离守也。彼诚有之者与诚无之者若白黑然,可诎邪哉?"④

对儒家选才、育才、用才等问题的研究,总体来说,儒家主要是倡导"为政在人"的贤人政治观,即选拔人才与任用人才要遵循"任人唯贤"的基本原则。如王璐颖(2012)通过对先秦儒家人才管理思想的挖掘与梳理后认为,"德才兼备"是先秦儒家的人才标准,人才分为士、君子、圣人三个层次。在人才的选择上先秦儒家提出了"任人唯贤,不论资排辈;无能不官,无德不贵;去蔽塞,行四观"等的原则。先秦儒家人才的培养是先秦儒家人才观理论的重要方面,先秦儒家以人才培养服务于政治为目的,主张培养有道

---

① 《论语·为政篇第二》。
② 《论语·学而篇第一》。
③ 《论语·卫灵公篇第十五》。
④ 《荀子·君道第十二》。

德修养的贤才为目标，并提出了一整套的教育方法。先秦儒家指出了尚贤使能与国家政治的关系，提出了论德而定次，量能而授官；任其所能，勿求全责备；用人不疑，善用忠臣；赏罚得当，黜陟公平等用才之道。[①] 韩秀丽（2001）通过对儒家"任人唯贤"管理思想的研究，提出社会事业的改革与推进，固然需要很多条件，但人才是其中的首要条件，是治国之本，而我国古代儒家管理思想中的"以人为本"、"选贤任能"等人才管理思想对今天现代化事业的顺利推进具有重要的参考价值。[②] 邵方（2004）聚焦于儒家用人中的"礼制"对儒家思想与礼制问题进行了研究，他通过对中国古代儒家思想的核心——礼的产生与秩序化的探讨，认为儒家是因这对礼的追问而得出仁学思想，并通过对儒家思想的追本溯源，认为礼的起源与礼所象征的秩序等级的确立和深化是儒家思想确立与完善的基石，由此，对儒家的秩序和平理论、儒家思想中的礼与法、孔子"道德金律"的伦理学意义等内容进行了阐述。[③] 孙哲（2009）对儒家育人思想进行了研究，认为儒家教育传统是以孔子、孟子等人为代表以及后儒晚学总结与开创的一系列教育教学思想和教育实践的总称，是中国古代教育思想与教育实践的主体，儒家教育传统具有重视教育、将德育放于首位、实行"有教无类"和强化人文教育等基本特征，儒家教育思想及其实践对当代教育改革具有重要的借鉴意义。[④]

综述现有文献，学者们对儒家经典的研究主要还是侧重对儒家管理思想的挖掘与梳理中，如学者们的研究涵盖从管理目标到管理控制观、管理人才观、管理价值观、管理方法等，基本上形成了一套儒家管理思想理论体系，然而，对儒家人才管理思想的挖掘与梳理正如上述文献综述中所阐述的，其主要是从人才管理的识人、选人、育人或用人等某一个或几个侧重点来对儒家人才管理思想进行挖掘与梳理，显然，现有研究对儒家人才管理问题还缺乏进行较全面

---

① 王璐颖：《先秦儒家人才观透视》，第二军医大学学位论文，2012年。
② 韩秀丽：《儒家"任人唯贤"的人才观及现代意义》，《北京联合大学学报》2001年第6期，第26-30页。
③ 邵方：《儒家思想与礼制——兼议中国古代传统法律思想的礼法结合》，《中国法学》2004年第6期，第155-162页。
④ 孙哲：《儒家教育传统的基本特征及其意义》，《陕西师范大学学报》（哲学社会科学版）2009年7月期，第89-90页。

的、深入的挖掘与把握，其主要还只是对该理论体系的某一个侧面或仅从某一个视角对其进行探究与诠释，无疑，这些经典的人才管理思想精华还有待以后的学者们去进一步挖掘与探究，在此，本书先试图从一个较全面与系统的角度去对儒家人才管理思想精华进行一次初步的探索，并力争呈现一个较完整的儒家人才管理思想理论体系的初步框架，为更多地、更深入与更好地研究中国儒家人才管理理论起到抛砖引玉的作用。

第四节　儒家人才管理思想框架

那么，应如何来对传统的儒家人才管理思想进行挖掘与梳理呢？显然，儒家先贤们并未就人才的管理问题来进行专门的论述，一些有关人才管理的思想也主要是融入儒家关于治国理政等管理经典中，由此，要深入挖掘与梳理这些经典的人才管理思想，本书认为首先就得从弄清楚什么是人才管理含义入手，进而根据其含义再来试图建立儒家人才管理思想的内容框架。

在这里，根据对人才管理概念定义的研究综述发现，人才管理概念有多种不同角度的定义，然而，我们认为其中从传统功能导向视角的定义则更具有实践应用性，持有这种观点的学者认为，人才管理实际上也就是在做人力资源管理部门经常做的事情，他们将人才管理定义为包括招聘、甄选、培训与开发、职业生涯管理等在内的人力资源部门实践、运行、活动或专业领域的选择（Hilton，2000；Heinen，2004；Mercer，2005）。Morton（2006）描述了人才管理活动的八个类别：招聘、保留、发展、领导力开发、绩效管理、雇员反馈/测量、人才规划与文化。Farley（2005）认为，人才管理是发挥员工价值的一套流程，人才管理的定义的核心议题就变成了"吸引、聘任、培养和保留人才"。由此，根据上述对人才管理的定义，我们认为如果将人才管理概念延伸到具体的实践应用领域，可以说其中"招聘、开发、安置和保留顶尖雇员"基本就是一个组织人才管理的主要核心职能与工作任务，显然，这也与现代人力资源管理理论中最基本的"选人、育人、用人、留人"四大职能相一致。基于此，本书也就拟将儒家散见于各类经典中的有关人才管理的思想从这几个方面来进行挖掘与梳理，即儒家选人、儒家育人、儒家用人与儒家留人思想，无疑，从这四个方面所挖掘与梳理的有关儒家人才管理思想及其方法等也就构成了本书的主要内容，分别对应于第三、第四、第五、第六章。

同时，我们要对儒家各个重要时期管理思想的演变进行追溯，要了解其管理思想及其管理行为的实质，就必须要深入探究贯穿管理始终的核心问题即对人的管理和管理的人要予以深入的剖析，这就是管理者在其管理活动中无法回避的一个根本问题，即对于人性或人的基本看法这一根本问题如何看待？显然，"人性问题"是管理思想及其理论得以建立的逻辑起点。人性，即人的本质问题。回顾西方管理理论及其发展历程可以发现，西方管理学者、心理学家们对人性假设的论述颇多，主要观点如对工具人、经济人、社会人、自我实现人、复杂人等人性假设的探讨可谓汗牛充栋，由此，也正是基于这些人性假设的论述才构建了一个系统的西方管理理论大厦。正如德鲁克认为，社会科学事实上也有其自成一套的基本假设，这些假设就如同自然科学的范式一样决定了这门学科的基本范畴与方法，管理也不例外，即以人为主要对象的管理思想都是或明确或隐含地建立在一定的人性假设基础上的。因为，管理所涉及的人、事、物的切入点都是人，都是通过人的主观能动作用而展开的，显然，把握住了人性也就把握住了本质，由此可见，从某种意义上说，管理就是依据不同的人性假设采取不同的激励和约束措施。[①] 因此，要挖掘、探究与把握某一管理理论的产生及其发展，就必须要对构建这一管理理论的研究对象的人性问题予以剖析，要将特定的人放于某一特定的"文化环境"中来探究其人性才更符合其客观现实，因为，人性是文化的产物。由此，如果仅仅是简单地将东方人的人性放到西方管理既有的人性假设理论框架内来思考，并且不管其来龙去脉而将基于这一人性的管理理论随手拿来直接解决中国管理问题，显然不是一种科学的态度，出现"水土不服"现象也就在所难免了。无疑，建立在西方理性文化背景下的白色人种的人性假设并不完全适合于东方感性文化熏陶下的黄

---

① 李大元、陈应龙：《东方人性假设及中国管理流派初探》，《经济管理》2006年第17期，第44-47页。

色人种，由此，对中国传统儒家管理思想中选人、育人、用人与留人思想精华的挖掘与梳理必定就要以对东方人性假设的探究为基础，以为中国管理理论体系的构建提供与奠定坚实的基础。

因此，本书认为，构建儒家选人、育人、用人与留人思想理论的基础就应是对基于中国古代文化环境背景下的东方人性假设的探究与把握。显然，中国古代儒家先贤们有着较多的有关人性问题的论述与探讨，尤其是在先秦时期，诸子百家从诸多的角度谈人性、论治国理政，且主要侧重从哲学、抽象的角度来看待人性，并提出了诸如性恶论、性善论、性无善恶论、性既善又恶论等诸多观点，正如周三多认为，中国历代的思想家反复论述的基本主题就是人的本性以及人们之间的社会关系。由此，本书拟通过一章的篇幅来对中国儒家及其受儒家影响的代表性的人性观点予以剖析与梳理，以构建儒家人才管理的理论基石，即以儒家人性论思想为基础来挖掘与梳理儒家选人、育人、用人与留人的思想及其人才管理之法，以初步构建一个儒家人才管理思想的理论框架。

第二章 儒家人性观

人性，即人的本质。人性观是管理哲学中一个最重要也是最基本的问题，它是指管理者在管理的过程中对人的本质属性的最基本看法。管理是人们为了实现某一目标而进行的有组织的社会实践活动，在这一活动过程中，人既是管理活动的主体，又是管理活动的客体，由此，任何管理思想的提出都离不开对人的本质的认知。显然，一个管理者如何看待他所面对的"人"这一管理对象，即他所持有的人性观是什么，就在一定程度上决定了其在实施领导行为时，有可能采取不同的各具特色的领导方式与领导风格。因此，在人类的管理实践发展过程中，人们对管理中的人的认识也得到了不断的深化，尤其是，在管理面对的人、财、物、信息等要素中，"人"这一要素越来越成为最重要与最关键要素的今天，对人性的认知与准确把握就更加显得比以往任何时候都更重要与关键。而人们对人性的探讨与理解有多个不同的研究范畴，如在管理学、经济学、伦理学与社会学等范畴都对人性进行了深入的探讨与剖析，也正是基于不同的人性假设观，西方管理学者提出了种种不同的管理方式理论，经济学家们则基于此构建了西方经济学的理论大厦。总体来看，西方学者随着社会的发展，其对人自身的认识也在不断地深化，先后提出的人性假设理论观点主要有："工具人"假设、"经济人"假设、"社会人"假设、"自我实现人"假设、"复杂人"假设、"文化人"假设等，其中西方最早提出的人性假设理论是"工具人"假设观，产生于古代中世纪奴隶社会的管理实践中，这一人性理论的核心观点就是将人看作是一种生产工具，如在奴隶社会，奴隶主把奴隶看成是一种会说话的工具，以及是他们的私人财产；而在以大机器生产为特征的资本主义初级阶段，资本家则将雇佣工人看成是活的机器或者是机器的一个组成部分。在这一人性假设下,劳动者就像是生产工具一样,任由管理者使唤,常常是在暴力与强迫之下劳动着。

在我国,对人性的认知与探索也一直是历代思想家、哲学家甚至是政治家们都极为热衷探讨的主题,这在中国古代众多典籍中就蕴含了众多的对人性的基本看法与假设,主要有人之初性本善、性本恶、性本无善无恶等人性假设观点,下面将对中国古代一些最具有代表性的人性观进行阐述。

第一节

性善论

一、孔子的人性观

早在 2000 多年前,我国春秋战国时期思想家、教育家、政治家,儒家学派创始人孔子(公元前 551～前 479 年)在《论语·阳货》中首先提出"性相近也,习相远也。"孔子认为人性情本相近,但因为习染不同,便相去甚远。但具体"性相近"是善相近还是恶相近呢?以及"习相远"是善相远还是恶相远呢?孔子却没有进一步进行论述,他只是说人的天性都是"相近"的,人性差异会体现在善恶的区别,而这种区别是人们通过后天环境习染而形成的结果,因为,后天环境和教育对人的影响不同,由此人们习染后所形成的善或恶也就不同,于是人的习性相差就越来越远了。对此,后来的一些学者进行了不同程度的解读,如朱熹在《论语集注》中说:"此所谓性,兼气质而言者也。气质之性,固有美恶之不同矣。然以其初而言,则皆不甚相远也。但习于善则善,习于恶则恶,于是始相远耳。"程子曰:"此言气质之性。非言性之本也。若言其本,则性即是理,理无不善,孟子之言性善是也。何相近之有哉?"

总之,对人的本性究竟如何,孔子并未明确指出,正如子贡曰:"夫子之文章,可得而闻也;夫子之言性与天道,不可得而闻也。"[①] 在子贡看来,孔

---

① 《论语·公冶长篇》。

子所讲的诗、书、礼、乐等知识，是靠耳闻就可以学到的，然而，对于人性与天道的理论，就不是通过耳闻能够学到的了。在这里，子贡将人性与天道放在一起，说通过耳闻是不能够掌握的，可见，言下之意是说人性与天道都是极复杂与难以理解的，至少是难以用语言阐释清楚的，而需要每一个人用内心去体验、去感悟。但可以肯定的是，学术界也普遍承认孔子提出的"性相近也，习相远也"观点是给出了我国"人性"史上具有重要意义的一个研究命题，它也开启了中国"人性"研究的先河。游唤民（2004）就认为，孔子提出的"性相近也，习相远也"人性命题至少蕴含着三层意思：一是孔子所说的"性"是专就人性而言的。这就表明人作为生物学上的一个类，是具有自身的属性、本质、特征，这不同于牛之性、犬之性，即人有人性；二是"性相近"表明人具有共同的人性，因为人与人属于同一个类，所以"性"基本相同，但又不是绝对相同，在相同中还包含着某些差异，是大同小异；三是"习相远"表明孔子不是强调"人性"的先天差异，而是强调后天的差异以及人性的可变性。在他看来，人性先天虽相近，但随着后天的习染（环境、教育和主观努力）不同而发生变化，形成越来越大的差别。①

由此可见，孔子作为儒家学派的创始人并没有对人性到底是善还是恶做出明确的判断，然而，如果由此我们就说单凭孔子在其《论语》中真正述及人性的"性相近也，习相远也"这一句话，是不可能去对孔子人性论思想进行深入探究，甚至认为孔子人性论思想是很简单的等结论，这显然是草率的，也是不客观的。因为，如果我们将孔子人性论观点联系孔子的整个管理思想理论体系来进行考察，就会发现孔子的人性论思想应是极其丰富的。事实上，这也正如后世的众多学者也并没有因为孔子在人性善恶问题上的隐晦未明示而放弃对这一命题的探索与辨析；相反，众多古代圣贤沿着孔子提出的这一人性命题进行了深入的探索与论辩，得出了人性善论、人性恶论、人性无善无恶论、人性有善有恶论等诸多不同甚至是对立的观点，尤其是即便是同属于儒家学派的古代先贤在沿袭孔子人性论思想的基础上，对孔子人性论思想进行了继承与发

---

① 游唤民：《论孔子的"性善论"及在其学说中的地位》，《湖南师范大学社会科学学报》2004年第3期，第5—8页。

扬，其至都提出了截然相反的人性论观点：荀子的性恶论与孟子的性善论。如从这一角度来进行推理，孟子与荀子同属儒家著名代表性人物，其人性论思想的提出必然会是在吸收与继承孔子人性论思想的基础上，从各自对人性思考的不同切入点或侧重点对孔子人性论思想予以了传承与发扬，进而得出了各自不同的人性论观点，由此，笔者认为，可以由此推理孔子人性论思想虽然没有明确说明人性是善还是恶，但作为荀子性恶论与孟子性善论提出的共同理论渊源，我们有理由相信孔子对人性是善是恶虽然没有明示，但孔子人性论的思想中肯定是既包含有"善"也包含有"恶"的种子，也就是说，孔子虽然没有明说，但从其整个管理思想理论体系来看，如果我们深入地去思考孔子当时提出这些管理思想理论的背景与前提假设，尤其是对于人性的前提假设，就会发现，实质上，孔子是认为人性是有善有恶的。由此，他的整个管理思想理论体系也都是建构于人性有善有恶的人性论基础之上的。

　　孔子曰："性相近也，习相远也。"从"性相近也"这句话来看，其实它至少包含了两层意思：一是人作为同属于一个生物类别，其根本性质是差不多的，即"相近"；二是人性又是有差异的，即"相近"本身也就意味着存在不同。对此，晋代王弼在《王弼集·论语释疑》中也曾有过精彩的论述："孔子曰：'性相近也'，若全同也，相近之辞不生；若全异也，相近之辞亦不得立。今云近者，有同有异……虽异而未相远也。"所以，孔子认为人性是相近的，每一个个体人性之中普遍是既有善又有恶的，这就是普遍的人性，是"同"，也就是人作为同一个生物类别所表现出来的同样性。然而，有的人人性中善多恶少，有的人人性中则是善少恶多，这就是"异"，但其差异并不大，是大同而小异，故为"近"但又不是"同"。显然，这一观点就为孔子的圣人、君子、小人，上智与下愚，中人以上和中人以下的等级区分论观点奠定了人性基础。这也正如恩格斯说："人来源于动物界这一事实已经决定人永远不能完全摆脱兽性，所以问题永远只能在于摆脱得多些或少些，在于兽性或人性的程度上的差异。"[①] 依此观点来推理，不同的个体表现为"善多恶少"或"善少恶多"之别，就是由于不同的个体在摆脱兽性方面始终存在"摆脱得多些或少

---

① 《马克思恩格斯选集》第 3 卷。

些"的差异，显然，摆脱得多人性就表现为"善多恶少"，摆脱得少人性则表现为"善少恶多"，而如何"摆脱"呢？笔者则认为，有两条途径：一是人之所以为人，是由于人类在进化过程中逐渐拥有了远远超越于动物的智力水平，所以，只有人才是高级动物，这也是人区别于动物的根本区别。正是如此，人类区别于其他动物在进化过程中逐步摆脱兽性，虽然人永远不能完全摆脱兽性，但人性中已经有了善，于是，人类通过先天的遗传就会继承人性中的"善"，这就是一种进化过程中先天的"摆脱"。二是人是一种社会动物，人类社会长久以来所积累的习俗、知识、道德、规范、文化等对人具有后天的教化影响，个体经过后天的教育教化也会逐渐"摆脱"兽性，进一步弘扬其人性中的"善"而抑制其人性中的"恶"，这就是后天的"摆脱"，也正是孔子人性论观点中的"习相远也"的主旨思想，明确地强调了客观可以决定主观、环境可以改变人性的思想，闪烁着朴素唯物辩证法的光辉。

　　根据上述推论，既然说孔子人性论观点实质上是认为人性是有善有恶的，那么，在孔子的整个管理思想理论体系中哪些可推断其人性假设是善或是恶呢？由此，我们来探析孔子《论语》等儒家经典中隐含有人性具有潜在之"善"的论述。首先，从孔子对"德"的论述来看人性趋"善"的论述。德如何来呢，早在《春秋》、《尚书》等古代经典中就有记载："上天具有道德属性并赋民以德"，《左传·襄公十四年》中也说："天之爱民甚矣，岂其使一人肆于民上，以从其淫，而弃天地之性。"是说天有爱民之德，而人有天地之性，可见，人性具有天赋之德性。子曰："为政以德，譬如北辰居其所而众星共之。"① "夫如是，故远人不服，则修文德以来之。"② "子欲善而民善矣。君子之德风，小人之德草。"③ 显然，这些观点既阐述了德的重要性，更是暗含了人性倾向于德。孔子在《论语》中还说："天生德于予"。即孔子认为是上天把德赋予了我，显然，上天也并不会只是给孔子一个人赋予德，而是给所有人都赋予了德性的，在这里，孔子主要想说的是，人的"德"不是后天获得的，而是上天所赋予的，是从娘胎里带来的，也是前文所说的是通过遗传所获

---

① 《论语·为政篇第二》。
② 《论语·季氏篇第十六》。
③ 《论语·颜渊篇第十二》。

得的。而在古代，天又是至善的代名词，无疑由天所赋予的"德"当然是"善"的，由此说明，从孔子人性倾向于德、好德等思想来推断，说明孔子人性观中是认为人性有潜在之"善"。其次，从孔子对"直"的论述来看人性趋"善"的论述。"直"就是本真之性，从道德方面来说"直"就属于善的范围。孔子曰："人之生也直。"① 郑玄注："始生之性皆正直。"② 朱熹引程子注释为"生理本直。"③ 冯友兰则说："'人之生也直'就是说，以自己为主，凭着自己的真情实感，是什么样就是什么样，有什么就说什么，这是人的本性，生来就是这个样子的。"④ 显然，从这些解释来看，孔子是认为人生下来就具有"直"的本性，而直属于善的范围，也说明了人性生来就有潜在之"善"。最后，还可以从孔子对"仁"的论述来看人性趋"善"的论述。孔子曰："民之于仁也，甚于水火。"⑤ 从民众对于仁的欲求胜过了水火等描述，说明人具有对仁的内在追求，或者说人性中至少具有接受仁的内在素质。进而，通过《庄子·天道》中的记载则可以明确地推断，孔子实质上就是把"仁"看作人性的构成内容的。文中记载：老聃中其说，曰："大谩，愿闻其要。"孔子曰："要在仁义。"老聃曰："请问，仁义，人之性邪？"孔子曰："然。君子不仁则不成，不义则不生，仁义，真人之性也，又将奚为矣？"可见，从《庄子》中的记载来看，孔子是以"仁义"为人的本性的。而孔子对于"仁"的解释主要有两个：一是"仁者爱人"；二是"克己复礼为仁"。"仁"的基本内容体现在恭、宽、信、敏、惠五个方面，概括起来就是忠、恕二字，忠、恕既为"仁"的外在表现，也是行"仁"之方。显然，"仁"是孔子思想中最核心的部分，是进行伦理价值判断的最终标准，正如孔子所言："苟志于仁矣，无恶也"、"君子去仁，恶乎成名"等。⑥ 同时，孔子还认为："为仁由己，而由人乎哉？"⑦ 即"仁"的推行靠的是个体主体的自觉自愿，而与他人无关，且只

---

① 《论语·雍也篇第六》。
② 刘宝楠《论语正义》。
③ 《四书集注》。
④ 冯友兰：《中国哲学史新编》（第一册），人民出版社，1982年。
⑤ 《论语·卫灵公篇第十五》。
⑥ 《里仁》。
⑦ 《颜渊》。

能由个体自我的良心来督责。说明孔子是认为"仁"就在个体人心之内先天地而存在，正如孔子曰："仁远乎哉？我欲仁，斯仁至矣。"① 此外，我们还可从《中庸》中所记载的"仁者，人也"进一步论证，孔子直接将"人"归结为"仁"，更是直接明确地证明了孔子认为"仁"就是人的本质的人性观。无疑，仁的核心就是"爱人"，这当然是善的，正如宋儒陈淳所云："孔门教人，求仁为大。只专言仁，以仁含万善，能仁则万善在其中矣。"② 因此，通过上述推理与分析，我们可以推断孔子的人性论观点中是隐含有"人性善"的因素存在。

与此同时，我们还可以从孔子《论语》等儒家经典中来探析隐含有人性具有潜在之"恶"的论述。其实从两个方面我们可以作出逻辑推断孔子人性论观点中还含有"人性恶"的因素：一是从孔子所提出的人的求"仁"之途的漫长而艰辛过程，可以推断一定是在求"仁"向"善"的过程中，有一些来自性"恶"的阻力，由此，孔子认为培养仁德是一个漫长而艰苦的过程。正如陈少峰认为，在孔子看来，要成就仁，能达到仁人的修养境界的，无一不是处在慎独环境中，要求有如履薄冰的抵抗邪恶的认真态度以及反省自己、观过改错的道德自律。③ 二是从孔子对"仁"的第二个解释"克己复礼为仁"可以予以推断。在《论语》中有109次讲到"仁"，"礼"出现的次数虽然少些，但也达75次之多。④ "礼"最早是用于祭祀的仪式，后逐渐演变成为具有约束力的伦理制度，即礼制，由此，孔子认为"礼"是人们社会行为的伦理标志和准则，更是求"仁"，以形成和构建以"仁"为核心的伦理秩序的最重要的制度化形式。⑤ 于是，孔子一生都以恢复周礼为己任，就是想以"礼"来内化于人心，以"礼"来教化人心，约束人心的贪欲及恶行。说明孔子正是充分了解了人性的另一面，"富与贵，是人之所欲也……贫与贱，是人之所恶也。"⑥ 所以，孔子始终强调要"克己"、"复礼"。即要"抑制自己，使言语

---

① 《述而》。
② 《北溪字义》。
③ 陈少峰：《中国伦理学史》（上册），北京大学出版社，1996年。
④ 杨伯峻译注：《论语译注》，中华书局，1980年。
⑤ 冯兵：《论孔子善恶混存的人性观》，《哲学研究》2008年第1期。
⑥ 《论语·里仁篇第四》。

行动都合于礼",①《四书集注》注解则更为详尽:"克,胜也。己,谓身之私欲也。复,反也。礼者,天理之节文也。"可见,朱熹等人认为,在孔子看来作为人的本体之"己"是有着"私欲"的,这也就是后来荀子人性论观点中所阐述的性"恶"。由此,孔子认为要"博学于文,约之以礼,亦可以弗畔矣夫",②强调了只有通过广泛的学习,以礼制来约束人的"私欲",才可以做到没有过失。这显然表明孔子已经认识到了人性中具有不合于"礼"的隐含着的性"恶"的潜在因素。此外,我们还可以从《论语》中找到更多类似的证明孔子在人性观上认为人性有"恶"的潜在因素的论述,如《论语·子罕》中记载:"吾未见好德如好色者也",《论语·里仁》中说:"吾未见好仁者"等,可见,孔子自己都说他没有见过好仁者,说明了好仁是很少的,是可遇而不可求的,显然,这一逻辑中就隐含了人性中自然是有很多"恶"的因素的。因此,通过上述逻辑推理与分析,我们可以推断孔子的人性论观点中是隐含有"人性恶"的因素的。

综上所述,根据对孔子整个思想理论体系的剖析与推理,我们可以做出更合乎逻辑的判断,即认为孔子对人性论的潜在评价应该是人性是有善有恶的,"性相近也"也就是指人性有善有恶是相近的,正因为孔子人性论中既有"善"又有"恶"的因素,这才为后来的孟子、荀子人性论的发展提供了理论渊源与发展的空间,两人也都坚称自己是学自于孔子,如孟子强调"乃所愿,则学孔子也",③荀子亦坚称其是仲尼的继承者,以致后来甚至有学者如顾准(1994)认为:"孔子的嫡传是荀况,荀孟对立其实就是孔孟对立。"④可见,两者在人性论观点上完全对立的,却都坚称自己是孔子思想的传承者,这也正说明了是孟子、荀子对孔子人性善恶论中潜在的"善"与"恶"不同的继承与发展所致。同时,孔子还认为管理不仅是对人性的适应过程,而且还是对人性的塑造过程,即孔子更加强调"习相远也",主张人性是可以通过"习"来改变的,由此可见,儒家人性论最大的特点就是人性可塑,这也就隐含了人性

---

① 杨伯峻译注:《论语译注》,中华书局,1980年。
② 《论语·颜渊篇十二》。
③ 《孟子·公孙丑章句上》。
④ 顾准:《顾准文集》,贵州人民出版社,1994年。

经过"习"后具有善恶进一步分化的可能,这也为后来者循着孔子人性理论进行探索,但又在有所不同的侧重点以及不同程度上的继承与拓展后,提出各具特色的人性理论观奠定了基础。

二、孟子的人性观

孟子(约公元前372~前289年),孟子名轲,字子舆,华夏族(汉族),邹(今山东邹城市)人,是孔子之孙孔伋的再传弟子。孟子是战国时期伟大的思想家、教育家,儒家学派的代表人物,与孔子并称为"孔孟",后世追封孟子为"亚圣公",尊称为"亚圣"。政治上,孟子主张法先王、行仁政;学说上,他推崇孔子,反对杨朱、墨翟。他主张仁政,提出"民贵君轻"的民本思想,游历于齐、宋、滕、魏、鲁等诸国,效法孔子推行自己的政治主张,前后历时20多年。

显然,在中国传统人性理论观中,"性善论"占有首屈一指的地位,性善论对当时的中国社会也产生了巨大的影响,而孟子则是"性善论"的最主要代表人物。最早提到孟子性善观点是在《孟子·滕文公上》,其开篇即说:"滕文公为世子,将之楚,过宋而见孟子。孟子道性善,言必称尧舜。"在与告子的争辩中,孟子更是明确地提出:"人无有不善,水无有不下"。[①] 可见,孟子主张人性善是毋庸置疑的,这从孟子本人及其弟子的言论记录就足以证明。

孟子曰:"乃若其情,则可以为善矣,乃所谓善也。若夫为不善,非才之罪也。恻隐之心,人皆有之;羞恶之心,人皆有之;恭敬之心,人皆有之;是非之心,人皆有之。恻隐之心,仁也;羞恶之心,义也;恭敬之心,礼也;是非之心,智也。仁义礼智,非由外铄我也,我固有之也,弗思耳矣。"[②] 即孟子认为,从天生的资质来看,可以使它善良,这就是我所说的人性善良。至于有些人不善良,这不能归罪于他的资质。同情心,每个人都有;羞耻心,每个人都有;恭敬心,每个人都有;是非心,每个人都有。而同情心属于仁;羞耻心属于义;恭敬心属于礼;是非心属于智。这仁义礼智,不是由外人给予我的,

---

[①②] 孟子:《孟子·告子上》,世界书局,1939年。

是我本来就具有的,不过不曾探索它罢了。①对孟子的"性善论"进行剖析,其至少包含了以下四层意思:一是人性本善。孟子在这里所说的"情"、"才"等都是指人的天生素质,它不包括人后天受环境与社会等因素影响所形成的社会属性等,显然,他认为人的天生素质是向善的,这也是人之所以区别于动物的道德属性。二是人的道德属性主要表现为"仁、义、礼、智"四种,分别来自人的"恻隐之心、羞恶之心、恭敬之心与是非之心","四心",这也正是人之所以为人的根本标志;相反,没有了这"四心",人简直就不是人了,对此,孟子也有专门的论述,后面再详述。三是人的行为与其"善"的本性并不必然一致。孟子认为,人性本善,但也并不是所有的人在现实中都会表现出善的行为,即现实中总表现为,有些人为善,但总有一些人为恶。既然人性本善,这又是什么原因呢?四是求则行之,舍则失之。孟子认为,人性本善,其对人的行为产生多大的影响,还会受到更多外部因素的影响,如生存环境、教育及其自身的努力等因素影响,取决于人们对其本心的探求与放弃,如果一个人积极努力坚守与充分发扬心性的本质,他就会表现为善,就会成为善人甚至是成为圣人,相反,如果一个人放松努力,不去探求和发扬心性的本质,他就更有可能受到外部环境因素如外界物欲的诱惑,而乱了本性并更可能表现为恶,由此,应用礼仪教化来弘扬人的善性。②显然,这也体现了儒家人性论的最大特点即"人性可塑"。

人会不会没有"四心"呢?对此,孟子认为,人性本善,人的"四心"是人之所以为人的根本标志,也是人与动物的根本区别,如果人没有了这"四心",人就简直不是人了。孟子曰:"无恻隐之心,非人也;无羞恶之心,非人也;无辞让之心,非人也;无是非之心,非人也。恻隐之心,仁之端也;羞恶之心,义之端也;辞让之心,礼之端也;是非之心,智之端也。人之有是四端也,犹其有四体也。"即孟子就认为,如果一个没有同情之心,简直就不是个人;如果没有羞耻之心,简直就不是个人;如果没有推让之心,简直就不是个人;如果没有是非之心,简直就不是个人。同情之心是仁的萌芽,羞耻之

---

① 杨伯峻译注:《孟子译注》,中华书局,2012年。
② 谷兴荣:《中国传统人性假设与华人管理思想探讨》,《广东商学院学报》2014年第1期,第11-16页。

心是义的萌芽,推让之心是礼的萌芽,是非之心是智的萌芽。人有了这四种萌芽,就好比是他有了手足四肢一样。①

那为什么人的这"四心"是人所固有的本质属性,是人自然而然的一种特性呢?对此,孟子举例进行了说明。孟子曰:"人皆有不忍人之心……所以谓人皆有不忍人之心者,今人乍见孺子将入于井,皆有怵惕恻隐之心——非所以内交于孺子之父母也,非所以要誉于乡党朋友也,非恶其声而然也。"即孟子认为,每个人都有怜恤别人的心情,之所以说每人都有怜恤别人的心情,其道理在于:例如,现在有人突然地看到一个小孩要跌到井里去了,任何人都会有惊骇同情的心情。这种心情的产生,不是为了要来和这小孩父母攀结交情,也不是为了在乡亲朋友中博取名誉,也不是厌恶小孩的哭声才会如此。可见,孟子通过一个事例,这在一定程度上就说明了人的同情心就是人的本性,即人性本善。

从孟子提出性善论的时代背景来看,"性善论"观点的理论内容与当时的社会环境的现实并不完全一致,由此,当时并没有成为占主导地位的人性理论,甚至连他自己的学生都对性善论观点表示疑惑,有些学生还公开表示反对。但无论如何,当时孟子旗帜鲜明地首倡性善论应该说是开创了人性论探析新的篇章,对未来人性论思想的探究与发展产生了重要的影响。那么,在当时孟子所处的时代背景下,他为什么就提出了性善论人性理论呢?显然,这与孟子对人性进行观察与剖析时所持有的独特的视角紧密相关。

首先,是孟子对人性的界定具有独特性,反对"生之谓性",主张人禽之辨。这正是孟子与其他不同的人性论观点提出者所持有的不同的独特观察与分析视角,这也是我们去更好地理解孟子人性善论的关键。在孟子看来,人与动物一样都有着类似的生理欲望与本能,他并不否认人与动物的相同之处,甚至认为人与动物相同之处还很多,而差异却很少,正如孟子在《离娄下》中所说:"人之所以异于禽兽者几希"。但是,孟子并不由此就把人等同于动物来看,而是把人提高到动物之上,孟子更加关注并强调了人之所以为人,是人与动物具有根本区别的根本特质所在。正如李存山等(2002)指出:"孟子所讲

---

① 杨伯峻译注:《孟子译注》,中华书局,2012年。

的人性,是人之所以为人,即人之区别于其他物类的特性"。① 因此,孟子人性论观点中对人性的界定是独特的,尽管他认为人与动物一样,有着与生俱来的人身上所固有的生理欲望,但孟子认为这属于人的动物性,而不应将其纳入人性的范畴,人性应是人区别于动物的根本属性,而不应是与动物一样所拥有的特性,由此,孟子对人性的界定是已经剥离了人身上所固有的动物性后所拥有的人的特性,显然,剥离了动物性之后的人性必然是善的,因此,性善才是真正的人性。

其次,是孟子即"心"言"性",认为"心善"就是"性善"。通观《孟子》一书中对人性善论的阐述,孟子性善论主要是围绕着"心"、"仁"、"诚"予以详细的阐释而论证其"人性善"这一观点的。首先,在孟子的人性论理论中,把人心的四个维度"恻隐之心、羞恶之心、辞让之心、是非之心"认为是人的"善端"所在,"心"是人之为人的根本。由此,"四心"是判别人与非人根本区别的标准,可见,孟子说人性善是从"心"说起,在其《孟子》全文中有15处"皆有"一词,但令人惊奇的是其中有12次都是用于"心"字上,足见孟子是认为人所"皆有"者即是"心",即心言性。其次,对于"仁"、"诚"的阐释,孟子认为,"仁"或"仁之端"存在于人"心"之中,这就是恻隐之心,在这里,孟子与孔子一样把"仁"看作是"爱人",并明确提出"仁者以其所爱及其所不爱","仁也者,人也。合而言之,道也",可见,孟子把"仁"看作是做人的根本。而对"诚"的理解孟子不仅将其解释为"天之道",还把"思诚"解释为"人之道",认为"反身而诚"是求"仁"的最直接与最切近的途径,即"万物皆备于我矣。反身而诚,乐莫大焉。强恕而行,求仁莫近焉。"② 由此可见,孟子对人性善理论观点的阐释是即心言性,"心"是核心,"仁"和"诚"是"心"的两个相互关联的环节,从这一论述逻辑来说,孟子的性善论也可以说是"心善论"。③

---

① 李存山等:《中国文化通志·哲学志》,上海人民出版社,2002年。
② 杨伯峻译注:《孟子译注》,中华书局,2012年。
③ 刘敬鲁:《孟子"性善论"的价值意蕴及其对社会治理的意义》,《复旦大学学报》(社会科学版)2015年第2期,第55-62页。

最后，是孟子所称的性善应是指人人都有善的禀赋或善的种子，是"可以为善"，而非人人实际就为善。对此，学者们在诠释孟子性善到底是人性的"应然"还是"实然"有着不同的解释，如有学者认为孟子论性善不是把它当作"应然"，而是把它当作"实然"的事实来说的。① 这种解释是否符合孟子的本意呢？如果我们进一步从孟子其他一些经典言论中去进行推敲，会发现这一"性善实然"的观点是令人难以置信的，这也与现实中的情况是不符的。如孟子在《告子上》中说："富岁，子弟多赖；凶岁，子弟多暴。非天之降才尔殊也，其所以陷溺其心者然也。今夫麰麦，播种而耰之，其地同，树之时又同，浡然而生，至于日至之时，皆熟矣。虽有不同，则地有肥硗，雨露之养、人事之不齐也。故凡同类者，举相似也，何独至于人而疑之？"在这里，孟子以大麦为例子，说如果撒下种子用土盖好，如果土质相同，播种时间又相同，大麦便会生机勃勃地长出来。到夏至的时候，就都会成熟了。即使有所不同，那也是土地有肥有瘠，雨露滋养有多有少，人们劳作程度不同的缘故。显然，孟子把性善比喻为种子，通过种子与植物的关系，可以推断孟子所谓的性善其实是一种潜在而非实在，是可能而非现实，是一个有待于展开的过程而非已经达到的结果。② 孟子还说："五谷者，种之美者也；苟为不熟，不如荑稗。夫仁，亦在乎熟之而已矣。"③ 孟子认为人性中善的种子固然美，但如果不能长成熟，就连荑稗也不如。显然，其言下之意是说人性之中有善的"应然"，性善的种子是否最终能够成熟并长成仁、义、礼、智、信的参天大树，而成善的"实然"呢？这就取决于个人不同的造化了。正如钱穆先生就曾引用陈澧释孟子性善旨意曰："孟子所谓性善者，谓人人之性皆有善，非谓人人之性皆纯乎善。"④ 由此可见，孟子人性论中的性善是指人人都有善根，即有善的禀赋或善的种子，也就是"可以为善"。

---

① 徐复观：《中国人性论史》，上海三联书店，2001年。
② 赵法生：《孟子性善论的多维解读》，《孔子研究》2007年第6期，第16-25页。
③ 《孟子·告子章句上》。
④ 钱穆：《孟子研究》，开明书店，1948年。

第二节

性恶论

一、荀子的"性恶论"

儒家"性恶论"人性观的代表性人物是荀子,他是继孟子之后的又一儒学大师,是孔子之后儒家八派中的荀学派代表人物,据《韩非子·显学》中记载:"自孔子之死也,有子张之儒,有子思之儒,有颜氏之儒,有孟氏之儒,有漆雕氏之儒,有仲良氏之儒,有孙氏之儒,有乐正氏之儒。"其中,"孙氏之儒"就是以荀子为代表的一派。荀子是诸子百家思想的集大成者,在特定的历史背景下,荀子批判性地总结了在他以前的诸子各派学说,对诸子的人性论观进行了有益的批判性吸引与改造,特别提出了孟子的性善之"蔽",首创"人之性恶,其善者伪"的性恶论思想,并基于此提出应"隆礼重法"以实现人性可塑的必然选择,建立了较为完善的"性恶善伪"思想的理论体系。

荀子(约公元前313~前238年),名况,字卿,战国时期著名思想家、文学家、政治家,是先秦唯物主义的集大成者,时人尊称"荀卿",汉时人因避宣帝(名询)讳,故以"孙"代"荀",称为孙卿。与孟子的"性善论"相反,荀子的"性恶论"是其最主要的思想主张之一,他主张人性有恶,否认天赋的道德观念,强调后天环境和教育对人的影响。荀子在其《荀子·天论》中说:"好恶喜怒哀乐臧焉,夫是之谓天情。"也就是说人的好恶、喜怒、哀乐是天生就有的,所以叫作"天情"。

由此对于人性的认识,荀子在其《荀子·性恶》中提出:"人之性恶,其善者伪也。今人之性,生而有好利焉,顺是,故争夺生而辞让亡焉;生而有疾恶焉,顺是,故残贼生而忠信亡焉;生而有耳目之欲,有好声色焉,顺是,故淫乱生而礼义文理亡焉……用此观之,人之性恶明矣,其善者伪也。"显然,荀子认为,人的本性是恶的,那些善良的行为是人为表现出来的。人的本性,从一生下来就有喜欢财利之心，顺着这种喜欢财利的人性，所以争抢掠夺就产生了，而推辞谦让就消失了；从一生下来就有妒忌憎恨的心理，顺着这种妒忌憎恨的人性，所以残杀陷害就产生了，而忠诚守信就消失了；人一生下来就有耳朵、眼睛的贪欲，有喜欢音乐、美色的本性，顺着这种喜欢音乐、美色的人性，所以淫荡混乱就产生了，而礼义法度就消失了……由此看来，人的本性是恶就很明显了，那些善良的行为则是人为的。在这里，荀子所说的"伪"并不是指虚伪的意思，而是指性善是人为的。显然，荀子人性观的核心观点就是"人之性恶，其善者伪也"。而要探究荀子之"性恶善伪"的人性观的前提是首先要对"性"与"伪"两个概念进行明确的界定与把握，才有可能进一步去理解荀子的"性"与"伪"的善或恶，还可以进一步去对孟子的性善论人性观中的"性"去进行探析，以对两者的人性观思想进行比较与分析。那么，荀子所说的"性"与"伪"究竟是指什么呢？荀子对"性"与"伪"概念也进行了区分："凡性者，天之就也，不可学，不可事。礼义者，圣人之所生也，人之所学而能，所事而成者也。不可学，不可事，而在人者，谓之性；可学而能，可事而成之在人者，谓之伪。是性伪之分也。"可见，荀子所说的"性"与"伪"主要的区别就是先天与后天，先天所具有的就是"性"，即"天之就也"，是指天生就具有的而未经修饰的自然属性，是不能够通过学习和行动而获得的；后天所具有的就是"伪"，即"可学而能，可事而成"，是指可以通过后天的努力学习和行动而获得的。显然，荀子"性恶善伪"的人性观就是指人一生下来就具有的天生的本性是恶的，即"性恶"，而人在现实中表现出来的善是通过后天学习和行动而获得的，是通过人为而产生的，即"善伪"。

在这里，进一步理解荀子所指的人的天生的本性，可以发现，荀子所界定的人性是指人一生下来就具有的天生的自然生命的本性，具体可包括人的自然欲求、心理欲求与感官认知能力等，即荀子所说的"性"其含义可从三个方面来理解：

一是荀子人性观中的"性"主要包含着人的自然欲求。荀子说："性者，天之就也；情者，性之质也；欲者，情之应也。以所欲为可得而求之，情之所必不免也；以为可而道之，知所必出也。"也就是说人的本性，是天然造就的；人的情感，是本性的实际内容；人的欲望，是情感对外界事物的反应。认为自己想要的东西可以得到从而去追求它，这是情感必不能免的现象；认为自己的欲望可以达到而努力去实行它，这是人的智慧必定会做出的打算。可见，对于具体的生命个体——一个人而言，"性"最基本的体现就是"情"和"欲"，即"情"是"性"的实际内容，而"欲"是情感对外界事物的反应，它既包含了维持一个生命机体正常运行的生理需要，也包含了生命机体自然产生的心理需要，且这些需要都是人与生俱来的一种本能欲望。①荀子说"今人之性，饥而欲饱，寒而欲暖，劳而欲休，此人之情性也。"荀子还说："若夫目好色，耳好声，心好利，骨体肤理好愉佚，是皆生于人之性情也，感而自然，不待事而后生者也。"是说人饿了就要吃，冷了就要取暖，累了就要休息等，而眼睛喜欢看好看的，耳朵喜欢听好听的，内心喜欢财利，身体喜欢舒适安逸等，这都是人在衣、食、住、行等方面的基本生理需求，是人天生的一种最本能的欲望。显然，无论是什么样的人，无论其贫富贵贱，都必然地都有着这种与生俱来的本能欲望，这也是人的一种自然欲求的本性。对此，荀子说："凡人有所一同，饥而欲食，寒而欲衣，劳而欲息，好利而恶害，是人之所生而有也，是无待而然者也，是禹桀之所同也。"进而，荀子还说："虽为守门，欲不可去，性之具也；虽为天子，欲不可尽。"即荀子认为即使是卑贱的看门人，欲望也不可能去掉，因为这是人的本性所具有的。即使是高贵的天子，欲望也不可能全部满足。可见，只要是人，哪怕是权力至高无上的天子，也不可能穷尽其所有的欲望都能得到满足，区别只不过是天子的欲望有可能接近于满足而已，正如荀子说"欲虽不可尽，可以近尽也。"也就是说天子的欲望虽然不可能全部得到满足，但却可以接近于全部满足。但无论如何，这些欲望都是与生俱来就有的，是不需要后天学习就具有的。

二是荀子人性观中的"性"还包含着人的心理欲求。是说人的欲望需求是不仅仅只局限于满足其基本的衣、食、住、行等生理需求的，人的欲望会随着这些基本的生理需求的满足进一步地自然地扩张与膨胀，人总是希望其欲望满足得越多越好，而且随着其基本的生理需求的满足，其欲望需求的内容与层

---

① 林俊俊：《〈荀子〉管理哲学思想研究》，华东师范大学博士学位论文，2012年。

次还会进一步上升,如在衣、食、住、行等基本生理需求得到满足后,人随之还会产生一些追求享乐、荣誉、归属等更高层次的追求,现实中总表现为人的欲望总是难以得到满足,当某一欲望得到满足后马上又会产生新的更高层次的欲望需求,这就是人普遍存在逐利的心理本性。正如《荀子·王霸》所说:"夫人之情,目欲綦色,耳欲綦声,口欲綦味,鼻欲綦臭,心欲綦佚。——此五綦者,人情之所必不免也。"就是说明了,人不仅仅是局限于其目、耳、口、鼻、心五者的最基本需要与本能,在这里,"綦"是指极也,或为甚。由此,说明人除了最基本的需要与本能外还要追求,眼睛想看更美的颜色、耳朵想听最悦耳的音乐、嘴巴想吃最好的美味佳肴、鼻子想闻最好的气味、心里想着追求最大的安逸等,这种追求更高层次欲望需求的心理欲求也就是人的本性。荀子说:"生之所以然者谓之性。性之和所生、精合感应、不事而自然谓之性。性之好、恶、喜、怒、哀、乐谓之情。情然而心为之择谓之虑。心虑而能为之动谓之伪。"① 即人一生下来之所以这样叫作天性,天性的和气所产生的、精神接触外物感受的反应、不经人为努力或社会影响而自然形成的东西叫作本性。本性中的爱好、厌恶、喜悦、愤怒、悲哀、快乐叫作感情。感情是这样,而心灵对这些进行选择叫作思虑。心灵思虑后,官能为之而行动,叫作人为。可见,就人的本性而言,在追求人的基本需要的生理欲求基础上,人还有追求"好、恶、喜、怒、哀、乐"等的心理需求,这也是人的本能需求和感官欲望在心理上的进一步扩张,这也是人普遍具有的一种天生的本性。正如《荀子·王制》中说:"夫贵为天子,富有天下,名为圣王,兼制人,人莫得而制也,是人情之所同欲也,而王者兼而有是者也。重色而衣之,重味而食之,重财物而制之,合天下而君之;饮食甚厚,声乐甚大,台榭甚高,园囿甚广,臣使诸侯,一天下,是又人情之所同欲也,而天子之礼制如是者也……名声若日月,功绩如天地,天下之人应之如景向,是又人情之所同欲也,而王者兼而有是者也。"显然,荀子在这里举例说明了人的本性就是会不断地去追求更高层次的欲望需求,"夫贵为天子,富有天下,名为圣王"、"名声若日月,功绩如天地"等都是"人情之所同欲",是人心中普遍向往和追求的,因为一

---

① 《荀子·正名第二十二》。

且这种名声、权势的心理欲求得到了满足,人们不仅可以在口、耳、目、体上获得最基本的需求满足,还可以体会与享受到更高层次的感官满足,因此,任何人都具有这样的一种天性,即无论是圣人、君主还是普通的人都会拥有与生俱来的生理与心理的欲望,人们会在追求其基本生理欲望需求满足的基础上,还会从心理上自然地上升一个层次去追求更高标准的欲求,这种人性的心理欲求表现为其会从衣、食、住、行等基本的生理需要而延伸到对情感、富贵、声誉乃至政治权力等欲望的需求,[①] 这也就是荀子人性观中的"性"包含着的人的心理欲求。1943年美国心理学家亚伯拉罕·马斯洛在其《人类激励理论》中提出了需要层次理论,马斯洛将人类需求像阶梯一样从较低层次到较高层次排列分为五种:生理需求(Physiological Needs)、安全需求(Safety Needs)、爱和归属需求(Love and Belonging)、尊重需求(Esteem)和自我实现需求(Self-actualization)。实质上,马斯洛需求层次理论中的一些观点就与荀子人性观中的观点相似,主要表现为:首先,人都是有需要的,任何人都不可能没有需要。而荀子认为:"凡人有所一同,饥而欲食,寒而欲衣,劳而欲息,好利而恶害,是人之所同也,是无待而然者也,是禹桀之所同也。"其次,生理需要是人最基本的需要,对生理需要的"欲望"追求是任何人最基本的本能与天性。马斯洛认为人的生理需求是级别最低、最具优势的需求,如人对食物、水、空气、健康等需求是其最基本的生理需要,当这一生理需求未得到满足,他会什么都不想,只是想让自己活下去,思考能力、道德观等明显变得脆弱。如当一个人极需要食物时,会不择手段地抢夺食物;人民在战乱时,是不会排队领面包的。荀子也说:"故虽为守门,欲不可去,性之具也。虽为天子,欲不可尽。"显然,无论你是君王,还是普遍的人,对"欲"的追求是客观必然存在的,"欲"既"不可尽"更"不可去"。最后,人的需要是随着低层次的需要的满足,自然地就会产生与追求更高层次的需要。马斯洛认为,一般来说,当某一层次的需要相对满足了,就会向更高一层次需要发展,追求更高一层次的需要就成为驱使其行为的动力,显然,此时获得基本满足的需要就不再构成其行为动力了。例如,当人的生理方面的需要如衣、食、住、行等得

---

① 林俊俊:《〈荀子〉管理哲学思想研究》,华东师范大学博士学位论文,2012年。

满足后，其自然地就会去追求安全、情感等方面的心理需要，此时，对于安全与归属等方面的需求就成为该人的主导需求，对其行为将具有重要的动力作用。对此，荀子也认为："故人之情，口好味而臭味莫美焉，耳好声而声乐莫大焉，目好色而文章致繁、妇女莫众焉，形体好佚而安重闲静莫愉焉，心好利而谷禄莫厚焉；合天下之所同愿兼而有之，皋牢天下而制之若制子孙，人苟不狂惑戆陋者，其谁能睹是而不乐也哉！"说明了人的需求在衣、食、住、行等基本生理需求得到满足后，进一步会产生一些追求享乐、荣誉、归属等更高层次的追求，即人们喜欢去追求更好的五官感受，嘴巴会去追求更好吃的东西、耳朵喜欢去听更好听的、眼睛喜欢去看更好看的等，甚至是追求个人的权力、荣誉等，以最终满足其对心理欲望的追求。

　　三是荀子人性观中的"性"还包含着人与动物本性是有本质区别的，即人是具有独特的认知能力的。根据上述分析，荀子人性观中的"性"的内容在很大程度上与动物的本性是类似的，即对基本生理欲望的追求是一切动物所具有的自然本性与本能，作为高级动物的人类也毫不例外，从这一自然之"性"的角度来看人与动物是一样的，没有什么区别。但是，人与动物显然是不同的，是有区别的，荀子人性观认为人"性恶善伪"中的"伪"是人为，荀子说："可学而能，可事而成之在人者，谓之伪。"说明人的"善"是后天人为的，是通过后天学习和行动而获得的，即"伪"。这也就隐含了人与动物的"性"又是具有本质区别的，即人天生又具有一定的独特的认知能力，这种独特的认知能力也是人的本性，这就是"知"。这也是人与动物的本质区别，荀子说："凡以知，人之性也"。说明了"知"也是人生来就有的一种能力，正是因为人有了这种"知"的能力，他就可以克服其"恶"的本性，即通过后天的努力学习以纠正其人性之恶。[①] 荀子说："凡人有所一同。饥而欲食，寒而欲暖，劳而欲息，好利而恶害，是人之所生而有也，是无待而然者也，是禹、桀之所同也。目辨白黑美恶，耳辨音声清浊，口辨酸咸甘苦，鼻辨芬芳腥臊，骨体肤理辨寒暑疾养，是又人之所生而有也，是无待而然者也，是

---

① 林俊俊：《〈荀子〉管理哲学思想研究》，华东师范大学博士学位论文，2012年。

禹、桀之所同也。可以为尧、禹，可以为桀、跖，可以为工匠，可以为农贾，在势注错习俗之所积耳，是又人之所生而有也，是无待而然者也，是禹、桀之所同也。"① 其中，"凡人有所一同"首先表明了荀子的主要观点，人都具有一些共同的本性，随后，荀子通过三个不同层次来列举了人的同一性，首先列举了人"饥而欲食，寒而欲暖，劳而欲息，好利而恶害"是"人之所生而有也，是无待而然者也"，"待"在这里是"依赖"的意思，"无待而然"是说不依赖什么就如此，即是人生来就有的本能，不需要依赖什么就如此，等于说"那是天生的品性，非后天依凭什么养成的"；紧接着荀子又列举了"目辨白黑美恶，耳辨音声清浊，口辨酸咸甘苦，鼻辨芬芳腥臊，骨体肤理辨寒暑疾养"是"人之所生而有也，是无待而然者也，是禹、桀之所同也"，进一步说明了人的目、耳、口、鼻等本能的辨识能力是天生品性，是与禹、桀都同样的；最后荀子甚至把"在注错习俗之所积耳"这一点也列为人的同一性，进一步说明了荀子人性观的重要思想：人天生平等，不平等是在后天社会形成的，荀子的"可以为尧、禹，可以为桀、跖，可以为工匠，可以为农贾"观点与孟子的"人皆可以为尧舜"的提法基本一致，实际上也都是孔子"性相近也，习相远也"观点的继承与发展。然而，一方面，荀子认为人性中的"知"具有同一性，即人的感知能力是每个人天生就所有的，无论是君子与小人、圣人与一般人、尧舜和桀跖的本性都是一样的，也正是因为这种认知能力的客观存在，因此只要经过教化和学习，人人就都有成为圣人的可能，正如荀子说："涂之人皆可以为禹"。由此可见，人人都可以运用其独特的认知能力来学习礼法、修养自我，从而使其人性之恶得以控制和纠偏。② 所以荀子说："情然而心为之择谓之虑。心虑而能为之动谓之伪。虑积焉、能习焉而后成谓之伪。"③ 另一方面，现实中，人与人之间又具有着极大的差别，荀子说："为尧、禹则常安荣，为桀、跖则常危辱；为尧、禹则常愉佚，为工匠、农贾则常烦劳；然而人力为此而寡为彼，何也？曰：陋也。尧、禹者，非生而具者也，

---

① 《荀子·荣辱第四》。
② 林俊俊：《〈荀子〉管理哲学思想研究》，华东师范大学博士学位论文，2012年。
③ 《荀子·正名第二十二》。

夫起于变故，成乎修，修之为，待尽而后备者也。"① 即现实中"然而人力为此而寡为彼，何也？"是说为什么现实中大多都是桀、跖、工匠、农贾那样的人，极少有尧、禹那样的人呢？回答是："陋也"，那这"陋"究竟什么意思呢？从对"尧、禹者，非生而具者也，夫起于变故，成乎修，修之为待尽而后备者也"这一句的剖析，即是说尧、禹这种人，也并不是天生就具备圣贤的素质，他们的圣贤素质与才能是起源于他们对其原有的动物本性与本能（前文已分析的人人皆具有的本性）的修养、改造与发展，进而形成于他们自觉地修养与改造其品德的过程之中，并且直到其动物本能"性恶"完全被克服之后才具备了圣贤的素质。由此，可以知道，像尧、禹那样进行自我改造、修养，就是"不陋"，即"陋"的对立面，于是，"陋"就是指"缺乏进行自我修养、自我改造与发展的深度"。这也就是说现实中，大多数人都存在自我修养、自我改造与发展程度与深度不够的问题，由此，他们就难以或不能将其动物本性中的"性恶"完全克服并达到圣贤的素质了，现实中只有极少数的人才能够达到这一程度与深度，所以，现实中总是表现为"人众为桀、跖、工匠、农贾而寡为尧、禹"了。

二、儒家的"性善恶混论"

性善恶混论是主张人性有善也有恶。据王充的《论衡·本性》中记载，战国初期世硕是最早提出性善恶混论的人，据推测，世硕应与孔门弟子相接，大约与子思是同一时期的一位儒者，这可从《汉志·艺文志》中记载："《世子》二十一篇。"班固自注："名硕，陈人也。七十子之弟子。"而《本性》篇以之为"周人"。从这两种说法即可大致推断世硕所处时代。又从《世子》一书能够流传至汉代，其人性说还受到王充的推崇，也进一步说明了世硕在其同时代儒家中的重要性以及对于后世儒学发展的影响。② 《论衡·本性》中记载："周人世硕，以为人性有善有恶。举人之善性，养而致之则善长；性恶，

---

① 《荀子·荣辱第四》。
② 丁四新：《世硕与王充的人性论思想研究——兼论〈孟子·告子上〉公都子所述告子及两"或曰"的人性论问题》，《文史哲》2006年第5期，第43-54页。

养而致之则恶长。如此，则情性各有阴阳，善恶在所养焉。故世子作《养书》一篇。宓子贱、漆雕开、公孙尼子之徒，亦论情性，与世子相出入，皆言性有善有恶"。可见，世硕明确地提出"人性有善有恶"，取人的善良本性予以培养、引导，好的品行就会滋长；如对人恶的本性加以培养、引导，那么坏的品行就会发展下去。就像这样，原来情性就各有善恶，而是善是恶在于培养的方向。所以世硕著有《养性书》一篇。宓子贱、漆雕开、公孙尼子这些人也论述过情性，与世硕的观点相互有些出入，但都是说人的情性中有善恶两个方面。

那么，对世硕"人性有善有恶"的主张到底应该如何来理解呢？这一观点的意思是说凡性皆有善有恶呢？还是说有的人其性善，有的人其性恶呢？显然这是完全不同的两种观点，必须加以探究。实际上，东汉杨雄就是最著名的性善恶混论者，他认为："人之性有善恶混，修其善则为善人，修其恶则为恶人。"即杨雄认为人性是先天的善恶混，且人和万物都是由阴阳二气结合而生，阳为善，阴为恶，因此，人性善恶混源于气有阴与阳。可见，杨雄的"性善恶混论"是认为凡性皆有善有恶，善与恶是性的两面。

显然，世硕的"人性有善有恶"论与此观点不同，对此，王充在《论衡·本性》篇中，明确地提出在诸儒性说之中"自孟子以下至刘子政，鸿儒博生，闻见多矣。然而论情性，竟无定是。唯世硕、公孙尼子之徒颇得其正"。他认为，从孟子以下到刘子政，都是学识渊博的大儒，所闻所见都多得很，然而论述人的情性，竟然没有判断对。只有世硕、公孙尼子这些人，讲得稍微接近于正确。由此，王充对诸如孟子、荀子、告子等的人性说进行了大肆批判，显然，这是基于其自身对于人性论的独特理解，王充在《论衡·本性》篇中批判了诸儒的人性论之后，说："实者，人性有善有恶，犹人才有高有下也，高不可下，下不可高。谓性无善恶，是谓人才无高下也。禀性受命，同一实也。命有贵贱，性有善恶，谓性无善恶，是谓人命无贵贱也。九州田土之性，善恶不均，故有黄赤黑之别，上中下之差；水潦不同，故有清浊之流，东西南北之趋。人禀天地之性，怀五常之气，或仁或义，性术乖也；动作趋翔，或重或轻，性识诡也。面色或白或黑，身形或长或短，至老极死，不可变易，天性然也。余固（故）以孟轲言人性善者，中人以上者也；孙卿言人性恶者，中人以下者也；扬雄言人性善恶混者，中人也。若反经合道，则可以为教；尽性之理，则未也。"在这里，王充对孟子、荀子和杨子等的人性论进行了批判，认为这些观点皆有所得，亦皆有所失，认为他们的观点"若反经合道，则可以为教"，但是"尽性之理，则未也"，即认为他们对于人性的认识都没有达到全面而透彻的理解，都是片面的。如孟子认为的人性善，其实指的是具有中等以上智力者的人性；荀子认为的人性恶，指的是中等以下智力者的人性；告子的"性无善无恶"论以及杨雄认为人性善恶混论，说的是"性相近"的中人也。一般来说，至善至恶的人性是不能改变的，平常人的人性是可以随着习气而改变的，即"习善而为善，习恶而为恶"，正如孔子说："惟上智与下愚不移"。

王充《率性》篇认为："人受五常，含五脏，皆具于身。禀之泊少，故其操行不及善人，……人之善恶共一元气。气有少多，故性有贤愚。"可见，王充是认为，"性"是由"元气"生成的，人之善恶共一元气，有的人其性善，有的人其性恶。即人们虽俱禀天地之性（阴阳之气）而生，不同的人从性上来看，其所禀之气（五常随之）为天地有厚薄、多少之分，因此在所怀五常之气上有或仁或义，在行为上有或重或轻，在形色上有或白或黑、或长或短的差异，由此，在人性上有贤愚、善恶的差别。① 显然，王充认为性恶之人也是"含五常之性"，性恶之人只是"不禀天善性"，人性之所以有善有恶，是由他们在五行、五常一致性的基础上以禀气之多少、厚薄为裁判是善还是恶的标准的。然而，对于这一标准如何来量化禀气之多少、厚薄到何种程度，才可以判断为是性善或性恶，王充则没有予以论述。但是，王充虽然明确了人的善恶是由先天禀气之多少决定的，但他并不否定道德生命与人后天修养之间的密切关系，并明确提出了"变性"、"化性"等思想，即王充认为人性的善恶，与人在修养、操守活动上的善恶是两个完全不同的概念，进而，其对影响人在修养、操守活动上的善恶的人性修养论进行了论述，在此不再赘述。

---

① 丁四新：《世硕与王充的人性论思想研究——兼论〈孟子·告子上〉公都子所述告子及两"或曰"的人性论问题》，《文史哲》2006年第5期，第43-54页。

第三节

其他人性观

在儒家思想发展的历史长河中，除了最具代表性的"性善论"与"性恶论"人性观点外，还演绎出了诸如"性无善无恶论"、"性善恶混论"等人性观。总体而言，儒家人性观在中国传统人性观中占据着首屈一指的重要地位，不仅对中国人的思想及其社会发展产生了深远的影响，而且对中国古代道家、墨家、法家等其他学派人性论思想的发展也都产生了重要的影响，并形成了一些代表性的"人性论"观点。因此，下面就拟对其他学派一些代表性的人性论作一简述。

一、道家的"性无善无不善论"

告子（约公元前420～前350年），名不害，战国时期道家思想家，与孟子同是战国中期时代的人。他的生平，古书文章中没有太多的记载，有一种说法是告子曾做过墨子的学生，较孟子年长，和孟子曾经有过几次关于人性的辩论，告子以主张"性无善无不善"的人性论而著称。

告子对人性的界定是认为人天生的自然本能就是"性"，即告子曰："生之谓性"；"食色，性也。"由此，告子在对人的本性的问题上，主张"性无善恶"论，告子曰："性无善与无不善也……性，犹湍水也，决诸东方则东流，决诸西方则西流。人性之无分于善不善也，犹水之无分于东西也。"① 在这里，告子认为性是与生俱来的本能，而经过后天习养而成的性为非性，后天的习性是有善有恶的，但先天的本性是"无善无不善"的，由此，告子认为人性就好比是急流水，从东方开了缺口便向东流，从西方开了缺口便向西流。人的性没有善不善的定性，正同水流没有东流西流的定向相类似。对此，孟子进行了辩驳，孟子反辩说："水信无分于东西，无分于上下乎？人性之善也，犹水之

---

① 《孟子·告子上》。

就下也。人无有不善，水无有不下。今夫水，搏而跃之，可使过颡，激而行之，可使在山。是岂水之性哉？其势则然也。人之可使为不善，其性亦犹是也。"孟子是说水的确没有东流、西流的定向，难道也没有上流、下流的定向吗？人性的善良就像水性趋于向下流一样。人的本性没有不善良的，水的本性没有不向下流的。当然，假如拍打水让它飞溅起来，水可以高过人的额头；堵住水道让它倒流，可以引上高山。然而，难道说这就是水的本性吗？显然，这是水所处形势迫使它这样的。人之所以能够使他做坏事，是由于他的本性也像这样受到了逼迫。

可见，告子的人性论观点与孟子的思想是根本对立的，告子认为人性仅是指先天的自然属性，性乃为人之生命本体，不涉及道德判断，实质上是说人的生命本无善恶，所言之性多限于肉体本身而不及其余，而所谓的善恶则是人后天的社会属性。正如告子以木材做成器皿为比喻曰："性，犹杞柳也；义，犹桮棬也；以人性为仁义，犹以杞柳为桮棬。"显然，孟子恰恰相反，儒家著名代表人物孟子人性论，因人有善端而主张人性本善，这一观点是将人性界定立足于人之社会属性，所言之性当为社会属性，实质上是说人的伦理和道德趋向，此论立足于人的群体而反推人之个体本性。因此，对于告子的人性杞柳论，孟子辩驳曰："子能顺杞柳之性而以为桮棬乎？将戕贼杞柳而后以桮棬也？如将戕贼杞柳而以为桮棬，则亦将戕贼人以为仁义与？率天下之人而祸仁义者，必子之言夫！"显然，孟子对人性的界定与告子所论，立足不同，指向不同，由此，所得观点也截然不同。

二、墨家的"人性素丝论"

墨家学派创始人墨子（生卒年不详，约公元前476~前390年），名"翟"，著名的思想家、教育家、科学家、军事家，相传原为宋国人，后长期住在鲁国，曾学习儒术，因不满"礼"之烦琐，另立新说，聚徒讲学，成为儒家的主要反对派。墨子是中国历史上唯一一个农民出身的哲学家，墨子创立了墨家学说，墨家在先秦时期影响很大，与儒家并称"显学"。墨家与孔子所代表的儒家、老子所代表的道家共同构成了中国古代三大哲学体系，法家代表韩非子称其和儒家为"世之显学"，而儒家代表孟子也曾说"天下之言，不归杨（杨朱，道家代表人物）则归墨（墨子）"等语，证明了墨家思想曾经在中国的辉煌。

墨子的学说"以矫当时儒者或空谈仁义之心之志，而不求事功之弊"① 而成为先秦之显学，其学说的基础是兼爱，正如《孟子·滕文公下》说："墨氏兼爱"；《尸子·广泽》说："墨子贵兼"；《吕氏春秋》说："墨翟贵廉"等可为证明。墨子的学说主要针对现实社会存在的各种缺点问题而提出，其并没有什么深厚的理论基础。如《墨子·鲁问》中提出："凡入国必择务而从事焉。国家昏乱，则语之尚贤、尚同；国家贫，则语之节用、节葬；国家喜音湛湎，则语之非乐、非命，国家淫僻无礼，则语之尊天、事鬼；国家务夺侵凌，则语之兼爱、非攻。"可见，墨子特别强调现实应用性，认为"有用就是真理"，而他并不考虑实际上这是不是真理。正如《荀子·解蔽》说："墨子蔽于用而不知文"。由此，墨子的学说得到了当时很多人的信从，尤其是下层的人信从最多。归纳起来，墨子学说的思想包括政治、经济、哲学、同敌对学派斗争方面等，具体的主要思想主张有十点：①兼爱，主张人与人之间平等的相爱，完全的、不分彼此，无差别的博爱，这与儒家的亲亲相反。②尚贤，提出民虽下贱也不可以薄。③尚同，以天子的口径为标准，大一统思想与口径，阻止礼崩乐坏的蔓延的同时顺便符合有利于平民的标准。④非攻，反对侵略战争，但墨子同时又提出正义的战争与不正义的战争，认为正义战争是诛，并不反对。⑤节用，推崇节约、反对铺张浪费，认为贵族浪费，过度享受导致老百姓群起为盗，观察到万物节则阴阳和，以此劝说贵族节约开销。⑥节葬，主张废除葬礼习俗，符合有利于平民的标准。过去农村把家庭的大量财富浪费在葬礼筹办上，而周朝的厚葬，对贵族是小事一桩，对穷人则要倾家荡产，还不能劳动生产。⑦非乐，摆脱划分等级的礼乐束缚，废除烦琐奢靡的编钟制造和演奏，废除大型音乐，符合有利于平民的标准。⑧天志，要掌握自然规律，主张要按章办事，按照章程来操作，如工匠建造总是需要一个单位尺度作为计量，能工巧匠能够完全刻画无误，不巧者虽不能完全无误，但依尺度动作，效果仍然良好过单靠自己个人能力，主观的自由探索。⑨明鬼，重视继承前人的文化财富。

---

① 杜喜荣：《中国传统人文思想解读》，中国文联出版社，2009年。

⑩非命，否定命运的存在，认为世界是公平的，赖其力者得其生，不赖其力者不得其生是理所当然的，认为不存在命运这种安排人的富贵、生死的意志与偶然，一切都是人自作的，必然且合理。

那么，墨子的人性论观点是什么呢？通观《墨子》全篇言心性者较少，相比而言，墨子的人性论不是很典型，由此，也就有一些学者如徐复观、蔡仁厚等认为"墨家无人性论"。① 对此，有学者认为，人性论不只是为了解决道德的依据，乃至人类自身依归的问题，还应该包括对人的各种能力的探讨，对人在智识上、行为上的各种特征的描述。"性善"、"性恶"固然是一个重要的人性议题，然而人有知无知，自然状态下是否有贵贱之分，同样是人性论所应当包括的。② 从这一角度来看，墨家同样是有着一套自己的人性论观点的。因此，综观学界对墨子人性论的剖析，主要代表性的观点有：

一种观点认为，墨子对人性论的认知倾向是认为最初人性是恶的，或者是"善少恶多"的。他认为，民众一般都是无知无识、自私自利的，正如《墨子·尚同上》所言："古者民始生，未有刑政之时，盖其语人异义。是以一人则一义，二人则二义，十人则十义。其人兹众，其所谓义者亦兹众。是以人是其义，以非人之义，故交相非也。是以内者父子兄弟作怨恶，离散不能相和合；天下之百姓，皆以水火毒药相亏害，至有余力不能以相劳，腐朽余财不以相分，隐匿良道不以相教。天下之乱，若禽兽然。"③ 这里的"古者民始生，未有刑政之时"，就是指在一切政治措施、政治文明都还没有出现的时候，由于没有专制权威的控制，所以民众都有着较为广泛的议论空间。由此，可以推断墨子所描述的这种状态就是一种自然状态，这时人所表现出来的行为则就是人的本性的流露，那么，在古时候的最初自然状态民众表现出来的行为如何呢？对此，墨子说因为一个人有一种意见，二人则有二种意见，十人则有十种意见，人越多，他们不同的意见也就越多，每个人都喜欢以自己为中心，有着各自的主张，都以为自己的意见对而别人的意见错，由此而相互攻击，为了个人私利而不能相和，这就是人性中的趋利避害。人们为了自己的利益，甚至

---

① 徐复观：《中国人性论史：先秦篇》，上海三联书店，2001年。
② 赵保佑、高秀昌、荆建刚：《墨学与和谐世界》，河南人民出版社，2009年。
③ 《墨子·尚同上》。

"父子兄弟作怨恶，离散不能相和合"，即家庭内父子兄弟常常因意见不同而相互怨恨，使家人离散而不能和睦相处。而全天下的百姓更是用水火毒药相互残害，以致有余力的人也不能帮助别人；有余财者宁愿让它腐烂，也不分给别人；有好的道理也自己隐藏起来，不肯教给别人，进而也就使天下陷于混乱之中，有如禽兽一般。可见，墨子之所以认为人性本来就是恶的，这与其所处的环境是密切相关的，墨子所处的春秋战国时期的社会是长期陷于各种纷争混乱之中，墨子对当时社会的混乱进行了这样的描述："入人园圃，窃其桃李"、"杀不辜人，拖其衣裘"，① 其时，各诸侯国也是争先恐后忙于争霸与吞并对方，天下纷争不已，"杀人多必数于万，寡必数于千"，② "攻其邻国，杀其民人，取其牛马、粟米、货财"。③ 墨子对于人性的认知正是对当时的社会现实的纷争混乱从人性思想上进行了回溯推理，认为原始人性是恶的，至少可以说人性是"善少恶多"的，④ 正如墨子说："天下之为父母者众，而仁者寡"；"天下之为学者众，而仁者寡"；"天下之为君者众，而仁者寡"；"法不仁，不可以为法。故父母、学、君三者，莫可以为治法"。⑤ 即是说天下做父母的、做师长的与做国君的都很多，但仁爱的都少，效法不仁，这自然是不可以的。所以父母、师长和国君三者，都不可以作为治理国家的法则。由此可见，墨子对人性的评判至少是认为"善少恶多"的，即便是我们一向遵从的父母、师长和国君也毫不例外。正是这种人性的恶使得现实中人与人之间、国与国之间相互争斗，相互攻打，造成了整个社会动荡不安、战争不断，整个社会长期处于一片纷争混乱中，这也恰恰反映了墨子当时所处的社会环境之恶劣。

另一种观点认为，墨子对人性论的认知倾向是认为"人性素丝论"，也称为"人性所染论"。即墨子对人性问题的认识既不主张"性善"，也不主张"性恶"，而是认为人性就好像是无色之丝，所染之丝色则完全取决于其所染之颜色，显然，墨子是认为人性就与素丝相似，其本性是没有什么善恶之分

---

① 《墨子·非攻上》。
② 《墨子·非攻中》。
③ 《墨子·鲁问》。
④ 陶愚川：《中国教育史文化比较研究》，山东教育出版社，1985年。
⑤ 《墨子·法仪》。

的，现实中人表现出来的善恶则完全是其所处的后天环境影响所致。正如《墨子·所染》中记载，子墨子言见染丝者而叹，曰："染于苍则苍，染于黄则黄，所入者变，其色亦变，五入必，而已则为五色矣！故染不可不慎也！"可见，与之前的人性善恶天赋道德论完全不同，墨家学派认为人性比作为素丝，本无善恶之分，人性是受环境染习，可以为善，亦可以为恶，而人性的善恶完全取决于后天教育、环境熏陶，对此墨子将后天教育与所处环境比作为"染缸"，素丝（人性比作为素丝）染了青颜料就变成青色，染了黄颜料就变成黄色，染料不同，丝的颜色也跟着变化。经过五次之后，就变为五种颜色了。由此可见，教育对于一个人成长的重要性也就不言而喻了，所以要慎重地对待教育，要慎染，即"故染不可不慎也！"依据这一道理，基于人性的这一特点，现实中，我们就必须要慎重地择染，注重后天教育与环境对人的影响，要不断地改造与优化环境，改进教育质量，以不断提升与促使人性向善。

进而，墨子对"人性如素丝，必择所染"进行了分类并予以了论证，首先，墨子说："非独染丝然也，国亦有染。"即墨子认为不仅染丝是如此，国家也有"染"，如一个国家国君的品行对一个国家的生存与发展有着至关重要的影响，而国君的品行又会受到其周围大臣的影响。由此，墨子从正反两方面的例子阐述了不同的环境对国君的不同影响，如墨子说："舜染于许由、伯阳，禹染于皋陶、伯益，汤染于伊尹、仲虺，武王染于太公、周公。此四王者所染当，故王天下，立为天下，功名蔽天地。举天下之仁义显人，必称此四王者。"以此说明，历史上著名的四大圣王舜、禹、汤、武就是因为所染得当，舜被许由、伯阳所染，禹被皋陶、伯益所染，汤被伊尹、仲虺所染，武王被太公、周公所染。所以能称王于天下，立为天子，功盖四方，名扬天下。故"举天下之仁义显人，必称此四王者"即凡是提起天下著名的仁义之人，必定要称这四王。墨子进而还列举了"五君"作为正面有染的例子来阐述"国亦有染"的道理，正如《墨子·所染》中记载："齐桓染于管仲、鲍叔，晋文染于舅犯、高偃，楚庄染于孙叔、沈尹，吴阖闾染于伍员、文义，越勾践染于范蠡、大夫种。此五君者所染当，故霸诸侯，功名传于后世。"即是说齐桓公被管仲、鲍叔牙所染，晋文公被舅犯、高偃所染，楚庄王被孙叔敖、沈尹茎所染，吴王阖闾被伍员、文义所染，越王勾践被范蠡、文种所染。这五位君主因为所染得当，所以能称霸诸侯，功名传于后世。由此说明，即便是君王亦如素丝受其周围环境所染，周围的大臣仁义等就会使君王所染得当，进而就能名垂青史。

与此相反，墨子说："夏桀染于干辛、推哆，殷纣染于崇侯、恶来，厉王染于厉公长父、荣夷终，幽王染于傅公夷、蔡公榖。此四王者所染不当，故国残身死，为天下僇。举天下不义辱人，必称此四王者。"说明历史上著名的四大暴君夏桀、殷纣、周厉王、周幽王是因为所染不当，夏桀被干辛、推哆所染，殷纣被崇侯、恶来所染，周厉王被厉公长父、荣夷终所染，周幽王被傅公夷、蔡公榖所染。结果是身死国亡，遗羞于天下。故"举天下不义辱人，必称此四王者"即凡是提起天下不义可耻之人，必定要称这四王。墨子进而还列举了"六君"作为反面有染的例子来阐述"国亦有染"的道理，正如《墨子·所染》中记载："范吉射染于长柳朔、王胜，中行寅染于藉秦、高强，吴夫差染于王孙雒、太宰嚭，智伯摇染于智国、张武，中山尚染于魏义、偃长，宋康染于唐鞅、佃不礼。此六君者所染不当，故国家残亡，身为刑戮，宗庙破灭，绝无后类，君臣离散，民人流亡。举天下之贪暴苛扰者，必称此六君也。"即是说范吉射被长柳朔、王胜所染，中行寅被藉秦、高强所染，吴王夫差被王孙雒、太宰嚭所染，智伯摇被智国、张武所染，中山尚被魏义、偃长所染，宋康王被唐鞅、佃不礼所染。这六位君主因为所染不当，所以国破家亡，身受刑戮，宗庙毁灭，子孙灭绝，君臣离散，百姓逃亡。凡是提起天下贪暴苛刻的人，必定称这六君。由此说明，即便是君王亦如素丝受其周围环境所染，周围的大臣不仁不义等就会使君王所染不当，进而使其国破家亡，遗臭万年。

为什么作为君王也要"必择所染"呢？上面墨子用正反两方面的例子列举了四王、五君、六君所染得当与所染不当后的不同结局，所染得当就会使君王功名传于后世，所染不当则使君王臭名遗羞万年。那为什么所染不同有如此不同的结局呢？墨子对此也进行了阐述，墨子说："凡君之所以安者何也？以其行理也。行理性于染当。故善为君者，劳于论人而佚于治官。不能为君者，伤形费神，愁心劳意；然国逾危，身逾辱。此六君者，非不重其国、爱其身也，以不知要故也。不知要者，所染不当也。"墨子是认为，当一个国君所染得当，他们行事就会合理，所以这些善于做国君的，就会用心致力于选拔人才，进而行事合理就会使国家安定。相反，那些不善于做国君的，劳神伤身，用尽心思，不仅使其国家更危险，而且自己也受尽屈辱，如上面六位国君，其实并非是他们不重视自己的国家，也并非是他们不爱惜自己的身体，而是因为他们不知道治国要领的缘故，而不知道治国要领的主要原因又是所染不得当。

墨子认为，不仅国君是"人性如素丝，必择所染。"一般人亦是如此。正如墨子所言："非独国有染也，士亦有染。"国君会受到其身边大臣的影响，而一般人的"有染"则主要是受与其交往的朋友是否得当的影响。对此，墨子说："其友皆好仁义，淳谨畏令，则家日益，身日安，名日荣，处官得其理矣，则段干木、禽子、傅说之徒是也。其友皆好矜奋，创作比周，则家日损，身日危，名日辱，处官失其理矣，则子西、易牙、竖刀之徒是也。"可见，墨子认为一般人的人性亦如素丝，最终成为什么样的人也主要是受其所处环境的影响，一个人所交往的朋友如何就对其人性的形成产生重要的影响，如果一个人所交往的朋友都爱好仁义，都淳朴谨慎，慑于法纪，那么这个人的家道就会日益兴盛，身体日益平安，名声也日益荣耀，居官治政也就符合正道了，如段干木、禽子、傅说等人就属于这一类的朋友。相反，如果一个人所交往的朋友都是不安分守己的，结党营私，那么这个人的家道就会日益衰落，身体日益危险，名声也就日益降低，居官治政也是不得其道，如子西、易牙、竖刀等人就属于这一类的朋友。

那么，墨子为什么会认为人性如素丝呢？显然，墨子的人性素丝论的提出是有其理论来源及依据的。原因是最初墨子曾经学习过儒家学说，而儒家学说的创始人孔子又曾就学于老子，因此，可以推断老子等人的早期自然人性论及孔子人性观点等对墨子"人性素丝论"的形成产生了重要影响，也是其人性素丝论提出的重要理论基础。老子对人性的观点主要遵循"道法自然"规则，主张人性自然，正如老子在其《道德经》中所说："有物混成，先天地生。寂兮寥兮，独立而不改，周行而不殆，可以为天地母。吾不知其名，字之曰道，强为之名曰大。大曰逝，逝曰远，远曰反。故道大，天大，地大，人亦大。域中有四大，而人居其一焉。人法地，地法天，天法道，道法自然。"这里老子所说的"道"就是指客观规律，老子说"有物混成，先天地生"就是"道"的基本属性，早在开天辟地之前它就已经存在。《老子》对"道"的状态描述为"寂兮寥兮,独立而不改,周行而不殆,可以为天地母。"即它是独一无二,无双无对,遵循着自己的法则而永远不会改变,循环往复地运行永远不会停止,它可以作为世间万物乃至天地来源的根本,对此,老子认为其不能准确地描述出它的本来面目,只能用道来笼统地称呼它,勉强把它形容为"大"。"大"是指不停地运转、变化,也就是说它无处不在、无远不至,穿行于古往今来、八荒六合,到达极远处又返回事物的根本。正因为道是如此无穷无尽,所以说道很大,从而遵循于道的天、地、人都很大。宇宙有四"大",人是其中之一。但人必须遵循地的规律特性,地的原则是服从于天,天以道作为运行的依据,而道就是自然而然,不加造作。在这里,老子所说的"自然"并不是指称"客体"(如自然界),而是指称事物的"存在方式"和"状态",是自然而然的自然,即"无状之状"的自然。由此可见,老子是用了一气贯通的手法,将天、地、人乃至整个宇宙的生命规律精辟地涵括、阐述出来,以"道法自然"来揭示出整个宇宙的本质特性,囊括了天地间所有事物的属性,即宇宙天地间万事万物均效法或遵循"道"的"自然而然"规律,由此,我们可以推测,老子对人的本性的认知亦应是符合"道法自然"思想,人性亦是效法或遵循自然,即人性效法"无状之状"的自然。老子还说:"常德不离,复归于婴儿",① 即认为人性是人最原始的本原状态,因此老子认为最能体现人性的是婴儿。道家学派另一著名的代表人物庄子在继承老子思想的基础上,更是明确地指出了人的本性自然无为,庄子说:"性者,生之质也。性之动,谓之伪,谓之失。"② 可见,庄子认为"性"就是生命的原质,是人的自然性。显然,墨子人性素丝论的核心思想与老子的自然人性论具有一定的联系。

此外,孔子所强调的教育与环境对人品性的影响的观点与墨子"染于苍则苍,染于黄则黄,所入者变,其色亦变,五入必,而已则为五色矣!故染不可不慎也!"等观点也极为相似,如孔子的《论语·阳货》中记载有:"性,相近也;习,相远也。"虽然孔子没有说明人性是善还是恶,但孔子认为人的

---

① 《老子·二十八章》。
② 《庄子·庚桑楚》。

本性是相近的，只是因为后天的教育和环境的不同，人和人之间的品性便渐渐差距相远了，由此，说明了后天的教育与环境对人的影响。进而，《孔子家语·六本》中还记载："与善人居，如入芝兰之室，久而不闻其香，即与之化矣；与不善人居，如入鲍鱼之肆，久而不闻其臭，亦与之化矣。丹之所藏者赤，漆之所藏者黑，是以君子必慎其所处者焉。"即是说跟善人在一起，就像到了长满香花草的房间里，时间久了之后也就不觉得香了，因为已经与它同化了。而跟不善的人在一起，就如同走入了出售鲍鱼的店里，时间久了，也就不觉得臭了，因为也被它同化了。朱砂放的地方，往往会变成红色；而贮藏漆的地方，就变成了黑色。由此可见，孔子通过上述事例显然是想说明一个道理，即一个人所处的环境对其品性的形成具有重要的影响，由此，每一个人必须要谨慎地选择与自己交往的人。这也与墨子的"国亦有染"、"非独国有染也，士亦有染"以及"必择所染"等观点极为相似，进而也说明孔子人性论思想对墨子"人性素丝论"的形成产生了重要的影响。

三、法家的人性"生而好利论"

法家也是诸子百家中的一家，它是战国时期提倡以法制为核心思想的重要学派，是先秦诸子中对法律最为重视的一派，法家提出了富国强兵、以法治国等重要思想，法家强调"不别亲疏，不殊贵贱，一断于法"，这就足以看出他们对法制的高度重视，以及把法律视作为一种有利于社会统治的强制性工具，这些体现法制建设的思想，一直被沿用至今，成为中央集权者稳定社会动荡的主要统治手段。毛泽东就曾经说过："中国古代有作为的政治家，基本都是法家。"法家的思想理论源头可上溯到春秋时的管仲、子产，战国时李悝、吴起、商鞅、慎到、申不害等予以了大力发展，遂成了一个学派，到战国末期韩非对他们的学说进行了总结、综合，成为法家之集大成者。

在对人性的认知上，法家认为最初的人性都自私自利的，即"生而好利"，主要表现出的"贪功索利，好逸恶劳"的特点是古往今来人所固有的本性。法家先驱及其后来的代表人物或先于荀子或在荀子之后都提出或拓展了这一人性论思想。如《管子·禁藏》说："夫凡人之性，见利莫能勿就，见害莫能勿避。其商人通贾，倍道兼行，夜以继日，千里而不远者，利在前也。渔人之入海，海深万仞，就彼逆流，乘危百里，宿夜不出者，利在水也。故利之所在，虽千仞之山，无所不上；深渊之下，无所不入焉。"可见，管子认为商人日夜兼程，赶千里路也不觉得远，是因为利益在前边吸引他。打鱼的人不怕危险，逆流而航行，百里之远也不在意，也是追求打鱼的利益，这都有人们所表现出的"好利恶害"或者"就利避害"的本性。后来，战国时期政治家、改革家、思想家，法家代表人物商鞅（约公元前395~前338年）也认为性恶之人从本性来看是好逸恶劳的，好爵禄而恶惩罚的。正如《商君书·算地》中说："羞恶劳苦者，民之所恶也；显荣佚乐者，民之所乐也"，"夫农，民之所苦，而战，民之所危也。"由此说明，人本性都是喜欢安逸快乐，喜欢追求高官厚禄的，而极为厌恶耕种、打仗等劳苦的，这就是人的本性。进而，商鞅还说："天地设而民生之。当此之时也，民知其母而不知其父，其道亲亲而爱私。"① 可见，商鞅是认为人天生就是自私自利，从人类开始诞生以来，"其道亲亲而爱私"就是人们的处事原则，这也就可以理解为是人的本性，他们喜欢私利，爱自己的亲人。为何如此呢？商鞅认为，人性好利的主要原因是表现为人们的生存欲望和生理需要。《商君书·算池》里就记载有："民之性，饥而求食，劳而求佚，苦而索乐，辱则求荣，此民之情也。"可见，正是由于人有这种生存与生理的需要，因此，任何人在这些利弊之间都会表现出趋利避害。而且，人的这一本性是与生俱来的，正如《商君书·算池》上记载说："民之生：度而取长称而取重，权而索利。"由此说明，人的一生就是追逐名利的一生，人的所有行为都受制于好利的本性，这种人本性论在政治上就表现为人们都会极力地谋求加官进爵，在经济上表现为不断地谋取田宅资财等。于是，"亲亲则别，爱私则险。民众，而以别、险为务，则民乱。当此时也，民务胜而力征。务胜则争，力征则讼，讼而无正，则莫得其性也。"②商鞅认为正是由于人的"亲亲而爱私"这一本性，自然地"亲亲则别，爱私则险"，即爱自己的亲人，就会区别亲疏，喜欢谋求私利，就会心存邪恶。很多的人都这样区别亲疏，心存邪恶地为自己，人类自然就会陷入混乱之中，为了争夺财物他们彼此都竭尽全力甚至是不择手段地去制服对方，去相互争斗。如果发生了争

---

①② 《商君书·开塞》。

| 儒家人才管理 |

斗又没有一个合理的准则来加以解决，那么民众就没办法过正常生活了。那么，统治者应如何来遏制人性的自私与邪恶呢？正因为"民生则计利，死则虑名，名利之所出，不可不审也"。① 因此，商鞅在《商君书·错法》中则指出统治者恰恰可以利用人性论来实现自己的统治，因为"人生有好恶，故民可治也；人情者有好恶，故赏罚可用。"由此，商鞅认为，要消除社会混乱，就要"立中正，设无私，而民说仁。当此时也，亲亲废，上贤立矣。凡仁者以爱利为务，而贤者以相出为道。民众而无制，久而相出为道，则有乱。故圣人承之，作为土地货财男女之分。分定而无制，不可，故立禁。禁立而莫之司，不可，故立官。官设而莫之一，不可，故立君。"商鞅认为，正是因为人性的自私本性导致混乱，因此，要避免人性的爱私而导致的乱，就必须要确立公正的社会准则，主张无私，当大家都喜欢仁爱这一准则时，只爱自己亲人的狭隘思想就被废除了，崇尚有才德之人的思想就被确立了。所以，圣人顺应当时社会的发展形势，倡导分定而有制，要做到立禁、立官、立君，即不仅制定了关于土地、财货、男女等的归属权，确定了名分，而且知道名分确定了没有制度不行，因此设立了法令；法令确立了而没有人来管理也不可，因此又设立了官职；官吏有了而没有人统一领导不行，所以设立了君主。显然，正是因为商鞅认为人性是自私自利的容易导致社会混乱，因此，从管理的角度来说需要制定相应的法律以及实施的主体来遏制人性的自私与贪婪，这就需要立禁、立官、立君，这也为法家倡导实施严厉的法治找到了内在的逻辑依据，为法家主张的天下一统于法的管理合法性从人性的角度找到了合理的解释。

之后，法家思想的集大成者韩非（公元前280~前233年），战国末期杰出的思想家、哲学家和散文家，韩国都城新郑（今河南郑州新郑市）人，将商鞅的"法"，申不害的"术"和慎到的"势"集于一身，是法家思想的集大成者，他建立了完整的法治理论和朴素唯物主义的哲学体系。韩非将老子的辩证法和荀子的朴素唯物主义融为一体，同时重视吸收墨家思想，集儒、道、墨、法四大思想流派的精华于一身，也是先秦诸子百家思想的集大成者。韩非的思想深邃而又超前，对后世影响深远。韩非的人性论，一方面，继承了商鞅

---

① 《商君书·算地》。

的人性好利的观点;另一方面,作为荀子的学生,其人性论也受到了荀子性恶论思想的影响。韩非认为,性恶之人不仅是自私的,而且是自利的,是视名利为生命的好名利之徒。对此,韩非将人的种种自利表现做出了具体而生动的描述:"故王良爱马,越王勾践爱人,为战与驰。医善吮人之伤,含人之血,非骨肉之亲也,利所加也。故与人成舆,则欲人之富贵;匠人成棺,则欲人之夭死也。非舆人仁而匠人贼也,人不贵,则舆不售,人不死,则棺不买。情非憎人也,利在人之死也。"① 由此可见,韩非认为人人都是从取利的角度来谋划自己的行为的,如王良之所以爱马,越王勾践爱民,只是为了打仗和奔驰。医生善于吸吮病人的伤口,口含病人的污血,不是因为他们对病人有骨肉之亲,而是因为利益所在。车匠之所以造好车子,就希望别人富贵;棺材匠做好棺材,就希望别人早死。并不是车匠仁慈而棺材匠狠毒,只是因为别人不富贵,车子就卖不掉,别人不死,棺材就没人买,本意并非憎恨别人,而是利益就在别人的死亡上。显然,韩非进一步发展了荀子的"性恶论"思想,认为人不仅是自私的,还是自利的,以此观点为核心,韩非对人与人之间的关系进行了论述,他认为人与人之间的一切关系都是不同的利害关系,人们就是在各种利害矛盾的冲突中生活的,对这一观点韩非列举了多种不同的关系来进行了论证:

首先,韩非认为君与臣之间的关系就是一种利害关系。对此,韩非在《韩子浅解·饰邪》中说:"故君臣异心,君以计畜臣,臣以计事君,君臣之交,计也。害身而利国,臣弗为也;害国而利臣,君不行(为)也。臣之情,害身无利;君之情,害国无亲。君臣者也,以计合者也。"是说君臣追求的利益并不一致并彼此有着冲突的,君主靠算计蓄养臣子,臣子靠算计侍奉君主,君臣交往中彼此都在算计,所以君臣并不是一条心,而是一种利害关系。如果危害自身而有利于国家,臣子是不做的;而危害国家而有利于臣子,君主也是不干的。臣子的本心,危害自身就谈不上利益;君主的本心,危害国家就谈不上亲近。君臣关系是凭算计结合起来的。可见,君臣之间是一种利害关系,彼此是靠着相互的算计来达成各自的目的,如为君者是用官禄来诱使臣属为其统

---

① 《韩子浅解·备内》。

治的目标服务，而人臣则为了求得官爵富禄，就为人君卖命来换取赏赐。显然，这就需要有合理的法律与制度设计，做到赏罚分明，才能激励臣下为君主鞠躬尽瘁。正如韩非说："至夫临难必死，尽智竭力，为法为之。故先王明赏以劝之，严刑以威之。赏刑明，则民尽死；民尽死，则兵强主尊。刑赏不察，则民无功而求得，有罪而幸免，则兵弱主卑。故先王贤佐尽力竭智。故曰：公私不可不明，法禁不可不审，先王知之矣。"在这里，韩非明确指出，臣属之所以在危难时刻会以性命相拼，竭尽其才智与力量，都是由法度造成的。臣下只是极力地追求其自身利益，当君主至于臣子遇到危难一定拼死，竭尽才智和力量，是法度造成的。所以先王明定赏赐来加以勉励，严定刑罚来加以制服，赏罚分明，百姓就能拼死，兵力就会日益强盛，君主就会尊贵。相反，如果君主制定法度不力，刑赏不分明，百姓就会无功而谋取其利益，有罪而侥幸免罚，其结果就是兵力弱小，君主卑下。由此说明，作为君主一定要做到公私不可不明，法禁不可不察，只有这样才能协调彼此的利益关系。

其次，韩非认为君与民之间的关系也是一种利害关系。对此，韩非在《韩子浅解·六反》中说："君上之于民也，有难，则用其死；安平，则尽其力。亲以厚爱，关子于安利，而不听；君以无爱利，求民之死力，而令行。明主知之，故不养恩爱之心，而增威严之势。"韩非认为君主与民众的关系也是建立在利益矛盾对立的基础上的，彼此的利益也是冲突的，君主对民众的要求是希望危难时他们能够拼死作战，安定时他们则能尽力耕作。像父母那样怀着深厚的爱，把子女安排在安全有利的环境中，但子女却不听父母的话；而君主在不用爱与利的条件下要求民众为自己出死力，命令却能行得通。正如母亲对子女普遍厚爱，子女多数不好，就是因为宠爱的结果；而父亲普遍不偏爱，常用体罚，相反子女多数都很好，就是因为严厉的结果。由此，英明的君主就懂得这个道理，所以对待民众的统治就不能施以仁爱之心，而必须要加强威严之势。正如韩非说："圣人之治也，审于法禁，法禁明著，则官法；必于赏罚，赏罚不阿，则民用。官治则国富，国富则兵强，而霸王之业成矣。霸王者，人主之大利也。人主挟大利以听治，故其任官者当能，其赏罚无私。使士民明焉，尽力致死，则功伐可立而爵禄可致，爵禄致而富贵之业成矣。富贵者，人臣之大利也。人臣挟大利以从事，故其行危至死，其力尽而不望。此谓君不仁，臣不忠，则不可以霸王矣。"可见，君与民所追求的利益是不同的，显然，统一天下是君主最大的利益，而民众最大的利益则是求得富贵，毫无疑问，君与民也都是自利的，如何来协调彼此的利益呢？圣人治理国家就能善于利用人的自利的本性，以合理地处理君与民之间的利害冲突，主要措施有：一是详细地考察法律禁令，法律禁令彰明了，官府事务就会得到妥善治理；二是坚决地实行赏罚，赏罚不出偏差，民众就会听从使唤。由此，对民众而言，民众深知为国家尽力拼死，功劳就可建立，爵禄就可获得，其追求的富贵事业就能实现了；与此同时，对君主而言，只有民众愿意听从使唤，官府事务得到妥善处理，国家就可富强，兵力就能日益强盛，进而统一天下的大业也就随之完成了。

再次，韩非还认为父母与子女之间的关系也是一种利害关系。韩非认为，不仅君臣之间、君民之间是一种利害关系，即便是父母与子女之间也是彼此由利害关系相结合起来的。对此，韩非在《韩非子·外储说左上》中说："人为婴儿也，父母养之简，子长人怨。子盛壮成人，其供养薄，父母怒而诮之。子父至亲也，而或谯或怨者，皆挟相为而不周于为己也。"是说人在婴儿时，如果父母养育他比较马虎，儿子长大了就要埋怨父母；儿子长大成人时，如果对父母的供养微薄，父母就要怒责儿子。毫无疑问，父子是至亲的骨肉，但有时怒责，有时埋怨，都是因为怀着相互依赖的心理而又认为对方没能周到地照顾自己的缘故。可见，即便是具有至亲关系的父母与子女之间，也会由于对方没能周到地照顾自己以致有损其利益而相互怒责与埋怨了。同时，更有甚者，父母还会基于其自身利益及其他多种原因会对其子或女具有迥异的态度或行为，对于具有这种至亲的关系中依然存在着算计之心，何况是其他的关系呢？对此，韩非在《韩子浅解·六反》中说："且父母之于子也，产男则相贺，产女则杀之。此俱出父母之怀衽，然男子受贺，女子杀之者，虑其后便，计之长利也。故父母之于子也，犹用计算之心以相待也，而况无父子之泽乎？"是说父母对于子女，生了男孩就互相祝贺，生了女孩就把她杀了。无论是子或女都出自父母的怀抱，然而是男孩就受到祝贺，是女孩就被杀了的原因，就是父母考虑到以后的利益，从长远利益来打算的。由此可见，父母对于子女，尚且用计算利弊来对待，何况是对于没有父子间恩泽的人际关系呢？

最后，韩非认为夫与妻之间的关系也是一种利害关系。韩非认为夫与妻关系也是有着利害冲突的，他在《韩非子·内储说下》中就列举了一个例子，卫人有夫妻祷者而祝曰："使我无故，得百束布。"其夫曰："何少也？"对曰："益是，子将以买妾。"是说卫人有一对夫妻在祈祷，妻子祝愿说希望让我没有灾难，得到一百捆布币。她丈夫很奇怪问："为什么这么少？"妻子回答说："超过这个数目，您将会用它去买小老婆了。"由此可见，夫妻之间是由于婚姻关系而结合在一起，彼此的行为也会基于其自身利益角度去予以解释，现实中，一些夫妻为图一己之私而欺骗甚至背叛对方，还有一些夫妻为利益冲突而反目，甚至一言不合而离弃对方。对此，韩非举例说："蔡女为桓公妻，桓公与之乘舟，夫人荡舟，桓公大惧，禁之不止，怒而出之。"① 即齐桓公与其夫人一起坐船，由于夫人摇晃小船，齐桓公非常害怕就制止她，而他的夫人因为没有停下来，齐桓公因此就忿怒地离弃了她。

总之，法家人性论认为人性是自私自利的，人与外界的关系及其所表现出来的行为都会有基于其自身利益角度的考量，即便是君臣之间、君民之间、父子之间、夫妻之间也是计利而行的，由此，拓展到人与人之间的关系也都彼此莫不是一种利害关系，人们是主观为自己而客观为别人，其一切行为都是为了最大限度满足自己的私利，而儒家所说的君臣之间以忠信仁义相待，是不可靠的，正如《韩非子·难一》中记载："且臣尽死力以与君市，君垂爵禄以与臣市。君臣之间，非父子之亲也，计数之所出也。君有道，则臣尽力而奸不生；无道，则臣上塞主明而下成私。"显然，法家人性论是那个时代的反映，是私有制和商品经济发展的必然产物，这一人性假设理论也为法家所倡导的法治思想提供了理论依据，具有重要的现实意义。

---

① 《韩非子·外储说左上》。

第三章　儒家选人观

众所周知，古往今来，国以人兴，政以才治。放眼世界，任何一个国家要想成就一番伟业，实现国家的强大，其关键都在于"用人"，而"用人"的关键一环则是要"选人"，在孔子看来，选用优秀的人才意义尤其重大，孔子曰："为政在人。"①　"政者莫大于官贤"。②　"举直错诸枉，则民服；举枉错诸直，则民不服。"③　由此，孔子首先提出了"举贤才"的思想，他认为"举贤才"不仅有助于治国安邦，还有助于安民教化，可见，孔子对于"举贤才"的极其重视。然而，如何才能做到"选用贤才"呢？仲弓为季氏宰，问政。子曰："先有司，赦小过，举贤才。"曰："焉知贤才而举之？"子曰："举尔所知；尔所不知人其舍诸？"④　在这里，仲弓向孔子请教如何为政，孔子给出的主要建议就是要"举贤才"，仲弓又问那如何"举贤才"呢？孔子对此特别强调，要提拔你所了解的人才。由此可见，孔子认为"举贤才"的关键就在于"知才"。无疑，如何"知才"也是选拔人才的难点，孔子曰："不患人之不己知，患不知人也。"⑤　连孔子都"患不知人也"，由此可见，要想准确地知人识人是有多么的难，因为人经常表现出一些假象，正如三国时期的诸葛亮就说："夫知人之性，莫难察焉。美恶既殊，情貌不一，有温良而为诈者，有外恭而内欺者，有外勇而内怯者，有尽力而不忠者。"⑥　因此，可以说正是因为知人

---

① 《中庸》。
② 《礼记·表记》。
③ 《论语·为政篇第二》。
④ 《论语·子路篇第十三》。
⑤ 《论语·学而篇第一》。
⑥ 《将苑·知人性》。

之难，儒家对待选人就一直非常重视，以致儒家经典《礼记·表记》中对此评论说："知者莫大于知贤。"①

第一节

儒家选人概述

儒家思想不仅是中国传统文化的内核，也是维护封建君主统治的理论基础，无疑，封建统治离不开人才这一重要资源，而儒家历来就有尚贤的传统并最早提出了要"举贤才"。于是，春秋战国时期，在选官用人方面实行的"世官制"开始向以广泛选贤任能的官吏"选任制"转折，在这一转折时期，作为人才集聚最大群体的儒家，其不仅成为"世官制"向选贤举能的"选任制"转折的主要受益者，大量儒家弟子以前仅为高级贵族服务并仅止于"士"这一低级职役阶层，开始日益受到霸主们的重视，并得到重用，举贤、尊贤亦日益转变成为一种社会风气和现实需要。而且在这一转折过程中，一大批儒家先贤们还从理论上与实践上对选贤举能的价值认知、选人的理念、选人的根本等问题进行了深入论述，尤其是孔子、孟子、荀子等儒家代表人物对此的论述产生了深刻的影响，不仅使"世官制"加速了萎缩，也为"举贤才"的选人用人思想的最后确立提供了强有力的理论依据。

一、儒家对选人价值的认识：举直错诸枉，则民服

在儒家主张推行选贤任能的"举贤才"制度以前，先秦时期在选官用人方面主要是实行"世官制"。清人俞正燮在《癸巳类稿》中对世官制的特点予以了描述："君所任者，与共开国之人及其子孙也……大夫以上皆世族，不在选举也。"显然，在这一选官用人机制下，官吏都具有世袭官职的特权，而由乡大夫考核推举的贤才只能出任伍长或乡吏，即便是一些杰出的人才，也仅止于"士"这一低级职役阶层。如孔子就曾经以"士"的身份出任季氏家的委

---

① 《礼记·表记》。

吏，负责仓库保管与会计事务，孔子的很多弟子当时也大多为大夫的家臣。无疑，这一制度使得官员选拔的范围极其有限，尤其是到了春秋时期，随着王室衰落，诸侯坐大，大国之间的争霸斗争不断，使得一些英明的霸主深感原有的以宗族血缘关系为基础的人才选拔机制亟待突破。彼时，各诸侯国还面临着一个如何稳定人心的重大问题，既要使自己管辖范围的老百姓不外流，还要想方设法招徕他国百姓前来投靠，以壮大本国的国势。如何才能做到这些呢？对此，儒家认为，选人是关键，如何选人决定了政治的得失与国家的兴亡，而"举贤才"是国强民盛、百姓归服的重要前提。正如哀公问曰："何为则民服？"孔子对曰："举直错诸枉，则民服；举枉错诸直，则民不服。"在这里，孔子为哀公提出的使百姓归服的策略就是，把正直的人提拔出来，放在邪曲的人之上，百姓就会归服；相反，百姓就会不服，就会流向他国。由此可见，儒家是将"选贤举能"看作使百姓归服的一个重要手段，进而也可以说能否做到"选贤举能"直接关系着一国政治的得失与国家的兴亡，因此，本书也就将儒家对选人价值的认识直接表述为"举直错诸枉，则民服"，这一认识就充分描述了儒家眼中的选人与百姓归服的紧密关系。

儒家认为，一个国家如果能真正地选用贤人，国家就会日益强大。齐景公曾问孔子，秦穆公国小人寡，地方偏僻，为什么能成为五霸之一？孔子总结了三条原因：一是秦穆公有远大志向；二是他行动果敢，令行禁止；三是他善于发现和敢于任用贤人。孔子认为，有了这三个条件，不仅可以称霸，还可以称王。① 孔子甚至认为，即使一个国家的国君无道，但如果能选用贤人辅政，也可在一定程度上保政权于不亡。如春秋时期的卫灵公就是一个很平庸的国君，有人就问孔子，卫灵公既然无道，那为什么不丧国呢？孔子回答说："仲叔圉治宾客，祝鮀治宗庙，王孙贾治军旅。夫如是，奚其丧？"孔子认为正是由于卫灵公有仲叔圉接待宾客，祝鮀管理祭祀，王孙贾统率军队，有这三个贤人辅佐朝政，卫灵公怎么会丧国呢？② 正是认识到了选用贤能的重要性，因此，儒家主张应突破官员世袭制的局限，扩大选用人才的范围，于是，孔子首提

---

① 《说苑·尊贤》。
② 《论语·宪问篇第十四》。

| 儒家人才管理 |

"举贤才"的观点,认为选用人才要突破宗法制度、任人唯亲的禁锢,不应只看人的出身尊贵卑贱,也不应只关注个人的资历深浅,而要广开人才选用范围,选用人才要突破西周时代仅以宗族血缘关系为依据的世官制,而要广泛地从社会的下层和出身非贵族系统的人中选用人才,唯有如此不拘一格地为国家选拔与输送治世精英,百姓才能归服,天下才能大治,王业才能大成。所以孔子对此断言:"其人存,则其政举;其人亡,则其政息……故为政在人"。①

之后,以孟子、荀子为代表的儒家继续发展了孔子的举贤使能思想。孟子还提出了与孔子"举直错诸枉,则民服"几乎一样的观点,进一步阐释了儒家对于选人价值的认识:选用贤者,就会使天下士人皆悦而愿立于朝,贤者在位,能者在职推行好的政策就会使天下百姓归服,由此国家就会日益兴盛强大,就能统一天下。正如孟子曰:"尊贤使能,俊杰在位,则天下之士皆悦,而愿立于其朝矣……则天下之商皆悦,而愿藏于其市矣……而天下之旅皆悦,而愿出于其路矣……则天下之农皆悦,而愿耕于其野矣……则天下之民皆悦,而愿为之氓矣;信能行此五者,则邻国之民,仰之若父母矣……如此,则无敌于天下。无敌于天下者,天吏也。然而不王者,未之有也。"② 可见,孟子是把选用贤人看作为直接关系到民心向背的大事情,是政治之根本,其直接关系是否能推行仁政进而无敌于天下了。同时,孟子还看到选用贤人又是一件最不容易做好的事情,孟子曰:"是故以天下与人易,为天下得人难。"③ 在孟子看来,把天下让给别人比较容易,但要替天下找到出色人才却很艰难。以致孟子直接提出,能够替天下人民找到出色人才的便叫仁,正如孟子曰:"为天下得人者谓之仁。"④ 就像尧、舜等人就是仁,他们最忧虑的事就是不能替天下找到出色人才了,"尧以不得舜为己忧,舜以不得禹、皋陶为己忧。"⑤ 由是,仅从这一点来看,孟子就认为尧舜很是伟大,并引用与高度认同孔子对于尧舜的极高评价,孔子曰:"大哉尧之为君!惟天为大,惟尧则之,荡荡乎民无能名焉!君哉舜也!巍巍乎有天下而不与焉!尧舜之治天下,岂无所用其心哉?"⑥ 相反,孟子认为,不选贤任能,国家就有可能衰弱甚至灭亡,针对时人淳于髡

---

① 《礼记·中庸》。
② 《孟子·公孙丑章句上》。
③④⑤⑥ 《孟子·滕文公章句上》。

的"贤者之无益于国也"论调进行了批驳,孟子引述了虞国不用百里奚这样的贤才而招致亡国,而秦穆公选用百里奚则终成霸业的史实,从正反两方面论述了选用贤才的价值,即孟子曰:"虞不用百里奚而亡,秦穆公用之而霸。不用贤则亡,削何可得与?"①

荀子是先秦儒家思想的集大成者,他不仅继承了孔孟的选贤任能的人才思想,且在此基础上有所发展。荀子主张隆礼、重法与王霸三者并行,但他又认为这一切都要由人来实行,仅靠国君一个人的力量是远远不够的,因此,国家还必须要选用一批"雅儒"、"大儒","有治人,无治法……故法不能独立,类不能自行;得其人则存,失其人则亡。法者,治之端也;君子者,法之原也。故有君子,则法虽省,足以遍矣;无君子,则法虽具,失先后之施,不能应事之变,足以乱矣"。② 在这里,荀子对选用人才与运用法制在治理国家中的作用与价值进行了充分的阐述,荀子认为,有治理国家的人才,但没有自行治理的法制。法制不可能单独有所建树,律例不可能自动地被实行。只有得到了那种善于治国的人才,那么法制就存在;而失去了那种人才,那么法制也就消亡了。由此,荀子进一步指出,法制,是政治的开头;君子,才是法制的本原。有了君子,法律即便是简略,也足够用在一切方面了,相反,如果没有君子,法律即使再完备,也会失去先后的实施次序,不能应付事情的各种变化,足以造成混乱了。可见,在荀子看来,选用君子才是国家治理的根本,是法制的本原,显然,荀子对选人价值的这一认识比孔孟的选人价值论则有了更深一层的理解。

因此,荀子认为:"故明主急得其人,而暗主急得其势。急得其人,则身佚而国治,功大而名美,上可以王,下可以霸;不急得其人,而急得其势,则身劳而国乱,功废而名辱,社稷必危。"③所以英明的君主就会急于得到治国的人才,而愚昧的君主则急于得到权势,由此,这两种君主最终的命运也就迥然不同了,急得人才者,就会自身安逸而国家安定,功绩伟大而名声美好,上可以称王天下,下可以称霸诸侯;而不得人才者,就会自身劳苦而国家混乱,功

---

① 《孟子·告子章句下》。
②③ 《荀子·君道第十二》。

业败坏而声名狼藉，国家政权必然危险。同孔孟一样，荀子也引用了正反两方面的史实来对此观点予以了论证，"故汤用伊尹，文王用吕尚，武王用召公，成王用周公旦。卑者五伯，齐桓公闺门之内，县乐、奢泰、游抏之修，于天下不见谓修，然九合诸侯，一匡天下，为无伯长，是亦无它故焉，知一政于管仲也。"① 显然，这些君主正是成功地选用了伊尹、吕尚、召公、周公旦、管仲等贤臣，而王业终成或称霸于天下。相反，如果不任用贤能，就会使国家衰弱甚至消亡矣，正如"吴有伍子胥而不能用，国至于亡，倍道失贤也。"② 是说吴国有伍子胥却没有任用他，国家就落到灭亡的地步，这就是因为违背了正道失掉了贤人导致的结果。

二、儒家选人的理念：内举不避亲，外举不避仇，尚（举）贤

在上一节中我们已经阐述了儒家对选人价值的认识，在儒家看来，"莫如贵德而尊士，贤者在位，能者在职"，③ 一个国家只有真正地尊重人才，选用贤人，百姓才会归服，国家才能做到内部稳定富裕、外部不受欺辱，邻国"虽大国，必畏之矣"。④相反，如果不尊重人才，优秀人才不能得到重用，则国势必然衰落，正如"不信仁贤，则国空虚"。⑤ 正是由于儒家对于贤人以及选用贤人价值的充分认识，儒家创始人孔子首次提出了应"举贤才"思想，之后的孟子、荀子等儒家代表人物继承与发展了孔子"举贤才"的人才思想，也先后提出了"尊贤使能"、"尚贤使能"等思想。由此可见，儒家极力主张选择贤人是其一贯的人才选拔思想，这是儒家对于"选择什么样的人"这一问题的回答。同时，应在什么样的范围内选择人呢，或者说选择的对象有哪些呢？一定程度上，可以说在"选人"中，对于"选择什么样的人"以及"在什么范围内选择这样的人"这两个问题，我们遵循着什么样的原则是充分体现着我们的选人理念的，对于这两个问题的回答，儒家经典无疑是有着较充分的论述，归纳起来，本书认为，儒家选人的理念可以概括为：内举不避亲，外

---

① 《荀子·王霸第十一》。
② 《荀子·君子第二十四》。
③④ 《孟子·公孙丑章句上》。
⑤ 《孟子·尽心章句下》。

举不避仇,尚(举)贤。

前文已经对儒家论述"选择什么样的人?"进行了充分的阐述,无疑,儒家始终主张"尚(举)贤",在此不再赘述。那么,儒家主张应在什么范围内选择贤人呢?回顾儒家经典我们发现,在当时实行"世官制"的人才选用背景下,孔子就开创性地极力主张应扩大选用人才的范围,提出"举贤才"思想。孔子认为,选举贤才不应只看重出身门第、身份地位,而要做到对那些即便是出身贫寒但确实有才德之人就应大胆选用。孔子谈到仲弓时,曰:"犁牛之子骍且角,虽欲勿用,山川其舍诸?"① 在这里,孔子表面上是说祭祀,但实际意思就是以仲弓比犁牛之子,其出身就很贫贱,但却可凭自己的学问而被选用。进而,孔子在其另一论述中更是明确地提出了其对于如何选用贤人的态度,孔子曰:"先进于礼乐,野人也;后进于礼乐,君子也。如用之,则吾从先进。"② 孔子在这里旗帜鲜明地主张说,如果要我选用人才,我会选用先学习礼乐的普通人(野人),而不是后学习礼乐的卿大夫子弟,显然,孔子的这一选才理念是对原有的贵族血统选拔制度的极大突破,对世卿世禄制的否定,这也是孔子选才理念中对于破除门第约束的重要体现。然而,儒家思想中又有着较强的"亲亲"的道德观念,即以亲近有亲缘关系的人为先,由此,可以说在中国几乎没有割裂了血缘和家庭纽带而能真正实现独来独往的个人,每一个人都会以自己为中心,以其血缘姻亲关系作为其人际关系的基础,再加上朋友、同事、领导等人际关系,从而会构成一个在其看来亲疏有别,不断由近及远、由亲及疏的人际关系网络。这也就是费孝通先生在其《乡土中国》中提出来的"差序格局"概念,他认为,差序格局出现的伦理基础就是中国人所遵从的儒家思想,费孝通指出:"我们的社会结构和西洋的格局是不相同的,我们的格局不是一捆一捆扎清楚的柴,而是好像把一块石头丢在水面上所发生的一圈圈推出的波纹。每个人都是他社会影响所推出的圈子中心。"③ 因此,在中国人的道德系统里总是不肯离开差序格局的中心,其行为也就往往遵循以"己"为中心的圈子,同时还从属于以优于自己的人为中心的圈子。由此,中

---

① 《论语·雍也篇第六》。
② 《论语·先进篇第十一》。
③ 费孝通:《乡土中国》,中华书局,2013年。

| 儒家人才管理 |

国人在人才选拔过程中往往习惯于"任人唯亲"了,即容易以"己"为中心,在由内及外、由亲及疏一圈圈的差序格局中遵循越是接近于自己的人越优先的原则来选拔任用人才。连孔子首倡"举贤才"思想时,都特别强调了在上位的人要用深厚的感情对待亲族,在上位的人不能遗弃他的老同事、老朋友,正如孔子曰:"君子笃于亲,则民兴于仁;故旧不遗,则民不偷。"① 实际上,这就隐含了儒家在提出"举贤才"思想的同时认为"亲故旧"在人才选拔中的重要性。但从儒家对于"尊贤"的重视程度来看,儒家"亲故旧"思想并未超越儒家对于人才选拔中强调"尚(举)贤"的重视程度,在一定程度上,儒家认为"尚(举)贤"应更优先于亲故。正如《吕氏春秋》中记载,晋平公问于祁黄羊曰:"南阳无令,其谁可而为之?"祁黄羊曰:"解狐可。"平公曰:"解狐非子之仇邪?"对曰:"君问可,非问臣之仇也。"平公曰:"善。"遂用之,国人称善焉。居有间,平公又问祁黄羊曰:"国无尉,其谁可而为之?"对曰:"午可。"平公曰:"午非子之子邪?"对曰:"君问可,非问臣之子也。"平公曰:"善。"又遂用之,国人称善焉。孔子闻之曰:"善哉,祁黄羊之论也!外举不避仇,内举不避子,祁黄羊可谓公矣。"这一史实是说晋平公问祁黄羊谁适合任南阳地方郡令,祁黄羊推荐了他的仇人解狐,晋平公很好奇问,解狐不是你的仇人吗,你为什么推荐他呢?祁黄羊回答说:"您问的是谁适宜担任南阳地方郡令,并不是问谁是我的仇人呀。"又一次,晋平公问祁黄羊谁适合出任国家的法官,祁黄羊推荐了他自己的儿子,晋平公好奇地问他不就是你儿子吗?祁黄羊回答说:"您问的是谁适宜担任国家法官,并不是问谁是我的儿子呀。"孔子听到这一事情后,评论说:"真好啊,祁黄羊的推举建议!祁黄羊推荐外人不排除自己的仇人,推荐自己人不回避自己的儿子,祁黄羊推荐人才可以说真是大公无私呀。"从这里的孔子对于祁黄羊的评价可以看出,孔子对祁黄羊"内举不避亲,外举不避仇"的举贤行为是持高度赞同态度的,因此,本书认为,孔子虽然认为选拔人才要考虑"亲旧故",但其更偏向于选拔人才应打破门第、血统与宗族、地缘关系等束缚而唯才是举,由此,可以认为儒家在人才选拔过程中是更倾向于遵循内举不避亲,外举不避

---

① 《论语·泰伯篇第八》。

第三章 儒家选人观

仇,尚(举)贤的选人理念的。

之后,儒家另一代表人孟子几乎继承了孔子同样的选人理念,孟子明确提出了要尊贤与亲故的原则。孟子曰:"国君进贤,如不得已,将使卑逾尊,疏逾戚,可不慎与?"① 事实上,在这里,孟子一方面提出选拔贤人就要把卑贱者提拔在尊贵者之上,把疏远的人提拔在亲近者之上,显然是强调了选贤不能局限于"尊尊"、"亲亲",而应突破出身门第的尊贵或卑贱、血统关系的亲近或疏远等束缚,以唯才是举;另一方面又说:"对这种事能不慎重吗?"显然,这又隐含了孟子对突破"亲故"这一选人原则的顾虑,认为在人才选拔中对于亲故的尊卑疏戚关系还是要慎重考虑的。在孟子看来,亲故的亲情关系是仁义,而尊贤的目的就是为了仁政,两者并不矛盾,道理是相同的,其统一的基础就是仁义,正如孟子曰:"用下敬上,谓之贵贵;用上敬下,谓之尊贤。贵贵尊贤,其义一也。"② 为进一步阐释选贤的重要性,孟子又以"舜发于畎亩之中,傅说举于版筑之间,胶鬲举于鱼盐之中,管夷吾举于士,孙叔敖举于海,百里奚举于市"③ 为例,说明选贤应破除门第观念,应到社会下层去发现人才。

如果说孔子、孟子对遵循人才选拔的选贤尊贤原则还不够彻底,因为他们还强调了要"亲故"的原则,那荀子比孔子、孟子就更直接地提出了尚(举)贤思想,荀子对孔子与孟子没有明确阐述的"尊贤"与"亲故"双重选拔原则作了更深一步的论述,不仅使这两个矛盾的选拔原则统一了起来,而且还明确地阐述了两者的先后次序,提出要在尚(举)贤为基础和前提的条件下,使用亲故原则,"贤齐,则其亲者先贵;能齐,则其故者先官。"④ 显然,这是明确了人才选拔中"选贤尊贤"是第一原则,而孔子、孟子对此却并未直接明确地提出这一观点,从这一点来看,荀子对于人才选拔的理念显然是比孔子、孟子更进了一步。荀子首先明确地提出王公之子孙与庶民之子孙都是人才选拔的平等主体,在人才选拔面前没有出身门第的限制,一律平等,尚贤,对

---

① 《孟子·梁惠王章句下》。
② 《孟子·万章章句下》。
③ 《孟子·告子章句下》。
④ 《荀子·富国第十》。

此，荀子曰："虽王公士大夫之子孙也，不能属于礼义，则归之庶人。虽庶人之子孙也，积文学，正身行，能属于礼义，则归之卿相士大夫。"① 其次，荀子还提出选才要大公无私，荀子曰："外不避仇，内不阿亲，贤者予"，② 即选才时切勿考虑与被选者的亲疏远近，而应破除选贤时受血统亲疏关系的束缚，做到唯才是举。对此，荀子还以君主欲要得到善于射箭的人为例进行了说明，提出要选拔善射之人的唯一标准就是"既射得很远而又能命中微小目标"，对内不准偏袒自己的子弟，对外不准埋没关系疏远的人，唯有如此，才是君主能够求得善射者的好办法。正如荀子曰："人主欲得善射——射远中微者，县贵爵重赏以招致之。内不可以阿子弟，外不可以隐远人，能中是者取之，是岂不必得之之道也哉？"③ 最后，荀子还特别提出选贤时应破除论资排辈的做法，荀子曰："贤能不待次而举，罢不能不待须而废。"④ "次"就是指资历，在此，荀子特别强调人才选拔不应依资历来论资排辈，对于有德才的优秀人才应破格提拔，而对于无德无能的人，应不等片刻而立即罢免。至此，我们可以看出，儒家尚（举）贤的选人理念首提于孔子，发展于孟子，而最终则成熟于荀子，简述之，就是"内举不避亲，外举不避仇，尚（举）贤"。

三、儒家选人的根本：礼义备而君子归之，无道法则人不至

前文阐述了儒家对选人价值的认识、儒家选人的理念等，如果从选人者与被选者的关系及其各自立场来看，显然，这些论述主要是从选人者的角度或立场来阐述为什么选人很重要以及应如何选人等，从而，以使优秀的人才为己所用。然而，只注重了这一点就能使优秀的人才为己所用吗？如果换一个角度，从被选者角度或立场来看，显然，在这里我们还必须要考虑的一个问题就是，被选者愿意被你选择吗？或者说，即便是被动地被你选用，但这一优秀的人才会愿意真心地留下来为你所用吗？无疑，如何让优秀人才主动前来投靠，如何让优秀人才心甘情愿地被你所用，这才是选人之根本。对此，儒家先贤们也进行了充分的论述，儒家认为，要想让优秀人才甘愿为其所用，就必须要做到

---

①④ 《荀子·王制第九》。
② 《荀子·成相第二十五》。
③ 《荀子·君道第十二》。

第三章 儒家选人观

"礼义备而君子归之,无道法则人不至",由此,本书认为这也就是儒家选人之根本。

众所周知,只有"索贤之心,而无得贤之术",是无法获得人才的。① 要想真正能够获得人才,还需要从自身做起,首先选(用)人者自身也必须要有很高的素质,唯如此才能对优秀人才具有吸引力。孔子曰:"其身正,不令而行;其身不正,虽令不从。"② 由此可见,领导者自身行为端正是极为重要的,其行为端正,即便是不发命令事情也行得通;如其行为不端正,纵是三令五申,百姓也不会信从。因此,在选人方面,同样如此,选(用)人者本身优秀,具有仁义之德,能正身行,这样的人对优秀人才就会有吸引力,自然就会有很多的优秀人才主动前来投靠,正如荀子曰:"川渊深而鱼鳖归之,山林茂而禽兽归之,刑政平而百姓归之,礼义备而君子归之。"③ 在这里,荀子认为,江河湖泊深了,鱼鳖就归聚到它那里;山上树木茂盛了,禽兽就归聚到它那里;刑罚政令公正不阿,老百姓就归聚到他那里;礼制道义完善周备,有道德的君子就归聚到他那里。孟子也曰:"君仁,莫不仁;君义,莫不义;君正,莫不正。一正君而国定矣。"④ 可见,君主或者说选(用)人者对下属是具有很强的示范效应与影响力的,君主自身如果既知且仁,是优秀的人才,他就能吸引到一大批优秀的人才为其所用,因为优秀的人才相互之间是具有强大吸引力的,由此,选(用)人者如果优秀就能够招引优秀人才。正如《易经》中说:"同声相应,同气相求,水流湿,火就燥,云从龙,风从虎,圣人作而万物睹,本乎天者亲上,本乎地者亲下,则各从其类也。"这里把云与龙、风与虎归为同类,而同类就会相从与相吸,这就是相似性对人际吸引的重要影响。由此,在人才选用方面亦是如此,只有贤者才能知贤致贤。对此,《战国策》中也有类似的记载:"齐宣王启用贤士淳于髡,淳于髡在一天之内向齐宣王引荐七人,齐宣王很不以为然,认为没有这么多贤能之士。淳于髡以鸟、兽、植物为例,说明天下物以类聚,人为群分,贤能之士相聚,自然相与

---

① 李则直:《中国古代人才观》,经济管理出版社,1997年。
② 《论语·子路篇第十三》。
③ 《荀子·致士第十四》。
④ 《孟子·离娄章句上》。

引进了。"① 《资治通鉴·唐纪》中对此也记载说："用一君子，则君子皆至；用一小人，则小人竞进矣。"这就是因为，"人各有其类，才各有所长，惟贤者乃能进贤，得贤者为进贤之人，使各举所知，所以引其类也。惟知贤者乃能用贤，得知贤者为用贤之人，使择抉众之所举，所以用其长也。其斯二者，用贤之道无遗矣。"② 在这里，同样首先强调了物以类聚，人以群分，优秀的人才就会聚集在一起，由此，只有贤能的人才会推举贤才，得到贤能的人就是获得了举荐贤才的人，这些人会引荐与他们同一类的贤人。同时，只有了解贤才的人才能用贤，因此，选用了解贤才的人来选拔人才，让他们从众人推荐的人中挑出合适人选，充分发挥其长处，做到了这两点，用贤之道就没有遗漏了。

　　由此可见，选人的真正根源之一就在于君主是否能做到不断地加强自身修养，君主是否能达到既知且仁啊！正如《荀子·君道》中记载，请问为国？曰：闻修身，未尝闻为国也。君者，仪也；民者，影也；仪正而景正。在这里，荀子明确地提出，我只听说君主要修养自己的品德，不曾听说过怎样去治理国家。君主，就像测定时刻的标杆；民众，就像这标杆的影子；标杆正直，那么影子也就正直。对此，荀子进一步曰："君者，民之原也；原清则流清，原浊则流浊。"③ 可见，君主要从自身做起，加强修养自身的品德素质，使自己首先成为一个优秀的人是何等的重要，唯其如此，才能吸引与聚集足够的优秀人才。正如唐甄曰："惟贤君，然后能用贤臣；惟君能知人，然后能用知人之臣。"④

　　另外，要想真正能够获得优秀人才，选（用）人者还必须要尊重人才，爱护人才，要推崇礼义而重视法制。真正优秀的人才有时对于尊重的需要尤为看重，一定程度上，对他们的礼遇、尊重甚至比用高官厚禄更具有吸引力，对此，儒家也有着较丰富的论述。孔子曰："君使臣以礼，臣事君以忠。"⑤ 可见，孔子认为，只有君主做到了以礼待臣，臣子才会忠心地辅佐君主，唯其如此，才是真正地获得了人才，否则，即便是选用了贤人，也只会是其"身在

---

① 《战国策·齐策三》。
②④ （清）唐甄：《潜书》，吴泽民校，中华书局，1955年。
③ 《荀子·君道第十二》。
⑤ 《论语·八佾篇第三》。

第三章 儒家选人观

曹营心在汉"啊！所以对待贤才要给予其真正的尊重与关怀尤为重要，更不可使其受辱。所以，孟子曰："欲见贤人而不以其道，犹欲其入而闭之门也。夫义，路也；礼，门也。惟君子能由是路，出入是门也。"① 在这里，孟子更是将"礼"、"义"比作为引进君子欲走的大路与大门，由此可见，孟子对于以"礼"、"义"来厚待人才是有多么的看重，足见儒家对于推崇礼义的重视，这也就难怪荀子直接说："礼义备而君子归之"。对此，《吕氏春秋》中有一段论述则更是强调了要以"礼"待才的重要性以及做法，"士虽骄之，而己愈礼之，士安地不归主？士所归，天下从之，帝。"② 在这里，更是直接地提出如果人才越是骄傲清高，则越是要对其恭敬有礼，这样人才才会真心归附，从而天下也就定会归附了。

儒家另一著名人物荀子也认为，要想真正获得优秀人才，使国家强盛，选（用）人者还必须要行"胜人之道"，重视法制。正如荀子曰："人君者，隆礼、尊贤而王，重法、爱民而霸。"③ 作为君主，推崇礼义、尊重贤人就能称王天下；注重法治、爱护人民就能称霸诸侯，相反，如果"人君者……好利、多诈而危，权谋、倾覆、幽险而亡。"④ 可见，荀子认为作为君主只要隆礼尊贤、重法爱民就能使国家强盛。荀子进一步说："故凡得胜者，必与人也；凡得人者，必与道也。道也者，何也？曰：礼义辞让忠信是也。"⑤ 在这里，荀子进一步阐述了凡是获得了胜利的，莫不是依赖于得到了"人"，而要得到"人"，就必须要遵从于"道"也，而什么是"道"呢？荀子认为"道"即"礼义辞让忠信是也"，可以说，这也就是荀子特别强调的行"胜人之道"了。对此，荀子曰："处胜人之势，行胜人之道，天下莫忿，汤、武是也；处胜人之势，不以胜人之道，厚于有天下之势，索为匹夫不可得也，桀、纣是也。然则得胜人之势者，其不如胜人之道远矣。"⑥

回顾经典可以看出，儒家对选人有着非常丰富的论述，但综上所述，根据儒家对于如何才能真正得到人才的忠心或者说如何才能让天下贤才慕名而来投靠这一问题的论述来看，显然，这是选人的一个根本性的问题，对此，儒家观

---

① 《孟子·万章章句下》。
② 《吕氏春秋·下贤》。
③④⑤⑥ 《荀子·强国第十六》。

点非常明确,就是选人者首先要加强自身修养,以使自己变得非常优秀,然后推崇礼义,尊重贤才,重视法制,即要构建与打造一个真正能够尊崇人才的环境,做到这些就能够真正地得到优秀的人才,不仅能得到贤才的身体,更能得到贤才的忠心了。因此,一言以述之,本书认为儒家选人之根本可表述为"礼义备而君子归之,无道法则人不至"。

第二节 儒家选人之法

儒家主张"尚(举)贤",如何来举呢?由于儒家政治主张是要实施"仁政",因此,对人才的选拔儒家强调主要是应考核人才的"仁",那么,又应如何来判断一个人的"仁"呢,或者说应如何来考察一个人是否为儒家眼中的人才呢?对此,儒家主张应通过严格的、全面的考核来选拔人才,正如《礼记·王制》中记载:"凡官民材,必先论之。论辩然后使之,任事然后爵之,爵定然后禄之。"即认为凡是选用平民中有才能的人做官,首先就要对他的德才进行考察,即"辩才",考察清楚了,然后试用,即"试才",如果胜任工作,然后授予一定的爵位,即"任职",爵位定了,然后才授予一定的俸禄。可见,对人才考核任用强调了要遵循严格的流程。同时,儒家还强调了对人才考核要注重全面考察,而不应偏听流言,正如孟子曰:"左右皆曰贤,未可也;诸大夫皆曰贤,未可也;国人皆曰贤,然后察之;见贤焉,然后用之。"① 由此,儒家在长期的选人识人实践中形成了诸多对人才进行严格的、全面的考察方法,下面仅对其中部分代表性的儒家选人之法予以阐述。

一、观察分析法

正是由于人与人之间在智力、能力、品德、性格、学习态度与学习能力等方面均存在着非常大的差异,如在智力方面,孔子就将人的智力分成为"上

---

① 《孟子·梁惠王章句下》。

智"、"中人"与"下愚"三种，这与现代心理学将儿童的智力水平分为"超常"、"正常"与"低常"三类相似，显然，这就充分说明人与人之间在智力等方面是有着非常巨大的差异。而儒家就选人提出的尚（举）贤面临的一个关键难题就是，这些差异能够识别吗？如果可以识别那应如何来识别呢？无疑，儒家认为，尽管识别人心非常难，但人心不是不可知的，即人心是可以测量的。对此，孟子就有一句非常著名的话予以了充分的说明，孟子曰："权，然后知轻重；度，然后知长短。物皆然，心为甚。"① 在这里，孟子一方面说明了对人与人之间个体差异进行测量的可能性，另一方面又充分阐释了对人心进行测量的必要性。《礼记·礼运》中也记载："人藏其心，不可测度也。美恶皆在其心，不见其色也。欲一以穷之，舍礼何以哉？"显然，这段话也包括了两层意思：一方面，认为人心深藏于内，别人一般不大可能从其一般表情中就能测量到；另一方面，若想穷究他人之心，还是可以从其日常的言行礼仪的表现中测量出来，可见，这也肯定了人心是可测的这一观点。那应如何来对人心进行测量呢？

《颜氏家训·名实》中说："人之虚实真伪在于心，无不见乎迹，但查之未熟耳，一为察之所鉴，巧伪不如拙诚，蒙之以羞大矣。"显然，颜之推认为，虽然人的虚实真伪都深藏于心，但却都是有迹可循的，只要勤于观察，善于观察，就可以从这些迹象中去鉴别其内心的虚实真伪与否。因此，早期对人进行识别或测量的方法一般就是观察分析法，即通过观察被选者日常生活中的各种行为表现或迹象来推断其德与才的情况。如孔子对人才进行鉴别的一个主要方法就是观察分析法，子曰："始吾于人也，听其言而信其行；今吾于人也，听其言而观其行。"② 在这里，孔子说对人才的识别最初是根据听对方的话便相信他的行为，而今天他对人才的鉴别不仅是要听对方说了什么，更重要的还要观察他做了什么，可见，孔子在这里强调了要对一个人的"言"与"行"进行全面的观察，这才是他当前对人进行鉴识的有效方法。进而，如何去观察一个人的"言"与"行"呢？孔子接着说道："视其所以，观其所由，

---

① 《孟子·梁惠王章句上》。
② 《论语·公冶长篇第五》。

察其所安。人焉廋哉？人焉廋哉？"① 孔子认为要通过对一个人"所以"、"所由"、"所安"的全面考察来识别人，即观察一个人首先看他追求的是什么？其次更深入一步观察他通常是采取何种手段与方法来达到自己的目标追求的？显然，前者是目标，后者是达成目标的方法或手段，一个人仅仅在行动追求即目标上表现出善的一面是不够的，还需要通过观察来分析其达成目标的方法或手段是否也能表现出善的一面，否则都是不可取的。正如子曰："富与贵是人之所欲也；不以其道得之，不处也。贫与贱是人之所恶也；不以其道得之，不去也。"② 进而，孔子更明确地指出："不义而富且贵，于我如浮云。"③ 由此，通过"视"、"观"这两个步骤对一个人进行考察就较全面了，但孔子认为还必须要进一步地"察"，他认为现实生活中人总是有意无意地戴着各种各样的面具，尤其是在群体的生活中更是如此，因此，要"察其所安"，"所安者，言其本心所主定止之处也。"④ 即要察一个人私底下或独处时，他安于什么，不安于什么，这时才是其真实品性的自然流露了，由此，孔子说通过这三步考察，一个人怎么能够隐藏得住呢？

同时，孔子还认为，在听其言观其行的过程中，还要根据全面的观察对人才进行整体评价，不能因小过而否定整个人。孔子提出观察一个人，不能只看到他的缺点和过失，而应多看他的优点和功绩，要"见一善而忘百非，见大善而忘小非。"只有这样，才能发现真正的人才。孔子特别把管仲作为例子来论证他的这一思想。子曰："管仲之器小哉！"或曰："管仲俭乎？"曰："管氏有三归，官事不摄，焉得俭？""然则管仲知礼乎？"曰："邦君树塞门，管氏亦树塞门；邦君为两君之好有反坫，管氏亦有反坫。管氏而知礼，孰不知礼？"⑤ 也就是说管仲这个人的器量狭小，有人说："管仲节俭吗？"孔子说："他有三处豪华的藏金府库，他家里的管事也是一人一职而不兼任，怎么谈得上节俭呢？"那人又问："那么管仲知礼吗？"孔子回答："国君在大门口设立

---

① 《论语·为政篇第二》。
② 《论语·里仁篇第四》。
③ 《论语·述而篇第七》。
④ 李泽厚：《论语今读》，生活·读书·新知三联书店，2004年。
⑤ 《论语·八佾篇第三》。

照壁,管仲在大门口也设立照壁。国君同别国国君举行会见时在堂上有放空酒杯的设备,管仲也有这样的设备。如果说管仲知礼,那么还有谁不知礼呢?"儒家的另一位代表人物孟子对于管仲的评价也不是很好,但与孟子不同的是,孔子从历史的大局出发,充分肯定了管仲的作用。由此,孔子的学生子夏继承与发扬了孔子的思想,子夏曰:"大德不逾闲,小德出入可也。"① 即是说,人的重大节操不能逾越界限,作风上的小节稍稍放松一点是可以的。

孟子识人则在孔子"听其言,观其行"的基础上更进了一步,他提出要了解一个人还应通过观察分析这个人的眼眸与姿态来了解其心理。孟子曰:"存乎人者,莫良于眸子。眸子不能掩其恶。胸中正,则眸子了焉;胸中不正,则眸子眊焉。听其言也,观其眸子,人焉廋哉?"孟子认为,眼睛是一个人心灵的窗户,它不能遮盖一个人的丑恶。因此,观察一个人没有比观察他的眼睛更好的了,心正,眼睛则明亮;心不正,眼睛就昏暗。由此,观察一个人在听他说话的同时,还应注意仔细观察他的眼睛,那这个人的善恶能往哪里藏呢?进而,孟子又提出,要深入地了解一个人,仅考察一个人的言行是远远不够的,还应进一步去观察一个人的全部姿态,包括他的眼神、神态、脸色、四肢动作以及身体姿势等,孟子认为,君子的本性仁义礼智根植在其心中,而心是其一切行为方式的控制中心,其必然就会外化地表现为这个人的眼神、神态、脸色、四肢动作以及身体姿势等,因此,观察一个人的全部姿态,就可以深入了解一个人的心理状态。正如孟子曰:"君子所性,仁义礼智根于心,其生色也睟然,见于面,盎于背,施于四体,四体不言而喻。"② 之后,受儒家思想的影响,刘劭也提出了一个类似的识人之法——"八观"法,何为"八观"之法?刘劭说:"一曰观其夺救,以明间杂;二曰观其感变,以审常度;三曰观其志质,以知其名;四曰观其所由,以辨依似;五曰观其爱敬,以知通塞;六曰观其情机,以辨恕惑;七曰观其所短,以知所长;八曰观其聪明,以知所达。"③ 刘劭认为,如此八种观察人才的方法,将其应用于实践,就能对所选人才的性情、品格、才质等一目了然,胸有成竹了。

---

① 《论语·子张篇第十九》。
② 《孟子·尽心章句上》。
③ (魏)刘劭:《人物志》,中州古籍出版社,2007年。

二、调查研究法

观察分析法是通过对被选者的言行举止等自身特点予以考察来识别人才，除此之外，儒家还主张应对被选者所处的人际环境及其社会舆论进行调查分析，因为任何人都必定处在一定的社会组织之中，个人无法脱离社会，由此，个人的行为也就必然要与外界发生各种关系。因此，要想更全面地了解一个人，还必须要对被选者所处环境中的其他人等进行调查研究，即要听取他周围其他人对他的评价来判断一个人，如孔子就通过从郑国人民对于子产的广泛赞美之中推断出子产乃是难得的人才。正如《左传》中记载，"我有子弟，子产诲之；我有田畴，子产殖之。子产而死，谁其嗣之？"① 但与此同时，儒家也认识到，大众的评价有时也不一定全面、真实与可靠，因此，还必须要进行更细致的调查与理性分析。对此，《论语》中孔子的一段话阐释了应如何进行调查与理性分析，子贡问曰："乡人皆好之，何如？"子曰："未可也。""乡人皆恶之，何如？"子曰："未可也；不如乡人之善者好之，其不善者恶之。"② 总之，儒家认为，要深入地了解一个人，既要重视对社会舆论的调查，即对周围大众对其的评价与意见进行客观的调查，还要冷静地进行理性的分析，以避免出现偏听偏信，如此，才能对候选人才形成更为客观准确的认识。所以，子曰："众恶之，必察焉；众好之，必察焉。"③ 可见，孔子是更明确提出，无论大众是厌恶他，还是喜爱他，都一定要去进一步考察，由此，充分说明孔子对于舆论的调查分析中要防止偏听偏信是何等重视。

对此，孟子也给予了精辟的论述，孟子曰："左右皆曰贤，未可也；诸大夫皆曰贤，未可也；国人皆曰贤，然后察之；见贤焉，然后用之。左右皆曰不可，勿听；诸大夫皆曰不可，勿听；国人皆曰不可，然后察之；见不可焉，然后去之。"④ 孟子认为，当左右亲近的人都说某人好时，不可轻信；当众位大夫都说某人好时，也不可轻信；当全国的人都说某人好时，还要去调查了解；

---

① 《左传·襄公三十一年》。
② 《论语·子路篇第十三》。
③ 《论语·卫灵公篇第十五》。
④ 《孟子·梁惠王章句下》。

经过调查如发现他真有才干,再任用他。当左右亲近的人都说某人不好时,不要听信;当众位大夫都说某人不好时,也不要轻信;当全国之人都说某人不好时,也还要去调查了解;经过调查如发现他真不好,再罢免他。可见,在这里,孟子明确提出,识别人才既要重视舆论,但又要明辨是非流言,因此,听取大众意见时既要进行客观的调查研究,更要进行冷静理性的分析,如此才能把舆论调查的优势发挥到极致,进而达到对人才候选者更为客观准确的认识。

除了要重视对人才候选者所处环境中的民众进行舆论调查分析外,孟子还根据"物以类聚,人以群分"的原则,提出可运用观友察贤法,即通过对与人才候选人交往的朋友的调查研究,从一个侧面推断候选人的心理特征与行为表现。孟子谓万章曰:"一乡之善士斯友一乡之善士,一国之善士斯友一国之善士,天下之善士斯友天下之善士。以友天下之善士为未足,又尚论古之人。颂其诗,读其书,不知其人,可乎?是以论其世也。是尚友也。"① 在这里,孟子对万章说,一个乡村的优秀人物就会去与另一个乡村的优秀人才交朋友,一个全国性的优秀人才就会去与其他全国性的优秀人才交朋友,而一个天下性的优秀人才更是会去与其他天下性的优秀人才交朋友。当认为与天下性的人才交朋友还不够时,便又追论古代人物,吟咏他们的诗歌,研读他们的著作,这就是追溯历史,甚至要与古人交朋友呀。显然,在这里,孟子也是认同优秀的人才相互之间是极具吸引力的,正如:"同声相应,同气相求,水流湿,火就燥,云从龙,风从虎,圣人作而万物睹,本乎天者亲上,本乎地者亲下,则各从其类也。"② 由此,不同层次的优秀人才就会去与其对应层次的优秀人才交朋友,据此,在观察一个人时,就可通过对与其交往的朋友进行观察分析,进而根据其朋友的优秀程度来推断该人才候选人的优秀程度。显然,运用这一察人之法的科学性虽然还有待商榷,但是,不可否认,这在一定程度上对于全面认识与了解一个人至少是提供了另一个新颖而又有效的察识之角度。

同时,这一观友察贤的识人之法的有效性还可以从我国古人特别强调君子必须要谨慎地结交朋友的诸多论述中予以佐证,如《孙卿子治要》中说:"夫

---

① 《孟子·万章章句下》。
② 《易经》。

人虽有性质美,而心辨智,必求贤师而事之,择贤友而友之。得贤师而事之,则所闻者尧舜禹汤之道也;得良友而友之,则所见者忠信敬让之行也。身日进于仁义而不自知者,靡使然也。"① 是说一个人即使禀性质朴、美好、善良,心智也非常的聪慧,也一定要求贤师去学习,择贤友去交往。如能得到真正贤明的老师,并向他学习,那每天所听到的就都是尧舜禹汤这些圣贤先王之道了。如能交到贤良的人做朋友,那每天所见到的就都是忠诚信实、恭敬礼让的优良品行了,由此,也使自己每天进步于仁义而不自觉,这就是潜移默化的结果。可见,择友不可不慎也,对此,孔子也曾曰:"无友不如己者。"② 由此可见,孔子就是明确地主张不要跟不如自己的人交朋友,而要与贤良的、有德行的人交朋友。正如"与善人居,如入兰芷之室,久而不闻其香,则与之化矣。与恶人居,如入鲍鱼之肆,久而不闻其臭,亦与之化矣。丹之所藏者赤,漆之所藏者黑。是以君子必慎其所与处者焉。"③

三、实践考察法

前面两个方法主要是通过对人才候选人的言、行、心理、人际交往以及大众舆论等进行观察或调查分析来评价与判断一个人,除此之外,儒家提出还应通过实践的方法来考察一个人,儒家认为,一个人只有经过了实践的考验,方能真正显示出人才的真伪,孔子就曾说:"岁寒,然后知松柏之后凋也。"④ 松柏能够经受严寒的考验,好比真正的人才也一定是要能够经受实践的磨炼与考验,方能显示出其人格与能力的高低非同一般了。所以孔子评价一个人就尤其看重该人是否经受了实践的考验,正如孔子说:"吾之于人也,谁毁谁誉?如有所誉者,其有所试矣。斯民也,三代之所以直道而行也。"⑤ 在这里,孔子就说他对于别人诋毁了谁?称赞了谁?如果要说我称赞了谁,那必定是曾经考验过他的,夏商周三代人都是如此,所以三代能直道而行。可见,在孔子看

---

① 《群书治要·卷三十八孙卿子治要》。
② 《论语·学而篇第一》。
③ 《孔子家语》。
④ 《论语·子罕篇第九》。
⑤ 《论语·卫灵公篇第十五》。

来，只有经受过实践的磨炼与考验，才有可能是他称赞过的人，可见孔子对于在实践中考察人才的重视。

对此，孟子更是直接地强调了人才要经受实践磨炼的重要性。他提出，能够担当重大任务的人，必定是要经受实践的艰苦磨炼，在实践中锻炼了其能力与意志的人。正如孟子曰："舜发于畎亩之中，傅说举于版筑之间，胶鬲举于鱼盐之中，管夷吾举于士，孙叔敖举于海，百里奚举于市。故天将降大任于斯人也，必先苦其心智，劳其筋骨，饿其体肤，空乏其身，行拂乱其所为，所以动心忍性，曾益其所不能。"① 例如，儒家所推崇的古代圣王舜、禹等就都是经历了在实践中的诸多考验才最终得以继位的，如《尚书·尧典》中就记载了尧帝如何测试舜并让其继位的故事，说尧让群臣举荐能继任帝位的人，要求德行高尚，才能卓著，群臣一致举荐虞舜。尧问群臣舜有哪些德行，群臣说，虞舜生活在"父顽、母嚚、象傲"的家庭环境中，父亲瞽叟非常顽固、不辨是非，继母心狠手辣、两面三刀，继母所生的弟弟象则桀骜不驯，三个人串通一气，几次设计欲置舜于死地而后快，舜身世如此不幸，所处环境如此恶劣，然而，虞舜却始终恪守孝道、兄道，以宽容化解仇恨凶险，以非凡的品德处理好了其家庭关系，使家庭和睦相处。尧帝于是对舜进行了一系列的考验，如帝尧将自己的两个女儿嫁给舜做贴身考察，以考察他的相关心理品质；帝尧让虞舜参与政事，让其管理百官，百官事务都被管理得井井有条；又让虞舜在明堂四门迎接四方宾客，四方宾客都对舜肃然起敬；即使是将舜"纳于大麓，烈风雷雨不迷"，派舜去巡查山岭，虽遭雷雨暴风仍然安全而回。经过多方考验，舜终于得到了尧的认可，最终尧禅位于舜，《尚书》中称舜"受终于文祖。"由此可以看出，尧实际上是综合运用了观察分析法、调查研究法、实践考察法等多种方法对舜进行了全面的、全方位的考察，尤其是通过对舜进行的一系列实践考察使尧帝认识到，从禀赋的天命、展现的德行和杰出的才能来看，虞舜堪称承载天子之命的不二人选。

之后，荀子更是强调应将人才候选人放到具体的环境中去考验他，荀子曰："故校之以礼，而观其能安敬也；与之举错迁移，而观其能应变也；与之

---

① 《孟子·告子章句下》。

安燕，而观其能无流愒也；接之以声色、权利、愤怒、患险，而观其能无离守也。彼诚有之者与诚无之者若白黑然，可诳邪哉？故伯乐不可欺以马，而君子不可欺以人。"① 荀子是认为，对人才的考察应用礼制来考核他，看他是否能诚心遵守，以鉴别他的品德；将他上下调动来回迁移，看他是否有能力应付各种情况的变化，以考察他的才能；让他过上安逸舒适的生活，看他是否能不放荡，以鉴别他的作风；让他接触音乐美色、权势财利、怨恨愤怒、祸患艰险，看他是否能不背离节操，以考察他的操守。经过如此多的复杂环境或情境，对人才候选人从品德、才能、作风、操守等诸多方面进行全方位的考验，那些真正有德才的人与的确没有德才的人就像白与黑一样分明了，他还能进行歪曲吗？以此察人，伯乐就不可能被马的好坏骗了，而君子也就不可能被人的好坏骗了。可见，荀子对于将人才候选人置于多种复杂环境下予以考验的实践考察法很是赞同，认为运用这一方法就能有效地辨别出其人是否为真正的贤才了。由此，后来者继承与发展了这一察人之法，还与前两种察人方法予以了综合运用，如诸葛亮在其《将苑·知人性》中提出了"七观"法，也是认为要将人才候选人放在某一特定环境中来观察该人的才智德行，诸葛亮说："夫知人之性，莫难察焉……然知人之道有七焉：一曰问之以是非而观其志，二曰穷之以辞辩而观其变，三曰咨之以计谋而观其识，四曰告之以祸难而观其勇，五曰醉之以酒而观其性，六曰临之以利而观其廉，七曰期之以事而观其信。"② 唐代魏征则提出了"六观法"：一曰贵则观其所举；二曰富则观其所养；三曰居则观其所好；四曰习则观其所言；五曰穷则观其所不受；六曰贱则观其所不为。

第三节

儒家选人实践及其应用

一、同仁堂公司发展概况

中国北京同仁堂（集团）有限责任公司是市政府授权经营国有资产的国

---

① 《荀子·君道第十二》。
② 《将苑·知人性》。

有独资公司,是全国中药行业著名的老字号。同仁堂始创于1669年(清康熙八年),至今已有449年的历史,在这400多年的风雨历程中,历代同仁堂人始终恪守"炮制虽繁必不敢省人工,品味虽贵必不敢减物力"的古训,树立"修合无人见,存心有天知"的自律意识,造就了制药过程中兢兢业业、精益求精的严细精神,其产品以"配方独特、选料上乘、工艺精湛、疗效显著"而享誉海内外。

1. 同仁堂公司发展历程

1669年(清康熙八年),乐显扬创办同仁堂药室。据传,同仁堂的由来还有着一个令人津津乐道的故事,说是少年康熙曾得过一场怪病,全身红疹,奇痒无比,宫中御医束手无策,康熙心情抑郁,微服出宫散心,信步走进一家小药铺,药铺郎中只开了便宜的大黄,嘱咐泡水沐浴,康熙按照嘱咐,如法沐浴,迅速好转,不过三日便痊愈了。为了感谢郎中,康熙写下"同修仁德,济世养生",并送给他一座大药堂,起名"同仁堂"。1706年,乐凤鸣在宫廷秘方、民间验方、祖传配方基础上总结前人制药经验,完成了《乐氏世代祖传丸散膏丹下料配方》一书,该书序言明确提出"炮制虽繁必不敢省人工,品味虽贵必不敢减物力"的训条,成为历代同仁堂人的制药原则。1723年(清雍正元年),由皇帝钦定同仁堂供奉清宫御药房用药,独办官药,历经八代皇帝,188年之久。1907年,同仁堂乐氏第十二代子孙乐达聪在济南魏家庄创建宏济堂,与北京"同仁堂"、杭州"胡庆余堂"并誉为中国"三大名药店"。1948年,乐氏第十三代传人乐松生接任同仁堂经理。1954年,同仁堂率先实行了公私合营。

1957年,同仁堂中药提炼厂正式成立,开创中药西制的先河。1989年,国家工商行政管理局商标局认定"同仁堂"为驰名商标,受到国家特别保护,"同仁堂"商标还是中国第一个申请马德里国际注册的商标,大陆第一个在台湾地区申请注册的商标。1992年7月,中国北京同仁堂集团公司组建成立,8月19日在人民大会堂隆重召开集团成立大会,时任国家主席江泽民为同仁堂题词"发扬同仁堂质量第一的优良传统,为人民保健事业服务"。1997年6月,由集团公司六家绩优企业组建成立北京同仁堂股份有限公司。同年7月,同仁堂股票在上证所上市,这标志着同仁堂在现代企业制度的进程中迈出重要步伐。1997年12月，集团公司所属企业八条主要生产线通过澳大利亚GMP认证，为同仁堂产品进一步走向世界奠定了基础。2000年5月，成立了北京同仁堂科技发展股份有限公司，同年10月在香港创业板上市，实现了国内首家A股分拆成功上市。5月，成立了同仁堂麦尔海生物技术有限公司，开始了向生物工程领域的初步探索。10月，在香港成立了同仁堂和记（香港）药业发展有限公司，为同仁堂产品进入国际主流市场迈出了关键一步。2010年6月，与北京崇文区卫生局合作，组建北京同仁堂崇文中医医院，并于6月18日正式揭牌，标志着同仁堂在实现中医中药有机结合方面，正在进行有益探索。2010年7月，由北京市政府授权的中国北京同仁堂（集团）有限责任公司正式揭牌。这标志着同仁堂实现了规范化的公司制的转变，也是体制上的一次重大变革。

2. 业务领域

中药作为我国的特殊文化符号，一直面临着传承和拓展的困惑，尤其是近些年来，传承了几千年的中医药受到来自西药的强烈冲击。由此，作为我国历史最悠久的制药企业之一，同仁堂的未来应如何发展呢？一方面，同仁堂继续在下游产业链上延伸。2008年底，同仁堂在其工厂原址上成立了同仁堂中医院，试图用400多年前乐显扬"前店后厂"般的方式，为中医扬名。另一方面，2009年，借着新医改的机会，同仁堂确立了"以现代中药为核心，发展生命健康产业"，从传统的中成药进入保健品、药妆等健康产业领域的战略。同仁堂在健康领域积极扩张，在继续大力发展传统制药业外，同仁堂将生命健康产业作为重点。2003年4月，同仁堂健康药业注册成立，它是北京同仁堂（集团）有限公司所属的十大公司之一，也是集团三大支柱公司之一。同仁堂健康药业研发、生产、销售传统中成药、参茸饮片、滋补类保健食品、普通营养食品等产品，是一家以高新技术为主导，集制造、物流分销和零售终端于一体的现代化企业。在这基础上，同仁堂健康药业公司推出了高科技保健品——短肽特殊营养食品，一种分子结构上介于氨基酸和蛋白质之间的一类化合物，采用高科技提取。确实，公司成立后的短短6年多，同仁堂健康药业的营业额从1.8亿元增长到30亿元，拥有上千家零售终端。

如今，北京同仁堂确立了"以现代中药为核心，发展生命健康产业，成为国际知名的现代中医药集团"的发展战略,以"做长、做强、做大"为方针,以创新引领、科技兴企为己任,形成了在集团整体框架下发展现代制药业、零售商业和医疗服务三大板块。集团共拥有药品、医院制剂、保健食品、食品、化妆品等1500余种产品,产品行销40多个国家和地区。随着同仁堂的快速发展,品牌的维护和提升、文化的创新与传承也取得了丰硕成果,同仁堂的社会认可度、知名度和美誉度不断提高,同仁堂既是经济实体又是文化载体的双重功能正日益显现。

3. 经营业绩

今天,同仁堂已从创立初期的一间药室发展成为集"传统与现代"于一身的大型企业集团,构建了六个二级集团、三个院、三家上市公司和两个储备单位的企业架构。公司拥有1.4万余职工,28个生产基地,83条现代化生产线,可年产药品、医院制剂、保健食品、食品、化妆品等1500余种产品,海内外零售终端1000余家,业务覆盖40多个国家和地区。尤其是自1996年以来,集团已经连续12年保持两位数增长,销售收入和利润居全国同行业第一位。2002年,中国证券报社亚商企业咨询股份有限公司评定北京同仁堂股份有限公司为"2002年中国最具发展潜力上市公司50强第一名"。2006年,"同仁堂中医药文化"被国务院列为第一批国家级非物质文化遗产名录。

二、同仁堂选人概述

同仁堂拥有传统的制药工艺、先进的生产技术、雄厚的资金基础、现代企业制度和悠久的企业文化,但在同仁堂管理者的眼中,支撑这个老字号企业历经348年风雨而历久弥新的,最根本、最主要的因素始终是人。由此,如何做好人的工作,让人发挥最大的作用,以使同仁堂的传统中医药技艺和高尚的医德医风薪火相传、发扬光大,始终是经营者思考的一个重要问题。

1. "才"字当先,坚守依靠人才谋发展的理念

"才",就是指人才,同仁堂认为,"才"是同仁堂从小到大,由弱到强的人力资源保证,假如没有"才",同仁堂就会失去"第一生产力"。由此,为了事业的发达,历代同仁堂经营者都广聚人才,在人才引进方面毫不吝惜,经常以高薪吸引优秀的人才。

| 儒家人才管理 |

历史上，同仁堂就有许多尊重人才的故事。在乐氏经营的时代，同仁堂员工的待遇在北京药行里最高。正因为同仁堂有善待人才、信赖人才的传统，才会出现"左家账房"、"邱家厨房"、"配料郭"、"查柜刘"等技艺高超、子承父业、世代家传的能工巧匠。同时，乐氏家族本身也并不缺乏人才。例如，当年，由乐显扬和乐凤鸣整理出的经典方剂就有363目，其中牛黄清心丸、安宫牛黄丸、女金丹、再造丸、活络丹等，今天仍是同仁堂的名品。乐氏家族的中兴人物乐平泉也是研制新药的高手，由他开发的新药多达近百种。到了20世纪七八十年代，一直在同仁堂从事中药调剂、生产和科研的李培松，通过潜心钻研成了精通医理的中医药复合型人才。在50多年的工作生涯中，他研制出了骨刺消痛液、枣仁安神液、安神健脑液等多个新产品。他还在日本主持过药膳，在香港坐堂行医，为同仁堂赢得了良好信誉。①

可见，同仁堂能够成为百年老字号一个根本性的原因就是，同仁堂始终坚持"才"字当先，坚持做到尊重人才、善待人才、依赖人才，从而历代同仁堂都是人才济济，正是这一批批优秀的人才保证了同仁堂这个老字号企业的历久弥新。

2. 打造"金字塔人才工程"，为人才铺设成长的通道

最值得称道的，是同仁堂倾全力打造的"金字塔人才工程"战略。该战略本着待遇留人、感情留人、事业留人的人才观，力图把每一名员工都纳入到工程中来，"金字塔"的塔底是员工群体，而后是首席技师、优秀中青年人才，顶层则是专家、大师。从2005年开始，同仁堂每两年开展一次评选活动，评比不受名额限制，够资格的全部当选。凡是评上首席员工的，企业给予每月500元岗位津贴；首席员工工作成绩突出，可以晋升为首席技师，每月享受1000元的岗位津贴；塔尖部分是企业人才的最高层——专家、大师，他们都有自己独到而精湛的技艺，是企业的核心财富。由此，这为人才铺设了一个快速成长的绿色通道，让每位员工都看到自己的发展前途和自我价值。众所周知，医疗人才多半有自己的一技之长，事业发展前景和学技术往往比丰厚的薪

---

① 陆建国：《同仁堂：一脉相承的"仁、才、新"》，《中外企业文化》2009年第1期，第34-36页。

酬待遇更有吸引力。而同仁堂打造的这一"金字塔人才工程"恰恰为人才提供了这样的平台。

3. 以"人尽其才"为主线，提供人人平等的成长机会

打造了"金字塔人才工程"，铺设了人才成长的通道，那同仁堂的员工又是如何成长与晋升的呢？同仁堂的职工身份构成情况相当复杂，既有全民所有制的员工，也有集体所有制身份的员工，更多的是在发展中新招聘的合同制员工，形成了新老用人机制并存、薪酬待遇差等的格局。而且，同仁堂近年来年轻员工数量飞速增长，同时又不断进入新的领域，更加剧了管理的难度和复杂性。面对上述情况，同仁堂深知品牌文化是企业之魂，是打造合格员工的重中之重，通过强调文化认同入手，将资历背景各异、行业分工不同的数万员工紧密团结在一起。凡是走进同仁堂的员工，无论学历、职称、专业技术水平有多高，必须统一接受集团公司对企业文化、企业发展史等基本知识的培训，使之尽快融入到企业中来。与此同时，同仁堂紧紧抓住"人尽其才"这一主线，强调用人机制虽然不同，但发展机会、管理标准、考核机制相同。

同仁堂坚持干部任用不看出身，实行"海选"，在人员管理方面做到了干部管理标准、职工岗位要求和执行制度标准三统一，逐步缩小两种体制员工在工资增长方面的差距。对于基层工作岗位，同仁堂侧重通过校园招聘进行选拔，新员工必须在生产车间工作一年以上，再从中物色合格人才，提拔到各个岗位。同仁堂积极为每一位员工建立一个明确的上升通道，放手向认同企业文化、工作积极努力的年轻员工授权。以同仁堂旗下的健康药业为例，公司规定在一线工作两年以上、绩效优异、执行力强、具有奉献精神的员工均有机会成为储备店长。成为储备店长之后的考核非常严格，首先要经过人力资源部组织的店长培训并通过考核，之后在门店进行为期一年的实习，实习期间由区域经理、管理中心分别进行月度、季度考核，实习期通过考核后才能正式任命为店长，强调宽进严出。这一举措收到了良好效果。2005年成都店开业时，超过2/3的员工都是成都中医药大学的应届本专科毕业生，到2009年，此前担任营业员、调剂员、导医岗位的他们已经全部成长为店长、大堂经理等层级的管理者。如今，健康药业管理层平均年龄不足35岁，而且80%是由公司内部培养的，现有门店经理的平均年龄不足30岁，最年轻的店长仅23岁，100%通

过内部选拔任命。

4. 以"师带徒"方式传承特技，助推优秀人才快速成长

中医药领域自古就有着"师带徒"的传统，很多技艺靠的都是口传心授和心理上的沟通，不是书本上所能学到的。因此，同仁堂一直延续着"师带徒"的传统。从新中国成立初期举办的第一期"师带徒"培训班，截至目前，同仁堂共举办"师带徒"50多期，有1000多人次拜师学艺。通过这种传统培养方式，使同仁堂的许多绝活、绝技、绝艺得以延续。造就了一批批掌握传统工艺、技术精湛的"同仁堂人"，也为同仁堂产品质量赢得了很高的声誉。

当然，过去的"师带徒"往往带有一种封建的神秘色彩，师徒之间存在着一种很微妙的关系。因为徒弟为了谋生和前程，千方百计要学习和精通一门手艺，而师傅为了防止"教会了徒弟，饿死了师傅"，则往往要留一手，这就造成了某些特殊技艺的失传。而同仁堂新制定的《关于师承教育（师带徒）工作管理办法》就针对这些弊端进行了制度设计，把"师带徒"活动列为集团公司培养人才的一项重要工作，并提高到企业文化传承的高度。新办法明确了新形势下"师带徒"的任务和目的。明确了师徒各自的权利、义务，其中，最主要的是给师傅做了"正名"，集团将师傅正式命名为"特技传承师"，这不仅仅是名称上的改变，它更表达了集团对师傅们的敬意，也让"特技传承师"们从这个称号中更加明确了自己肩负的使命。不仅如此，集团还给传承师们增加了待遇，除一次性给予每名传承师1万元奖励外，每月还有"师带徒"津贴，3年传承期间，特技传承师每带一个徒弟每月可享受400元津贴，最多带4个徒弟，最高可享受每月700元的津贴。

那么，如何来选拔"徒弟"呢？显然，同仁堂"师带徒"选拔的徒弟也不再是过去意义上初出茅庐的"学徒工"，而是选拔那些具有优良的道德品质，具有一定的工作经历，具有较高学历的各类人才。让这些人才作为徒弟，向技艺精湛的师傅们学习，也是一种"强强联合"。为了保证效果，集团还加强了对师承教育工作的管理，由集团培训中心负责，每月对教学记录和师承教育工作的进展情况进行考核，填写《师承教育考核表》。其间，如有违反《师带徒协议》的，则按规定取消相关待遇。每学年师徒将年度总结、教学记录、师承教育考核表交至所在单位人力资源部门和集团公司培训中心，集团考核小

组进行理论和实操考核。师徒协议期满后，按照师徒协议规定的传承目标，进行理论考试和综合能力测试（论文答辩和实际操作鉴定），通过者方可出徒。徒弟出徒后，即可列入同仁堂首席职工候选人，经严格考评后即可成为同仁堂首席职工，享受首席职工月津贴500元的待遇。通过这些措施，确保师带徒期间师傅真教，徒弟真学，企业真管。①

5. 评选与命名"同仁堂中医药大师"，为优秀人才成长树立卓越标杆

近年来同仁堂各个医馆、诊室涌现出很多患者信赖、社会认可的名医，这得益于同仁堂充分发挥品牌优势，利用企业文化来吸引人才、凝聚人心。2008年，同仁堂中医医院建院，在面向全国进行招聘时，起初集团高层相当忐忑，因为同仁堂在薪资待遇方面的竞争力并不明显，但招聘反响之好超出所有人预料，报名人数接近3000，先后有70多名国家级、省市级的知名中医专家欣然受聘，充分体现了同仁堂品牌在社会上的影响力、同仁堂企业文化在行业内的认同度。由此，到2009年同仁堂中医医院投入运营时，便有众多德高望重的名老中医坐诊同仁堂中医医院。2009年6月22日，同仁堂还隆重举行了同仁堂中医药大师命名仪式。20名中医药大师从领导手中接过了聘书和奖金。这些大师中有88岁高龄的中医皮外科专家陈彤云，也有中医世家出身，深谙《伤寒论》精髓的方和谦，还有同仁堂的国家级非物质遗产代表性传承人芦广荣和金霭英。他们均是我国中医药领域的"国宝"级人物，各个身怀绝技，在治疗疑难杂症、解决中药制药疑难问题上技艺超群。他们的平均年龄达75.65岁，年龄最小的中医大师施小墨也有64岁。显然，命名"同仁堂中医药大师"是为优秀专业人才成长树立卓越的标杆。

三、同仁堂选人实践小结

回顾同仁堂的发展历程，从最初的同仁堂药室、同仁堂药店到现在的北京同仁堂集团，经历了清王朝由强盛到衰弱、几次外敌入侵、军阀混战到新民主主义革命的历史沧桑，其所有制形式、企业性质、管理方式也都发生了根本性

---

① 北京老字号协会：《构筑成长成才通道 培育企业发展人才——同仁堂集团人才建设新措施》，《时代经贸》2009年第8期，第56-60页。

的变化，然而，同仁堂经历数代而不衰，在海内外信誉卓著，树起了一块金字招牌，真可谓药业史上的一个奇迹。那么，同仁堂的金字招牌为何可以400多年不倒呢？可以说，历代同仁堂人是同仁堂赖以生存与发展的根本。

首先，同仁堂人以"仁"行天下，"仁"已融入历代同仁堂人的血液。同仁堂历经沧桑，"金字招牌"长盛不衰，在于同仁堂人注重把崇高的精神、把中华民族的传统文化和美德，熔铸于企业的经营管理之中，在同仁堂人的思想深处，他们认为同仁堂的命脉就在这个"仁"上，因此，历经400多年风雨，无论是经历如何的沧桑变化，同仁堂始终坚持以"仁"行天下，可以说，"仁"已融入了历代同仁堂人的血液，并转化为了员工的言行，形成了具有中药行业特色的企业文化系统。的确，"质量"与"服务"是"同仁堂"金字招牌的两大支柱，坚持质量第一、一切为了患者是同仁堂长盛不衰的最根本原因。由此，同仁堂不管炮制什么药，都是该炒的必炒，该蒸的必蒸，该炙的必炙，该晒的必晒，该霜冻的必霜冻，绝不偷工减料。像虎骨酒和"再造丸"炮制后，都不是马上就卖，而是先存放，使药的燥气减少，以提高疗效。虎骨酒制成后要先放在缸里存两年，再造丸要密封好存一年。同时，作为一个生产中药产品的中华老字号，同仁堂将海外开店、中医药史展示、中医坐诊与售药相结合，通过给消费者一个直接了解中药的环境，增强其对中药的信任和用药习惯。它带给消费者的不只是一种产品，而是一种文化——重义、爱人、厚生的文化。

其次，同仁堂遵循与实施了儒家主张选贤任能的"举贤才"制度。儒家认为，一个国家如果能真正地选用贤人，国家就会日益强大。齐景公曾问孔子，秦穆公国小人寡，地方偏僻，为什么能成为五霸之一？孔子总结了三条原因：一是秦穆公有远大志向；二是他行动果敢，令行禁止；三是他善于发现和敢于任用贤人。孔子认为，有了这三个条件，不仅可以称霸，还可以称王。[①]同样，同仁堂人认为，"才"是同仁堂从小到大，由弱到强的人力资源保证，假如没有"才"，同仁堂就会失去"第一生产力"。由此，历代同仁堂经营者都广聚人才，在人才引进方面毫不吝惜，经常以高薪吸引优秀的人才，进而以

---

① 《说苑·尊贤》。

人才促进了事业的发达。历史上，同仁堂就有许多尊重人才的故事。在乐氏经营的时代，同仁堂员工的待遇在北京药行里最高。正因为同仁堂有善待人才、信赖人才的传统，才会出现"左家账房"、"邱家厨房"、"配料郭"、"查柜刘"等技艺高超、子承父业、世代家传的能工巧匠。

再次，同仁堂选拔人才遵循了儒家选人的理念：内举不避亲，外举不避仇，尚（举）贤。如何举贤呢？孔子曰："先进于礼乐，野人也；后进于礼乐，君子也。如用之，则吾从先进。"① 孔子在这里旗帜鲜明地主张说，如果要我选用人才，我会选用先学习礼乐的普通人（野人），而不是后学习礼乐的卿大夫子弟，显然，孔子的这一选才理念是对原有的贵族血统选拔制度的极大突破，对世卿世禄制的否定，这也是孔子选才理念中对于破除门第约束的重要体现。显然，同仁堂在人才选拔上亦是如此，坚持人人平等的成长机会，具体措施如下：一是打造了"金字塔人才工程"，把每一名员工都纳入工程中来，由此，为每一个人都铺设了一条机会均等的成长通道；二是坚持干部任用不看出身，实行"海选"，在人员管理方面做到了干部管理标准、职工岗位要求和执行制度标准三统一；三是对于基层工作岗位，同仁堂侧重通过校园招聘进行选拔，新员工在生产车间工作一年以上，再从中物色合格人才，提拔到各个岗位。然后在一线工作两年以上，绩效优异、执行力强、具有奉献精神的员工均有机会成为储备店长等。

最后，同仁堂尤其注重了凝聚人才的根本，正如儒家选人之根本：礼义备而君子归之，无道法则人不至。如何从根本上吸引人才呢？"索贤之心，而无得贤之术"，是无法获得人才的。② 儒家认为，要想真正能够获得人才，首先要从自身做起，选（用）人者自身就必须要有很高的素质，要成为很优秀的人。正如孟子曰："君仁，莫不仁；君义，莫不义；君正，莫不正。一正君而国定矣。"③ 荀子则曰："川渊深而鱼鳖归之，山林茂而禽兽归之，刑政平而百姓归之，礼义备而君子归之。"④ 对此，一方面，同仁堂乐氏家族本身就优秀

---

① 《论语·先进篇第十一》。
② 李则直：《中国古代人才观》，经济管理出版社，1997年。
③ 《孟子·离娄章句上》。
④ 《荀子·致士第十四》。

| 儒家人才管理 |

人才辈出。例如,当年,由乐显扬和乐凤鸣整理出的经典方剂就有363目,其中牛黄清心丸、安宫牛黄丸、女金丹、再造丸、活络丹等,今天仍是同仁堂的名品。乐氏家族的中兴人物乐平泉也是研制新药的高手,由他开发的新药多达近百种。而"人各有其类,才各有所长,惟贤者乃能进贤。"① 于是,同仁堂越是对优秀人才具有极大的吸引力。另一方面,同仁堂始终坚持以"仁"行天下,历代同仁堂人恪守诚实敬业的药德,提出"修合无人见,存心有天知"的信条,制药过程严格依照配方,选用地道药材,从不偷工减料,以次充好,从而赢得了国内外人士的广泛赞誉和青睐。如果用一句话来概括同仁堂的企业精神,那就是:同修仁德,济世养生。由此,同仁堂搭建的这一平台让人感觉就不是在从事卖药、制药,甚至也不仅仅是一个药师或一个医生了,而是在从事着"同修仁德,济世养生"的崇高事业,其对优秀人才的凝聚力也就不言而喻了。

---

① (清)唐甄、吴泽民校:《潜书》,中华书局,1955年。

第四章 儒家育人观

"在做产品之前先育人",这是在1925年前后,松下电器还是一个刚刚成立的小公司时,松下幸之助向员工们说的一句话。"你们去客户那里拜访的时候,如果人家问松下电器是生产什么产品的公司,你们就回答他们说松下电器是培养人才的公司,顺便也生产电器产品。"可见,培育人才对于企业经营来讲是有多么重要了。众所周知,孔子是世界上公认的人类历史上最伟大的教育家,被后人称为"万世师表"。在联合国教科文组织的"世界十大文化名人"评选中,孔子名列第一,可见,孔子的思想不仅是中华文化和中华民族精神的重要组成部分,而且已经得到了国际社会越来越广泛的认可和接受。正如联合国教科文组织泰勒博士所说的,如果人们思索一下孔子的思想对当今世界的意义,人们很快便会发现,人类社会的基本需要,在过去的2500多年里,其变化之小是令人惊奇的。不管我们取得进步也好,或是缺少进步也好,当今一个昌盛、成功的社会,在很大程度上仍立足于孔子所确立和阐述过的很多价值观念。这些价值观念是超越国界、超越时代的;属于中国,也属于世界;属于过去,也会鉴照今天和未来。[①]

第一节

儒家育人概述

无疑,孔子作为儒家学派的创始人,作为人类历史上最伟大的教育家,必

---

① 汤恩佳:《儒学的回顾与展望》,《中国文化研究》2000年第3期,第17—21页。

然促使与引导了儒家育人思想的不断发展与完善，综观儒家经典就可以发现，儒家经典中有着大量的关于育人的论述，探究如何对这些育人经典思想进行挖掘与梳理，提炼出儒家育人思想精华必将对现代教育理论与实践的发展以及组织中的育人实践均具有重要的理论意义与实践价值。

一、儒家对育人价值的认识：修己安人

儒家文化是中华传统文化的主干与核心。在浩瀚的历史长河中，孔子所开创的儒家学派和思想学说以及由此构建的儒家文化，对中国经济、政治、文化、社会的发展曾起过决定性作用。儒家思想和文化不仅激荡千年，还影响当世，早已渗透中华民族的人文血脉、处事态度和生活方式，并对整个人类文明尤其是东方文明的发展产生了极其重要的影响。[1] 显然，儒学以孔子的办学授徒为起点而诞生。儒学自产生以来，其发展历程经过以孔子、孟子、荀子为核心的先秦儒学萌芽时期，两汉儒学形成时期，再到董仲舒提出，汉武帝推行"罢黜百家，独尊儒术"，由此，儒学登上官方哲学的地位，受到中国古代封建统治者推崇，成为两千多年来中国传统文化的正统和主流思想，进而在宋明理学时期达到了鼎盛阶段。

纵观儒学的产生与发展历程，显然，育人问题一直是其关注的重点，可以说始终不曾被忽视，由此，发展至今已有2000多年的儒家思想，积累了丰富的育人经典，闪烁着育人思想的光芒。彼时，儒家创始人孔子生活于"礼崩乐坏"、"陪臣执国命"、"道不行于天下"的春秋后期，面对春秋"诸侯争霸"、"周文疲弊"、"民不聊生"等"天下无道久矣"之天下大乱的现实，孔子有着强烈的不忍与不安的淑世情怀，因此，一方面，孔子一生周游列国，栖栖惶惶，席不暇暖，为的就是推行他的"仁政"，以试图奉天行道，济世救众，求得"天下归仁"的"有道之世"。另一方面，孔子主张施行全面的教化来实现"天下有道"，由此，孔子大力兴办私学，改革周代教育体制机制，坚持"有教无类"的原则，广泛招收门徒推行庶民教育，为天下培养大批的君子士人，并通过他们去宣扬他的思想学说，以实现其"天下有道"的理想。

---

[1] 卢文舸：《历代名儒小传》，杭州出版社，2011年。

可见，孔子对于人才培育的重视，以至钱穆评价孔子说："孔子一生主在教"。① 孔子之后的孟子、荀子等儒家先哲们也是前后相继，勇敢地担负起了他们的历史使命，同样对育人问题尤其重视并相继提出了一系列的儒家育人管理思想与理论，由此，在多年的人才培养实践中积累了丰富的育人经典，逐渐建立与形成了一整套内容丰富、切实可行、独具中国古代特色的儒家育人思想理论体系。

因此，毋庸置疑，儒家对于育人问题历来就给予了足够的重视，对于"如何看待育人的价值问题"儒家进行了较充分的论述，但概括来说，本书认为，儒家对育人价值的论述可以归纳为两个角度：一是从个人的发展角度来论述育人的价值；二是从社会需求及其对社会的贡献角度来论述育人的价值。由此，我们可以将儒家对于育人的价值的认识笼统地概括为孔子所提出的"修己安人"观。正如《论语》中记载：子路问君子。子曰："修己以敬。"曰："如斯而已乎？"曰："修己以安人。"曰："如斯而已乎？"曰："修己以安百姓。修己以安百姓，尧舜其犹病诸。"② 在这里，"修己以安人"中的人显然是指狭义的人，它没有把"百姓"包括在内，主要是指士大夫以上各阶层的人，但孔子同时又提出要"修己以安百姓"，也就是说孔子认为，君子不仅要通过修养自己来使上层人物安乐，还要通过修养自己使所有老百姓安乐，合在一起就可以称为"修己安人"（在这里"人"是指广义的人，指一切人群）。透析"修己安人"对儒家育人的价值的概述，其可以包括三层含义：一是育人的价值体现在"长善而救其失者也"，③ 即教育就是要善于发现学子的长处并纠正其不足，从而使个人素质不断得到提升，以培养具有理想人格的君子型人才；二是育人的价值体现在通过培养具有理想人格的君子型人才来实现对社会的人文之治，以达成"修齐治平"之功；三是"修己"与"安人"是相互影响、相互作用的。一般来说，我们较多只看到了通过"修己"来"安人"，对此，儒家有经典的论述"身修而后家齐，家齐而后国治，国治而后天下平"。④ 然

---

① 钱穆：《论语新解》，巴蜀书社，1985年。
② 《论语·宪问篇第十四》。
③ 《礼记·学记》。
④ 《礼记·大学》。

而，实际上儒家还特别强调了通过"安人"以"修己"，即儒家所说的"修己"不仅仅是只局限于其自我孤立的小宇宙中，儒家特别强调积极入世的态度，认为"修己"的过程也是一个参与实践以实施人文之治的过程，正如儒家认为，要想修养成为圣人是需要通过立齐家、治国、平天下之功方可成圣的。

  为什么说育人价值首先体现在"长善救失"，促进个人成长与发展呢？对此，孔子就进行了阐述，孔子认为人虽然有"上智"、"中人"与"下愚"等之分，如《论语》中记载：子曰："唯上知与下愚不移"、①"中人以上，可以语上也；中人以下，不可以语上也"。② 但孔子更是明确提出"性相近也，习相远也"，③ 指出人的性情本是相近的，因为习染不同，便相去甚远了。对此，朱熹也说："气质之性，固有美恶不同矣。然以其初而言，则皆不甚相远也。但习于善则善，习于恶则恶，于是始相远尔。"④ 由此可以看出，孔子特别强调了人人皆有通过教育而向善的可能，也正是基于这一认识，孔子一改周代及以前教育只是面向贵族的弊端，明确提出并践行"有教无类"的教育理念，他大力兴办私学，面向全社会开门来办教育，并广收门徒，由此，终其一生，孔子共收受生徒三千，七十二贤人，其中出身于贫寒门第的颜回、原宪等弟子更是由于他们出色的表现而受到孔子的格外赞赏与器重。由此可见，孔子作为儒家学派创始人是如何重视与强调了教育对人的教化作用了。

  之后的儒家先哲们也都特别强调了教育对个人的重要影响，并对育人的价值进行了多方的阐释，儒家著名代表人物孟子与荀子对此更是有着众多的论述。虽然孟子与荀子对人性假设的论述完全相反，但就教育对个人价值这一观点的肯定来说两者表现出来高度的认同，他们都充分认识到了教育对于个人成长与发展的价值。孟子认为教育就是要使人"明人伦"，而"人伦"是人之所以区别于动物的最本质特征，也是人之所以为人的最基本属性。孟子曰："人之所以异于禽兽者几希，庶民去之，君子存之。"⑤ 在这里，孟子就明确指出

---

  ①③ 《论语·阳货篇第十七》。
  ② 《论语·雍也篇第六》。
  ④ 朱熹：《四书章句集注》，中华书局，2011年。
  ⑤ 《孟子·离娄章句下》。

第四章　儒家育人观

人和禽兽不同的地方就只有那么一点点，那就是"人伦"，君子之所以是君子，就是因为君子保存了它，而一般的百姓可能就丢弃了它。孟子又认为，如果没有对人的教育，没有使人明"人伦"，那么这样的人是为人的基本人格都无法具备的，也就和动物没什么区别了，就像现实中曾经报道的一些地方发现的狼孩、猪孩等各种兽孩无异于动物一样，正如孟子曰："人之有道也，饱食、暖衣、逸居而无教，则近于禽兽。"① 由此，孟子认为，当人民的生活有着落了，就尤其要注重对人的教育，孟子曰："设为庠序学校以教之。庠者，养也；校者，教也；序者，射也。夏曰校，殷曰序，周曰庠；学则三代共之，皆所以明人伦也。"② 即孟子认为，要兴办"庠"、"序"、"学"、"校"来教育人。"庠"是教养的意思，"校"是教导的意思，"序"是陈列的意思，即要陈列实物以便实施实物教育。这些地方学校夏代叫作"校"，商代叫作"序"，周代叫作"庠"；至于大学，三代都叫作"学"。总之其目的都是阐明并教导人民以人与人之间的各种必然关系以及相关的各种行为准则。对于"明人伦"朱子也给出了明确的注解："伦，序也。父子有亲，君臣有义，夫妇有别，长幼有序，朋友有信，此人之大伦也。庠序学校，皆以明此而已。"③

同样，儒家另一代表人物荀子更是强调了教育对于个人的价值即是借教育之形塑，要"化性起伪"，使人人"明礼义、修仁德、崇法度"，进而达成天下之大治。荀子是儒家人性"性恶论"的主要代表人物，荀子曰："人之性恶，其善者伪也。今人之性，生而有好利焉，顺是，故争夺生而辞让亡焉；生而有疾恶焉，顺是，故残贼生而忠信亡焉；生而有耳目之欲，有好声色焉，顺是，故淫乱生而礼义文理亡焉……用此观之，人之性恶明矣，其善者伪也。"④ 可见，荀子认为，人的本性是恶的，那些善良的行为是人为表现出来的，即"性恶善伪"。而且，就此而言，君子与小人都是一样的，正如荀子曰："材性知能，君子、小人一也。好荣恶辱，好利恶害，是君子、小人之所同也。"⑤ 但是，君子与小人寻求光荣与利益的途径就不同了，也就是说，君子尽管与小

---

① ②　《孟子·滕文公章句上》。
③　朱熹：《四书章句集注》，中华书局，2011年。
④　《荀子·性恶第二十三》。
⑤　《荀子·荣辱第四》。

人一样其性本恶,但其却通过后天的学习就会在现实中表现出来善,这就是后天教育对于个人成长的价值,教育可以使人"积伪成圣"。相反,如果一个人一生下来没有老师的教导、没有法度的约束,也没有好的社会习俗、环境等对其的熏陶与塑造,那么他就会在其渺小卑鄙的本性上变得更加渺小卑鄙,就会推崇发展其本性了,即本性的"恶"变得更"恶"了。而有了老师,懂得了法度,就会注重增加学习的积累,虽然本性"恶"不是我们所能够造就的,但却是可以通过教育来改变与造就的。正如荀子曰:"人之生,固小人,无师、无法,则唯利之见耳。人之生,固小人,又以遇乱世、得乱俗,是以小重也,以乱得乱也。"① "人无师法,则隆性矣;有师法,则隆积矣;而师法者,所得乎情,非所受乎性,不足以独立而治。性也者,吾所不能为也,然而可化也;情也者,非吾所有也,然而可为也。注错习俗,所以化性也。"② 由此,荀子主张要"以善先人者谓之教",③ "故人知谨注错,慎习俗,大积靡,则为君子矣;纵情性而不足问学,则为小人矣。"④即荀子认为要用善良的言行来引导人这才是教导,任何人只有懂得谨慎地措置自己,小心地对待风俗习惯,加强德行的积累与磨炼,他就能成为君子;相反,如果放纵自己的本性而不重视学习,那么他就会成为小人了。可见,荀子认为正是由于后天的教育才使人与人之间产生了不同,尽管每个人先天的"材性"无法选择几乎是一样的,但"以善先人者"式的后天教育却可以使生下来几乎相同的"材性"长大了也不一样,教育可以使人"化性起伪",原本是鄙人却因受了教育成为了"天下列士"。正如荀子曰:"干、越、夷、貉之子,生而同声,长而异俗,教使之然也。"⑤ "子赣、季路,故鄙人也,被文学,服礼义,为天下列士。"⑥ 荀子还说"故圣人化性而起伪,伪起而生礼义,礼义生而制法度。然则礼义法度者,是圣人之所生也。故圣人之所以同于众、其不异于众者,性也;所以异而过众者,伪也。"⑦ 显然,荀子认为,圣人与众人相同的地方就是"先天的本性",

---

① 《荀子·荣辱第四》。
②④ 《荀子·儒效第八》。
③ 《荀子·修身第二》。
⑤ 《荀子·劝学第一》。
⑥ 《荀子·大略第二十七》。
⑦ 《荀子·性恶第二十三》。

第四章 儒家育人观

圣人与众人不同而又超越众人的地方，就在于圣人通过后天的教育而"化性起伪"，是通过后天的人为努力的结果。由此，也进一步说明了教育对于个人的价值，即荀子认为教育使人人皆可以"积伪成圣"。

总之，上述儒家先哲们就育人的价值认识的论述首先就体现在"修己"，即教育可以"长善救失"，使人"明人伦"、"明礼义"、"修仁德"、"崇法度"等，以培养个人理想的人格，这就是育人的个人价值的体现。然而，毫无疑问，儒家所强调的"明人伦"、"明礼义"、"修仁德"等个人人格修养的"修己"并非其根本目的，儒家事实上更加强调了要通过"修己"来达到"安人"的目的，即儒家期待通过教育来实施治世安民，以实现"天下有道"的功业，这也就是教育的社会价值。由此，在儒家看来，人既是目的又是工具，即教育要以"修己"以养成人为目的，但同时又要以养成的人作为实现有道社会的工具。可以说，《礼记·大学》中对"修身、齐家、治国、平天下"的论述对此给予了足够的阐述。同时，儒家主张积极入世，期待实现"天下归仁"的"有道之世"，这从孔子的"朝闻道，夕死可矣"[①] 这一言论即可明了，显然，这里的"道"不能简单地理解为道理、真理，即将孔子的这句话简单理解为早晨得知了真理，要我当晚死去都可以。事实上，从孔子一生席不暇暖，周游列国，不为做官，旨在行道，即推行他的"仁"道政治主张，然而，他的"仁"道思想学说却得不到当时统治者的接受与推行，孔子深知他所期盼的"有道之世"在其有生之年可能是无法看到了，即"将至死不闻世之'有道'"，由此，孔子才发出"朝闻道，夕死可矣"的感慨，即孔子言下之意应该是说，如果早晨能够得知他所倡导的"仁"道政治主张得到贯彻，因而天下大治（即有道），那么晚上死去也无遗憾了。可见，孔子对于修养自己、追求仁德的重视了，以及将对治世安民的追求置于生死之上了。正如子曰："笃信好学，守死善道。"[②]

孟子认为，教育的价值不仅仅是使人成为基本的人，教育还能让人"止于至善"，其止于至善的路径就是扩充人的善端。孟子曰："凡有四端于我者，

---

① 《论语·里仁篇第四》。
② 《论语·泰伯篇第八》。

知皆扩而充之矣，若火之始然，泉之始达。苟能充之，足以保四海；苟不充之，不足以事父母。"① 即孟子认为，所有具有恻隐之心、羞恶之心、辞让之心与是非之心这四种善端的人，如果晓得把它们扩充起来，便会像刚刚烧燃的火，终必不可扑灭，也像刚刚流出的泉水，终必汇为江河。假若能够扩充，便足以安定天下，假若不能扩充，便连赡养爹娘都不行了。由此可见，孟子极力主张要紧紧地依靠教育来扩充人的善端，如果人的善端得以扩充，即通过教育所培养的具有理想人格的人才发挥实践之功便可安定天下，这也就是孟子认为的教育应发挥的社会价值功能。所以孟子极力主张要推行仁政，首先要让老百姓不忍饥挨饿，进而通过教育来教化民众与得到民心，这样还不能使天下归服的，那是从来没有的事。正如孟子曰："百亩之田，勿夺其时，八口之家可以无饥矣。谨庠序之教，申之以孝悌之义，颁白者不负戴于道路矣。老者衣帛食肉，黎民不饥不寒，然而不王者，未之有也。"② 显然，孟子认为教育还是实现王道社会的有效工具，孟子曰："善政不如善教之得民也。善政，民畏之；善教，民爱之。善政得民财，善教得民心。"③ 孟子认为统治者推行"善政"不如"善教"更容易获得民心，良好的政治，百姓怕它；而良好的教育，百姓爱它。良好的政治得到百姓的财富，而良好的教育能得到百姓的心。所以孟子倡导应"以善养人，然后能服天下。"④

同样，受孔子"庶、富、教"思想的影响，荀子对教育价值的认识不仅有达成"内圣"的道德要求，即"修己"，也包括了要通过教育实现"外王"的功业目标，即通过教育以实现王道，要"安人"。所以，荀子认为教育的目的就是要"化性起伪"，使人"明礼义"、"修仁德"、"崇法度"，遂成天下之大治。孟子曰："不富无以养民情，不教无以理民性。故家五亩宅，百亩田，务其业而勿夺其时，所以富之也。立太学，设庠序，修六礼，明十教，所以导之也。《诗》曰：'饮之食之，教之诲之'。王事具矣。"⑤ 由此，荀子认为，

---

① 《孟子·公孙丑章句上》。
② 《孟子·梁惠王章句上》。
③ 《孟子·尽心章句上》。
④ 《孟子·离娄章句下》。
⑤ 《荀子·大略第二十七》。

第四章 儒家育人观

一个国家是否能够兴盛，只要看社会上对老师是否尊敬？对师傅是否看重？一定程度上可以说，是否能够形成尊师重教的社会风气是衡量一个国家是否能够得以兴盛的重要指标，对此，荀子曰："国将兴，必贵师而重傅；贵师而重傅，则法度存。国将衰，必贱师而轻傅；贱师而轻傅，则人有快；人有快，则法度坏。"①"然而不教诲，不调一，则入不可以守，出不可以战；教诲之，调一之，则兵劲城固，敌国不敢婴也。"② 显然，荀子是将教育的社会价值提升到了与国家命运息息相关的地位了。

二、儒家育人理念：有教无类

毋庸置疑，儒家先哲们对于育人问题有着极为丰富的经典论述，提出了众多有关育人的精辟论点与经典思想。然而，最能体现儒家育人理念的经典思想是什么？本书认为，孔子提出的"有教无类"③思想在教育发展史上具有划时代的意义，尤其是在当今现代社会中，教育被认为是全体公民应该共享的权利，教育机会均等成为当今全人类社会的共同追求。由此看来，早在两千多年前就由孔子提出来的，体现了平民教育与公平教育思想的"有教无类"思想无疑是对儒家教育理念的最好诠释。

春秋以前，学在官府，政府设立"国学"与"乡学"两类，"国学"一般是由天子与诸侯在国都设立的，"乡学"则是中小贵族在自己管辖的地区设立，但两者都属于官学，显然，彼时的教育主要贵族教育，即只有贵族子弟才有机会进入到官学中接受教育，而平民子弟是很难有进入官办学校学习的机会的。春秋末期，随着贵族王权的逐步衰落，政权的更迭，原有社会阶层的不断变动，如有些旧贵族没落了，沦为平民，而有些平民又上升为地主，由此，随着不同阶层人员的上下流动，原来被贵族阶层所垄断的部分文化典籍以及拥有文化知识的人也随之而流落民间，为私人办学提供了机会。于是，开办私学之风开始出现并逐渐盛行，孔子就是在当时这一风潮下最突出的私学开办者。而且孔子在对待教育对象这一问题上明确提出了"有教无类"的伟大主张，并

---

① 《荀子·大略第二十七》。
② 《荀子·强国第十六》。
③ 《论语·卫灵公篇第十五》。

将这一思想始终贯穿与落实在其日后的育人实践中。孔子认为，无论是贵族还是平民，无论是贫富，不分国界与华夷，只要有心向学，人人都可以入学接受教育。对此，孔子甚至曰："自行束脩以上，吾未尝无诲焉。"① 即孔子说只要是主动给我一点初次拜师的见面薄礼的，我从没有不教诲的。可见，孔子对于其教育对象的开放性与平等性。

孔子为什么提出"有教无类"思想呢？追溯起来，孔子的有教无类思想的提出应源于其把人从过去的天命神学中解放了出来，由此，使得人们开始对传统的天与人、民与神的关系逐渐淡化，进而开始对人的价值和尊严给予了更多的重视。正如《论语》中记载，季路问事鬼神。子曰："未能事人，焉能事鬼？"曰："敢问死。"曰："未知生，焉知死？"② 由对人的重视与关注，孔子于是提出了"性相近也，习相远也"的人性观点，无疑，这为"有教无类"思想的提出提供了理论依据。进而，在其人性论基础上，孔子又提出了"仁者爱人"的核心思想，更是明确了应关心人、爱护人、尊重人，由此，孔子是将对人的价值的重视提高到了一个前所未有的水平了，显然，"有教无类"思想的提出正是践行其"仁者爱人"核心思想的一个最有价值的反映。

然而，一直以来，学者们对于孔子所提出的"有教无类"的本意到底是什么进行了激烈的争论，主要代表性的观点有两个：一是认为孔子所提出的"有教无类"意指凡是来学习的人，不分贫、贱、富、贵，不分智、愚、贤、肖，不分地区，不分年龄，不分职业等，他都一概接受，即教育一切人；二是一些学者对"有教无类"进行了阶级分析，认为其教育对象针对一切人是夸大其词的，因为，就孔子所说的"自行束脩以上，吾未尝无诲焉"中，能够交得起"束脩"的绝不是奴隶阶级，因此，认为孔子所说的"有教无类"并不是针对一切人，而是针对排除了奴隶阶级在外的一切大小奴隶主。如赵纪炳用"阶级斗争"的观点来看孔子的"有教无类"，对历史上的马融、皇侃、程颐、朱熹、刘宝楠、章太炎、刘师培、梁启超、冯友兰等著名学者进行了严厉的批评，说他们是对孔子的"有教无类"即"不分尊卑贵贱，不问出身"都

---

① 《论语·述而篇第七》。
② 《论语·先进篇第十一》。

进行教育的理解，是"超阶级地教育一切人"的观点。① 他得出结论说，这种把"有教无类"解释为"教育一切人的观点"是"抹杀阶级斗争的错误观点。"② 但是，本书认为第一种观点对"有教无类"的理解应该更接近于孔子的原意。这可以从以下三个方面来予以说明：

一是通过对孔子提出的"庶、富、教"思想的逻辑推导，首先，他发出了"庶也哉"的感慨，说明他当时是看到了众多的人口才发出这样的感慨，显然，这样众多的人口应该不只是看到统治阶级，还应包括更多的庶民百姓；其次，感慨之余，孔子提出要对这些众多的人口进行"富之、教之"的主张，由此看来，孔子是主张对包括庶民百姓在内的一切人要进行"富之、教之"的，这就对如何理解孔子"有教无类"主张的原意作出了非常好的注解。

二是孔子以后的儒家先哲们对"有教无类"观点的注解或有关教育对象的经典论述可以予以佐证。如孟子继承与发展了孔子"仁"的思想，并在其"人性善"假设基础上提出了其教育思想体系。孟子认为，人人都有善端，教育就是要通过扩充人的善端来让人"止于至善"，对此，孟子曰："苟能充之，足以保四海；苟不充之，不足以事父母。"③ 由此，孟子说明了要对人进行教育的必要性。进而，孟子阐述了圣人与凡人其实并没有什么差别，若有差别那也只是仁义程度不同。正如储子曰："王使人瞯夫子，果有以异于人乎？"孟子曰："何以异于人哉？尧舜与人同耳。"④ 同时，孟子还举例说，若是美绝人间的西施身上沾了不清洁的东西，人们也会掩着鼻子而避之，可是若一个长相丑陋的人，如果他能够去除心中的杂念私欲，洗净身上的污垢，便也可以去参与祭祀上帝的庄严典礼了。即孟子曰："西子蒙不洁，则人皆掩鼻而过之；虽有恶人，齐戒沐浴，则可以祀上帝。"⑤ 可见，孟子不仅认为圣人与凡人并没有什么区别，而且明确地主张育人时要一视同仁，要通过教育他人用仁义甚至是可以弥补其生理缺陷的。由此也可以看出，孟子是主张要一视同仁地去教育一切人的，他也认为每一个人都是有被教育成功的可能的。正如曹交问曰："人

---

① 陈德述：《儒家管理思想论》，中国国际广播出版社，2008年。
② 赵纪炳：《论语新探》，人民出版社，1959年。
③ 《孟子·公孙丑章句上》。
④⑤ 《孟子·离娄章句下》。

皆可以为尧舜,有诸?"孟子曰:"然。"① 另外,从《孟子》中的另一段言论更是可以肯定孟子的"有教无类"是面向一切人的。孟子之滕,馆于上宫。有业屦于牖上,馆人求之弗得。或问之曰:"若是乎从者之廋也?"曰:"子以是为窃屦来与?"曰:"殆非也。夫子之设科也,往者不追,来者不拒。苟以是心至,斯受之而已矣。"② 从这里可以看出,夫子对待学生的态度是去的不追问,来的不拒绝,只要是他们怀着学习的心来,便都接受了,由此可见,孟子对孔子"有教无类"的注解与践行均是指向一切人。毫无疑问,荀子更是认为教育对象应该要面向一切人,因为荀子认为"人性恶",人性的"善"是后天习得的行为,是"伪善",由此,任何人都有从一出生就要接受教育的必要性。荀子曰:"人生而有欲;欲而不得,则不能无求;求而无度量分界,则不能不争;争则乱,乱则穷。先生恶其乱也,故制礼义以分之,以养人之欲、给人之求,使欲必不穷乎物,物必不屈于欲,两者相持而长。是礼之所起也。"③ 可见,荀子认为任何人只有通过教育才能"化性起伪",通过教育来矫正人的性情,使人性化恶为善,积善成德,所以从这一角度来说,荀子对"有教无类"中的人无疑也是指一切人。朱熹在《论语集注》中注解时说:"人性皆善,而其类有善恶之殊者,气习之染也。故君子有教,则人皆可以复于善,而不当复论其类之恶矣。"可见,朱熹也认为,孔子所说的"有教无类"是指不论什么人只要是愿意学习,都要教育,不可拒绝,即便是某些人染上了恶习,也不能不教育他。南北朝时期的皇侃疏曰:"人乃有贵贱,宜同资教,不可以其种类庶鄙而不教之也。教之则善,本无类也。"④ 当代学者冯友兰更是认为,孔子"如此大招学生,不问身家,凡缴学费者即收,一律教以种种功课,教读各种名贵典籍,此实一大解放也。"⑤ 杜任之、高树帜等也指出:"孔子办教育的基本方针,是'有教无类',意即,凡是来学习的人,不分贫、富、贵、贱、智、愚、贤、不肖,他都接受。孔子教育思想的人民性

---

① 《孟子·告子章句下》。
② 《孟子·尽心章句下》。
③ 《荀子·礼论第十九》。
④ 《论语集解义疏》。
⑤ 冯友兰:《中国哲学史》,华东师范大学出版社,2001年。

就表现于这个基本方针。"①

三是从孔子教育实践来看,也说明其"有教无类"主张是教育一切人的。实质上,我们只要从孔子育人实践及其育人成果来剖析其"有教无类"主张的原意是胜过一切雄辩的。孔子生活在礼崩乐坏的春秋末世,凭一己之力承担起了教育职责,大办私学,广收门徒,世传孔门"弟子盖三千焉,身通六艺者七十有二人。"② 无疑这正是"有教无类"教育思想结出的硕果。同时,我们再对孔子的弟子构成情况进行分析发现,其弟子构成特点充分体现了孔子招收学生不分贵贱、不分地域、不分族类、不分职业,无论智愚、无论善恶、无论年龄等,只要是有心向学,他便一视同仁,一概纳为自己的门徒,都给予了热心的教诲。如孔子弟子构成中:有诸侯王室成员孟懿子、南宫适等;有列国官员司马牛、高柴等;有富人子贡等;有更多出身低贱的庶民子弟,穷困之人,如箪食瓢饮,身居陋巷的颜回、着芦衣与受冻挨饿的闵子骞、居穷闾与敝衣冠的原思、百里负米以养母的子路以及公冶长、子夏、冉求、伯牛、仲弓等人;有来自边陲"夷狄"秦、楚、吴等国弟子;有聪明过人的,也有智力平平甚至是天资较差的,如"闻一以知十"的颜回、"闻一以知二"的子贡、"长不盈五尺,受业孔子,孔子以为愚"③ 的子羔等;还有一些品行素养较差的如宰予、子张、公冶长等……总之,从孔子的弟子实际构成情况来看,孔子所倡导与践行的"有教无类"实实在在是面向了一切人,即向所有的人敞开了教育的大门,由此,各式各样的人都汇聚在了孔子门下成为其弟子并接受其教诲。对这种现象正如《荀子·法行》中记载,南郭惠子问于子贡曰:"夫子之门,何其杂也?"子贡曰:"君子正身以俟,欲来者不距,欲去者不止。且夫良医之门多病人,檃栝之侧多枉木。是以杂也。"④ 在这里,南郭惠子发出了孔子门下弟子为什么那么混杂呢?显然,这里的"杂",一方面,就极为准确地描述了孔子门下弟子来源的多样性,极好地体现了"有教无类"的教育理念的践行;另一方面,也真正地体现了孔子对人的价值的重视,真正的是

---

① 杜任之、高树帜:《孔子学说精华体系》,山西人民出版社,1985年。
② 《史记·孔子世家》。
③ 司马迁:《史记》,中华书局,1959年。
④ 《荀子·法行第三十》。

在倡导与践行"仁者爱人"思想,通过对"有教无类"教育理念的有效践行,充分捍卫了一切人都应享有的平等接受教育的权利。

可以说,不分等级的自由平等的教育主张是我们民族可以契接西学和现代教育理念的极为宝贵的传统思想资源。① 显然,"有教无类"教育思想与17世纪捷克著名教育家夸美纽斯在《大教学论》中所提出的"教育平等"理念是一致的。当时,西欧正处在从中世纪向近代社会的转型期,在文化、思想领域,在面对人权与神权、理性与信仰、现实与来世、科学与迷信、民主与专制之间发生激烈对抗和冲撞的时期,具有强烈人文主义、民主主义思想的夸美纽斯提出了"教育平等"主张,以力图用适应新时代的新的教育思潮去冲刷旧的思想观念,力图打破旧传统的闸门,这具有极其重要的意义。② 从这一角度来看,早在2000多年前就由孔子提出来的反映了"教育平等"的"有教无类"教育理念是一种多么伟大的新主张。

三、儒家育人目标:女为君子儒!无为小人儒!

"君子"是孔子极为崇尚的理想人格,纵观孔子一生的育人实践,可以看出其一直致力于以培养造就"君子儒"为目标,正如孔子谆谆教导其弟子子夏曰:"女为君子儒!无为小人儒!"③ 由此可见,孔子对培养其弟子应具有君子人格的重视。然而,"君子"一词并非孔子所创,也并非像我们过去所理解的"君子一直是区分人的道德品行好坏的标准",其最初含义是什么以及如何变化值得进一步考究。

无疑,先秦诸子思想都是继承夏、商、周上古三代文化而来,"君子"一词同样如此,在《尚书》、《周易》、《诗经》等古代典籍中,君子就是一个出现频率极高的词。其中,在《尚书》中"君子"一词出现七次,如"蠢兹有苗,昏迷不恭,侮慢自贤,反道败德,君子在野,小人在位,民弃不保,天降之咎,肆予以尔众士,奉辞罚罪。"④ 据说这是大禹奉舜帝之命讨伐三苗时的

---

①② 朱哲、鹿丽萍:《有教无类 立德树人——孔子教育思想的伦理意蕴》,《伦理学研究》2009年第5期,第75-80页。

③ 《论语·雍也篇第六》。

④ (汉)孔安国、(唐)孔颖达等:《尚书正义》,北京大学出版社,1999年。

誓词。"人不易物，惟德其物。德盛不狎侮。狎侮君子，罔以尽人心。狎侮小人，罔以尽其力。"① 据说这是西戎贡献獒，召公陈义以谏周武王。"呜呼！君子所其无逸。先知稼穑之艰难，乃逸，则知小人之依。"② 据说这是周公告诫在位者不要逸豫享乐，要先知稼穑之艰难，也有说是告诫成王的。在这几处地方，"君子"与"小人"均相对出现，其他几处都是单独出现，如"予小臣，敢以王之雠民百君子，越友民，保受王威命明德"、"惟截善谝言，俾君子易辞，我皇多有之，昧昧我思之"等。③从《尚书》中对"君子"一词的使用来看，首先，可以肯定在西周时"君子"一词就较为通行，其次，从这些词的含义来看，彼时的"君子"含义无不是与"位"相关联的，如主要是指天子、诸侯和大臣等高级贵族。在《易经》16个卦的卦爻辞中"君子"一词出现了19次，由于《易经》本是卜卦之书，大多仅是判断吉凶的词，对"君子"一词的真正含义较难理解，但根据其中的一些内容以"贵族"来解释"君子"含义较为恰当，如《遁》卦九四爻"好遁，君子吉，小人否。"周振甫解释为："贵族可以退隐，故吉。小民靠劳动过活，不能退隐，故否。"④ 再如《解》卦六五爻"君子维有解，吉；有孚于小人。"周振甫引李镜池《周易通义》说："维：系，束缚。有：又。解：解开，松绑。有孚：战俘。于：为。小人：奴隶。贵族把战俘绑起来而又解开，战俘愿意归顺，变为奴隶。"⑤ 显然，从此几处的语境来看，对"君子"含义的理解同样解释为"贵族"比较合理。在《诗经》中出现"君子"一词的诗篇共有60首，合计共有182次之多，究其含义，由于《诗经》中歌咏的对象太多，且大多缺乏历史背景，由此，就很难确定其所指的具体身份了，故对《诗经》中"君子"一词所指后来的解读者各持己见，莫衷一是。但主要还是指称居于高位的贵族统治阶级居多，如台湾地区学者林叶连依据《毛传》、《郑笺》、《孔疏》和陈子展的《诗经直解》等来推测《诗经》中"君子"的身份地位，认为"君子"身份无争议的诗篇中有13首指天子、有8首指诸侯、有17首指官员、有3首指将士、有2首指道德高尚者、有3首不特指某人。由此，他的结论是周朝的贵族统治

---

①②③ （汉）孔安国、（唐）孔颖达等：《尚书正义》，北京大学出版社，1999年。
④⑤ 周振甫译注：《周易译注》，中华书局，1991年。

阶级，不仅垄断统治权、受教育权，而且也几乎垄断了"君子"的词汇权，用以称呼平民百姓，只是偶尔为之。① 可以看出，《诗经》里出现的"君子"，似乎已经出现了向"有德者"转化的迹象，特征就是多次在"君子"概念之前附加一个表示德性的形容词，除了我们上面提到的"有匪君子"之外，还有诸如"岂弟君子"、"显允君子"、"淑人君子"等，这表明"君子"概念正在向德性的方向转化。② 但总体来看，在商周时期"君子"一词主要还是以地位而言，"君子"称呼主要还是只针对高级贵族的一种通称，这从早期的典籍如《尚书》、《易经》、《诗经》等记载中就可明了。

那么，"君子"一词含义的真正转变是如何完成的呢？对此，目前学界普遍认为是孔子对"君子"一词内涵进行了重新地界定与创造性诠释，使其含义突破了原有的主要只针对"位"的指称，使其含义发生了根本性的变化，从而发展为对"德"的强调远远超过了对"位"的重视。正如子曰："君子道者三，我无能焉：仁者不忧，知者不惑，勇者不惧。"子贡曰："夫子自道也。"③ 从这里可以基本看出孔子对"君子"人格的最为生动形象，也最为全面的描述。在孔子看来，"君子"应是指那些既有道德又有才能，不畏权势、不避贫贱具有独立人格意识，勇于承担社会责任的人才。孟子认为君子应"怀德"、"尚义"、"行义"，荀子更是直接地提出君子"故知而不仁，不可；仁而不知，不可；既知且仁，是人主之宝也，而王霸之佐也。"④ 从这些论述可见，孔子、孟子、荀子对"君子"含义的理解应是基本一致的，简单来说，他们都认为"君子"应是德才兼备的人才。由此，"君子"也就成为儒家理论思想体系中对人格予以论述的一个至关重要的理想人格模型。

孔子生活在"礼崩乐坏"的春秋后期，有着对现实失序的社会现状的极度不满，孔子为此周游列国，致力于试图恢复周代礼乐文明，期待重建社会秩序，然而，孔子的政治理想得不到当时统治者的认可，四处碰壁，不得已只好回到鲁国，投身于教书育人之中。因为，孔子认为，要重建社会秩序必须要由

---

① 林叶连：《〈诗经〉中的"君子"身份》，《辅仁国文学报》2006年第1期，第66页。
② 马鹏翔：《君子与名士——汉晋士人理想人格转型之研究》，南开大学博士学位论文，2014年。
③ 《论语·宪问篇第十四》。
④ 《荀子·君道第十二》。

第四章 儒家育人观

人来承担,且这种人还必须要有理想的人格,由此,孔子认为投身教书育人以着力塑造理想人格来引导世人,也可以实现其不能亲自去实现的重建社会秩序以达成"有道之世"的政治抱负了。那什么是孔子要培养的理想人格呢?孔子认为,最高的理想人格当然是"圣人",然而,"圣人"太过于完美是一般人所无法企及的,现实世界中更是几乎没有人能够达到的,即便是孔子心目中的榜样尧舜都难以做到呢,正如子贡曰:"如有博施于民而能济众,何如?可谓仁乎?"子曰:"何事于仁!必也圣乎!尧舜其犹病诸!"① 可见,在孔子看来,"圣人"只能是作为一个人们可以致力于不断去追求的最高人格理想目标,现实中我是看不到了,能看见君子就可以了,正如子曰:"圣人,吾不得而见之矣;得见君子者,斯可矣。"② 由此,在体现了其主要思想的《论语》一书中,"圣"与"圣人"仅出现了6次,而"君子"一词出现了107次,几乎每一章都有对"君子"的论述,显然,从这一论述的数量而言,"圣人"并不是孔子所关注的重点,"君子"才是孔子极为关注并着力去引导世人去达成的理想人格。以至于美国学者狄百瑞认为,对于君子形象的探讨是《论语》的中心:"虽然《论语》作为一部语录和轶事的集子看起来缺乏系统的结构,叙述也颇为游离,但是它作为一个整体仍然具备自身的焦点——君子。从君子入手十分有利于我们更好地理解《论语》。《论语》的魅力之所以经久不衰,并不在于它阐释了一套哲学或者思想体系,而是在于它通过孔子展现了一个动人的君子形象。"③ 因此,从某种意义上说,孔子学说或可称为"君子"学说。之后的儒家经典中"君子"同样成为出现频率较高的一词,如《孟子》中就有82次使用"君子"一词,孟子认为,"君子"应"怀德"、"尚仁"、"行义"。荀子则说得更为具体,荀子曰:"故知而不仁,不可;仁而不知,不可。"④ 显然,荀子认为只有那种"既知且仁"的"君子"才能是儒家人才。《易传》中也有84次使用"君子"一词等,秦汉以后的儒家学说更是奉"君子"为其理想人格的楷模。可见,"君子"显然已被视为儒家学说中的理想人

---

① 《论语·雍也篇第六》。
② 《论语·述而篇第七》。
③ (美)狄百瑞、黄水英译:《儒家的困境》,北京大学出版社,2009年。
④ 《荀子·君道第十二》。

格形象，以致儒家"君子"成为中国古代社会重要的人才与精神形象，言必称君子。正是因为如此，余英时甚至认为"儒学事实上就是君子之学"。①

由此，"君子"是孔子及其儒家思想理论体系中所确立的一个理想人格形象模型，更是孔子所寄希望于其不仅仅是要"修己"以成就个人，还要努力去"修己以安百姓。"② 通过其自身能力来影响社会，以实现安世济民的社会理想的人。在孔子看来，重建社会秩序的希望可以寄托在具有这一理想人格的"君子"身上，由此，孔子大力兴办私学，以致力于培养具有德才兼备的"君子"型人才为己任，进而，这也发展成为了儒家育人的目标。

因此，对于如何才能成为一名"君子"的问题，孔子就明确提出首先就是要"修己"，对此，孔子特别强调了学习的重要性，他主张一个人只有通过对"德"与"才"等的全面学习，才有可能成长为一位"君子"。所以，《论语》的开篇内容即是论述了学习对于君子的重要性，正如子曰："学而时习之，不亦说乎？有朋自远方来，不亦乐乎？人不知，而不愠，不亦君子乎？"③ "君子博学于文，约之以礼，亦可以弗畔矣夫！"④ 相反，孔子认为如果不爱好学习，要想成为一位真正的君子是不可能的，正如孔子告诫子路曰："由也！女闻六言六蔽矣乎？"对曰："未也。""居！吾语女。好仁不好学，其蔽也愚；好知不好学，其蔽也荡；好信不好学，其蔽也贼；好直不好学，其蔽也绞；好勇不好学，其蔽也乱；好刚不好学，其蔽也狂。"⑤ 进而对于对待学习的态度，孔子还以自己举例，子曰："吾十有五而志于学，三十而立，四十而不惑，五十而知天命，六十而耳顺，七十而从心所欲，不逾矩。"⑥ 孔子说，我十五岁时就有志于学问，三十岁时就懂了礼仪而说话做事就有把握，四十岁就掌握了各种知识而不致迷惑，五十岁时得知天命，六十岁时一听别人言语便可分辨真假、明辨是非，到了七十岁便随心所欲，任何念头也不会越出规矩了。可见，孔子显然认为，爱好学习应是儒家君子的立身之本。

---

① 余英时：《现代儒家的回顾与展望》，生活·读书·新知三联书店，2004年。
② 《论语·宪问篇第十四》。
③ 《论语·学而篇第一》。
④ 《论语·雍也篇第六》。
⑤ 《论语·阳货篇第十七》。
⑥ 《论语·为政篇第二》。

第四章 儒家育人观

儒家认为，学习首要目的就是要提高个人道德品质，以着力培养"君子"之"德"。正如子曰："古之学者为己，今之学者为人？"① 古代学者学习的目的在于修养自己的学问道德，而现代学者的目的却在装饰自己给别人看，由此，孔子告诫人们学习不是给别人看的，而是要通过学习修养自己的品德。孔子进一步说："君子怀德，小人怀土。"② 儒家另一代表人物孟子对"君子"人格的论述则更为偏重于德性，孟子曰："君子所以异于人者，以其存心也。君子以仁存心，以礼存心。仁者爱人，有礼者敬人。"③ 由此，孟子对于道德品质的培育提出要"存其心，养其性。"④ 荀子也认为学习的目的就是修养身心，就是为了提升个人的德行修为，如荀子曰："君子之学也，以美其身；小人之学也，以为禽犊。"⑤ 荀子还说："君子知夫不全不粹之不足以为美也，故诵数以贯之，思索以通之，为其人以处之，除其害者以持养之。"⑥ 在这里，荀子认为君子对待学习是为了"全"、"粹"、"美"，进而以"通之"、"处之"、"持养之"来修身养德。进而，荀子认为具备完美无缺的道德品质是作为"君子"必备的基本素质，是其立身处世的前提条件，君子的可贵之处也在于其德行的完美无缺。正如荀子曰："生乎由是，死乎由是，夫是之谓德操。德操然后能定，能定然后能应。能定能应，夫是之谓成人。天见其明，地见其光，君子贵其全也。"⑦ 由此可见，儒家对于培养"君子"之"德"的重视了。

与此同时，儒家还认为，在着力培养"君子"之"德"的同时，还应重视培育"君子"之"才"，即儒家提倡"尚德而不轻智"。对此，孔子曰："未知；——焉得仁？"⑧ 显然，在这里，孔子将才智看作理想人格构成的一个必备条件。因为孔子认为"知者不惑"，也就是说只有不断求取知识的人，才不会被遇到的事情所迷惑，因此，要想培养君子，还应使其具有渊博的学问知识，要具备治理国家或干好事情的能力或素质，这也是儒家特别强调的要着力

---

① 《论语·宪问篇第十四》。
② 《论语·里仁篇第四》。
③ 《孟子·离娄章句下》。
④ 《孟子·尽心章句上》。
⑤⑥⑦ 《荀子·劝学第一》。
⑧ 《论语·公冶长篇第五》。

培育的"君子"所必须拥有的素质。因为，孔子曰："君子不器。"① 即孔子认为君子不应像器皿一般，只有一定的用途，而应具有广博的知识，宏富的学问，要无所不通而成为"大器"。因为，儒家认为学习的最高目的就是为了实现仁义之道，正如子夏曰："百工居肆以成其事，君子学以致其道。"② 所以，在孔子眼中的"君子"是要以其所习得的才能来影响社会，以重构社会之秩序，进而实现"有道之世"的。以此来看，君子是否能够具备一定的才能是多么的重要了，正如子曰："君子病无能焉，不病人之不己知也。"③ 对此，荀子也说："学者非必为仕，而仕者必如学。"④ 即荀子认为学习的人不一定都要去做官，但做官的人一定是要去学习的，言下之意，就是要通过学习才能具备做官的能力，只有通过学习才能掌握治理国家或处理事情的能力与素质。进而，荀子就"君子"应同时具备"德"与"才"进行了更为详细的阐述，荀子曰："君子能为可贵，不能使人必贵而已；能为可信，不能使人必信己；能为可用，不能使人必用己。故君子耻不修，不耻见污；耻不信，不耻不见信；耻不能，不耻不见用。"⑤

四、儒家育人内容：文、行、忠、信

前文已经阐述了儒家育人目标是要培养"既知且仁"，能够担负治国安邦重任的"君子"，由此，儒家育人教学内容的设计必定是要与"君子"所应具备的人格品质的培育相对应的，综观儒家经典对此内容的论述发现确实如此，即儒家育人内容概括来说主要包括知识教育与道德教育两大方面，对应于"君子"人格对"德"与"才"的要求。正如《论语·述而篇》中记载，子以四教：文、行、忠、信。可以说，这对儒家教育内容做出了较为精确的描述。清代刘宝楠对此予以解释说："文，谓诗书礼乐，凡博学、审问、慎思、明辨，皆文之教也。行，谓躬行也。中以尽心曰忠。恒有诸己曰信。人必忠

---

① 《论语·为政篇第二》。
② 《论语·子张篇第十九》。
③ 《论语·卫灵公篇第十五》。
④ 《荀子·大略第二十七》。
⑤ 《荀子·非十二子第六》。

信，而后可致知力行。"① 即文是指以《诗》、《书》、《礼》、《乐》为教科书的书本知识；行是指实践；忠、信则是指道德素养。可见，孔子的"四教"内容体现了两个主要特点：一是强调了对德育与智育的相辅相成；二是强调了理论与实践要相互结合。

在智育方面，儒家对学生的知识传授主要是以大量诵读文化典籍来实现的，孔子对其弟子的教育就是如此，以那些文化典籍作为其教育教学的主要内容。正如《史记·孔子世家》中记载："孔子以诗书礼乐教，弟子盖三千焉。"可见，孔子对学生进行"文"的教育内容主要就是《诗》、《书》、《礼》、《乐》。也有人根据《庄子·天运篇》中记载的孔子见老子时的一句话："丘治《诗》、《书》、《礼》、《乐》、《易》、《春秋》，"由此，推断孔子教育的基本内容主要是《诗》、《书》、《礼》、《乐》、《易》、《春秋》，即"六经"之教。这与前面的内容存在不一致，即司马迁对孔子教育内容的记载中没有讲到《易》与《春秋》，主要原因有可能：一是《易》与《春秋》两部经典主要是孔子晚年的学术成就，所以没有成为其早期教育的普通教材，如司马迁说："孔子晚而喜易"、"五十以学易"，《春秋》作为当时的现代史和实事教材，收录的是公元前772年至公元前481年间的历史，也是孔子晚年的著作，因此，导致孔子早期的教育内容中未使用这两部经典；二是有可能孔子本人也认为《易》与《春秋》是比较精深的学科，所以没有用来作为普遍的教学内容，只是偶尔向少数高才生个别传授，以致"身通六艺者七十有二"或许与孔子这一观点有关。因此，可以肯定的是《诗》、《书》、《礼》、《乐》确定是当时孔子用来进行"文"的教育所采用的普遍化教材及教学内容。② 这从孔子的一些言论中也可以看出，如子曰："兴于《诗》，立于礼，成于乐。"③ 孔子认为，学习这些典籍不仅仅是要知道与掌握一些知识，更重要的是要去领会这些典籍背后所蕴含的深层含义，要从《诗》、《礼》等典籍中学会立身行事的道理，正如《论语·季氏篇》中记载，陈亢问于伯鱼曰："子亦有异闻乎？"对曰："未也。尝独立，鲤趋而过庭。曰：'学诗乎？'对曰：'未也。''不学诗，无以言。'鲤

---

① （清）刘宝楠：《论语正义》，中华书局，1990年。
② 李丽丽：《先秦儒家和谐教育思想研究》，东北师范大学博士学位论文，2011年。
③ 《论语·泰伯篇第八》。

退而学诗。他日，又独立，鲤趋而过庭。曰：'学礼乎？'对曰：'未也。''不学礼，无以立。'鲤退而学礼。闻斯二者。"在这里，从孔子教育他儿子亦是如此即可看出，孔子对于《诗》与《礼》的学习的重视程度了。

  对此，荀子亦明确提出，学习的科目是从诵读《诗》、《书》等经典开始，到阅读《礼》为止的，即荀子曰："学恶乎始？恶乎终？曰：其数则始乎诵经，终乎读《礼》。"① 显然，荀子认为，这些典籍中蕴含了大量的圣王之道，要在诵读典籍中去细细体味圣王之道、仁义之统，这就是经典典籍对育人的价值所在。荀子曰："百王之道一是矣，故《诗》、《书》、《礼》、《乐》之归是矣。《诗》言是，其志也；《书》言是，其事也；《礼》言是，其行也；《乐》言是，其和也；《春秋》言是，其微也。"② 荀子还运用了生动的比喻来说明这些经典真正是丰富的学问宝藏，荀子曰："故不登高山，不知天之高也；不临深溪，不知地之厚也；不闻先王之遗言，不知学问之大也。"③ 汉代儒学大家董仲舒更是特别强调了"六经"等典籍的教育作用，他在《玉杯》中说："君子知在位者之不能以恶服人也，是故简六艺以赡养之。《诗》、《书》序其志，《礼》、《乐》纯其美，《易》、《春秋》明其知，六学皆大而各有所长。《诗》道志，故长于质；《礼》制节，故长于文；《乐》咏德，故长于风；《书》著功，故长于事；《易》本天地，故长于数；《春秋》正是非，故长于治人。"

  相对智育而言，在德育方面，儒家无疑更加强调德育并将其放在了育人的首要位置，孔子认为"君子怀德"，即君子所经常想的就是道德，这是最根本的，也是成为圣贤君子的首要素质。正如子曰："弟子，入则孝，出则悌，谨而信，泛爱众，而亲仁。行有余力，则以学文。"④ 在这里，孔子认为一个人只有践行了"孝"、"悌"、"信"、"爱"、"仁"等那些道德行为后，如果还有余力就可以再去学习文献了，由此，可以很明确地看出孔子是极力主张将道德教育放在第一位，而把知识教育放在第二位的。那么，如何进行德教呢？孔子首先是对道德教育内容进行了精心的设计，创建与提出了以"仁"为核心内容的道德范畴体系，在这一范畴体系中，"仁"是最高德目，以"仁"为最高

---

①③ 《荀子·劝学第一》。
② 《荀子·儒效第八》。
④ 《论语·学而篇第一》。

统帅，又辅之以义、礼、忠、恕、孝、悌等系列具体德目。其次，在德育实践过程中，孔子又特别重视高尚人格的塑造，通过构建一个人们共同敬仰的理想人格标杆，来引导社会成员攀登崇高的道德境界。对此，孔子将人们应该追求的高尚人格标杆确定为"圣人"、"贤人"、"君子"等，其中"圣人"居于最高层次，是最理想的人格典范以及人们应始终去孜孜以求的人格标杆，是现实中可能难以找到的人格典范。所以孔子曰："圣人，吾不得而见之矣；得见君子者，斯可矣。"① 因此，孔子认为，如果人们不讲品德，不注重修养品德，这才是需要忧虑的事情呢。子曰："德之不修，学之不讲，闻义不能徙，不善不能改，是吾忧也。"②进而，对于德、智等的关系，孔子更是做了精辟的论述，子曰："志于道，据于德，依于仁，游于艺。"③

显然，孔子强调"将德育放在首位"的这一思想也得到了儒家众多后来者的认同与继承，孟子曰："设为庠序学校以教之。庠者，养也；校者，教也；序者，射也……皆所以明人伦也。"④ 荀子曰："见善，修然必以自存也；见不善，愀然必以自省也；善在身，介然必以自好也；不善在身，菑然必以自恶也。""以善先人者谓之教。"⑤《大学》中的一段话对此说得更为明确："大学之道，在明明德，在亲民，在止于至善。" 朱熹则将教育内容分成"小学"与"大学"两类，"小学"教育内容应该包括文化知识与思想品德两大部分，朱熹说："人生八岁，则自王公以下，至于庶人之子弟，皆入小学，而教以洒扫、应对、进退之节，礼、乐、射、御、书、数之文。"⑥ 与此同时，朱熹认为从"小学"教育开始就应十分强调德育的重要性，"自小便教之以德，教之以尚德不尚力之事。"⑦ 朱熹还强调文化知识的教育要与道德教育相互促进，教化作用与思想修养同时形成，"小学教人以洒扫、应对、进退之节，爱亲、敬长、隆师、亲友之道，皆所以为修身、齐家、治国、平天下之本，而必使其讲而习之于幼稚之时，使其习与知长，化与心成。"⑧可见，朱熹认为，这种教

---

①②③ 《论语·述而篇第七》。
④ 《孟子·滕文公章句上》。
⑤ 《荀子·修身第二》。
⑥⑧ 《朱文公文集》第76卷。
⑦ 《朱子语类》第7卷。

育是为将来打下"圣贤的坯模"。① 对于"大学"的学习内容朱熹认为:"大人之学,穷理、修身、齐家、治国、平天下之道是也。"② 显然,"大学"教育内容包括了"修己"与"治人"两个方面的事,朱熹认为"大学之道,知之深而行之大者也。"③ 可见,朱熹认为"小学"与"大学"学习内容是一脉相承的,只是深浅程度不同,其同样包括了德育与智育两大部分,两者没有根本性的差别。

第二节

儒家育人之法

前文已对儒家育人价值的认识、儒家育人理念、儒家育人目标以及育人内容进行了阐释,紧接着的一个问题是,儒家是如何来开展育人实践呢?无疑,运用什么样的教育方法对教育成功与否具有重要的意义。正如《礼记·学记》中记载:"大学之法:禁于未发之谓豫,当其可之谓时,不陵节而施之谓孙,相观而善之谓摩。此四者,教之所由兴也。"可见,教育方法在一定程度上是教育是否成功的关键。然而,在春秋以前,等级限制极其严格,庶人子弟只能接受某一种特种技能的教育,方法一般是纯经验的口授相传。而贵族子弟接受教育的"官学"里,实行的是以训诫为主的强制灌输法。④ 对此,以孔子为代表的儒家先贤们进行了大力改革,认为教育者要尊重学生的人格,应考虑学生的需要与特点的差异性,由此,特别强调了教育者应掌握多样的教学方法。正如孟子曰:"教亦多术矣,予不屑之教诲也者,是亦教诲之而已矣。"⑤ 在这里,孟子就首先明确地提出来教育是有很多种方法的,进而说,即使是我不屑于去教诲他,其实这本身也可以说是一种教诲呢,这就是"不教而教"的方

---

① 卢美松:《朱熹的教育目的论和教育内容论浅释》,《教育评论》1990 年第 6 期,第 50-51 页。
② 《朱文公文集》第 15 卷。
③ 《小学辑说》。
④ 樊建武:《从与现代教育的冲突与融合看儒家教育思想及其德育传统的现代价值》,西安科技大学学位论文,2003 年。
⑤ 《孟子·告子章句下》。

法。于是，经过一代代儒家学者们不断地总结创新，形成了众多灵活多样且行之有效的儒家教育方法，如有因材施教法、启发诱导法等。

一、因材施教：教也者，长善而救其失者也

孔子是最早运用"因材施教"于教学实践的教育家，北宋理学家程颐说："孔子教人，各因其材。"① 南宋大儒朱熹对此注释说："圣贤施教，各因其材。小以小成，大以大成，无弃人也。"② 可见，"因材施教"是孔子教学特色的一个主要特点，孔子认为教育者就应该根据不同对象的特点来进行教育，要扬长避短，有针对性地进行教育。正如儒家经典《礼记·学记》中记载："学者有四失，教者必知之。人之学也，或失则多，或失则寡，或失则易，或失则止。此四者，心之莫同也。知其心，然后能救其失也，教也者，长善而救其失者也。"在这里，就明确提出，教书的人要善于发现学生的长处，并且能够引导学生纠正自己的失误。

孔子在育人过程中正是如此，他认为要从学生的实际情况、个别差异出发，有的放矢地进行有差别的教学。子曰："中人以上，可以语上也可；中人以下，不可以语上也。"③ 在这里，孔子就明确提出，中等水平以上的人，你可以告诉他高深的学问；中等水平以下的人，不可以告诉他高深学问。对此，朱熹在《论语集注》中注解说："言教人者，当随其高下而告语之，则其言易入而无躐等之弊也"。张敬夫说："圣人之道，精粗虽无二致，但其施教则必因其材而笃焉。盖中人以下之质，骤而语之太高，非惟不能以入，且将妄意躐等，而有不切于身之弊。亦终于下而已矣。故就其所及而语之，是乃所以使之切问近思，而渐进于高远也"。钱穆在《论语新解》中则说："中人以下，骤语以高深之道，不惟无益，反将有害。惟循序渐进，庶可日达高明。"显然，他们都认为人的天赋不同，智力各异，教育者就应该"随其高下"，针对学生不同的天赋及其智力来给予适当的教学，正如朱熹这种"随其高下而告语之"、"施教则必因其材"的思想，就是要针对不同学生的志趣、能力等具体

---

① 程颐：《河南程氏遗书》（卷十九），朱熹编，商务印书馆，1935年。
② 朱熹：《四书章句集注·论语集注》，中华书局，1983年。
③ 《论语·雍也篇第六》。

情况而给予不同的教育,即要"长善救失",从而使学生易于接受,也没有"躐等"超越其能力,进而也就不会产生不切合实际,好高骛远的毛病。

显然,对这一教学方法的运用关键在于对其学生即"材"的准确的洞察与研究。因为,每一个学生即"材"的特征可能都不是一样的,正如《论语·先进篇第十一》记载,德行:颜渊,闵子骞,冉伯牛,仲弓。言语:宰我,子贡。政事:冉有,季路。文学:子游,子夏。可见,孔子的学生各有所长,有的长于"德行",有的长于"言语",有的长于"政事",有的长于"文学"。对此,如何来辨别不同的"材质"呢?众所周知,孔子洞察与研究其学生是通过"言"、"听"、"观"、"察"、"省"等一系列知人之法来进行准确全面的了解与科学合理区分的。如孔子知人之法首先是"言志",即孔子通过让学生"各言尔志"、"各言其志",[1] 以此来了解与观察学生志趣的不同。正如《论语·公冶长篇第五》中记载,颜渊、季路侍。子曰:"盍各言尔志?"子路曰:"愿车马衣裘与朋友共敝之而无憾。"颜渊曰:"愿无伐善,无施劳。"子路曰:"愿闻子之志。"子曰:"老者安之,朋友信之,少者怀之。"其次,孔子知人绝不停留在"言志"上,他还更注重观察一个人的言行举止。正如子曰:"始吾于人也,听其言而信其行;今吾于人也,听其言而观其行。"[2] 进而,孔子还通过观察一个人结交什么样的朋友,为达到某一目的采取了什么方式方法,了解一个人的心情,他安于什么,不安于什么。从这些诸多方面来观察一个人,这个人怎么能隐藏得住呢?正如子曰:"视其所以,观其所由,察其所安。人焉廋哉?人焉廋哉?"[3] 正是因为孔子拥有了一套通过"言"、"听"、"观"、"察"、"省"等知人之法,由此,孔子就对其弟子都有了全面而深入的了解,如季康子向孔子问仲由、端木赐、冉求三人可使从政也欤?子曰:"由也果……赐也达……求也艺,于从政乎何有?"[4] 可见,孔子对他们的评价是,仲由果敢决断,端木赐通情达理,冉求多才多艺,让他们治理政事有什么困难呢?

---

[1] 陈成国点校:《四书五经·论语·先进》,岳麓书社,2002年。
[2] 《论语·公冶长篇第五》。
[3] 《论语·为政篇第二》。
[4] 《论语·雍也篇第六》。

第四章 儒家育人观

正因如此,孔子通过对每一位学生不同特点的分析,就能准确地把握每一位学生的性格特征、才能特点等,进而,在对弟子们的这些特性有了充分了解的前提下,孔子就对不同的学生采用不同的教学方法以及不同的教学内容,有的放矢,从而使每一位受教育者都能够获得最佳的教育效果。例如,即便是针对同一个问题,孔子针对不同学生的特点就给出了不同的回答,如在《论语·颜渊篇第十二》中记载,樊迟、司马牛、仲弓和颜渊等均向孔子问"仁",显然,对于这同样的一个问题,孔子是如何回答的呢?

樊迟问仁。子曰:"爱人"。

司马牛问仁。子曰:"仁者,其言也讱。"

仲弓问仁。子曰:"出门如见大宾,使民如承大祭。己所不欲,勿施于人。在邦无怨,在家无怨。"

颜渊问仁。子曰:"克己复礼为仁。一日克己复礼,天下归仁焉。为仁由己,而由人乎哉?"颜渊曰:"请问其目。"子曰:"非礼勿视,非礼勿听,非礼勿言,非礼勿动。"

为什么同样的问题,孔子却给出了四种不同的回答呢?显然,在这里,孔子就是针对了四个人的不同"材质"特征而给予了相适应的教育,即因材施教。孔子认为,樊迟的资质较鲁钝,所以对他就只讲"仁"的最基本概念——"爱人";孔子认为司马牛因"多言而躁",所以就告诫他,做一个仁人就是要说话谨慎,不要急于表态;孔子认为仲弓待人不够谦恭,不能体谅别人,所以就教育他忠恕之道,要能将心比心推己及人,即"己所不欲,勿施于人";而颜渊是孔门第一大弟子,已有很高的德行,所以孔子就用"仁"的最高标准来要求他——视、听、言、行,一举一动都要合乎礼的规范。可见,孔子是根据每个学生的基本特点和造诣的不同,对同一问题却作出了四种深浅不同的回答,显然,这既切合了每一个学生的思想实际,有的放矢,却又都符合"仁"的基本内涵,更充分地体现了孔子"教也者,长善而救其失者"的教育特点。

总之,综观整部《论语》,我们发现类似的这些因材施教的例子还有很多,如不同的人"问仁"、"问礼"、"问孝"、"问政"、"问君子"等,孔子几乎都给出了不同的答案,显然,其标准都是依据受教育者的性格特征、才智高下和兴趣特长等客观的差异。

孟子继承与发展了孔子因材施教的方法,特别强调了教学方法要因"材"而变,孟子曰:"君子之所以教者五:有如时雨化之者,有成德者,有达财者,有答问者,有私淑艾者。此五者,君子之所以教也。"① 在这里,孟子就认为有五种不同的"材",相应地,教学方法也有五种不同的教"法","有时如雨化之者",即有的"材",只要像及时雨那样灌溉就可以了,这样的"材"就适宜采用"如时雨化之"的教育方法;"有成德者",即有的"材",只要完善完善其品德就可以了,这样的"材"就适宜采用"成德"的教育方法;"有达财者",即有的"材",只要培养培养其才能就可以了,这样的"材"就适宜采用"达财"的教育方法;"有答问者",即有的"材",只要解答解答疑问就可以了,这样的"材"就适宜采用"答问"的教育方法;"有私淑艾者",即有的"材",只要通过老师的风流余韵而私自效法的,这样的"材"应适宜采用"私淑艾"的教育方法。无疑,实践中的"材"肯定不止这五种,教育的方法必定也不会只有这五种,但由此却可看出,孟子是极力主张"教亦多术"的观点,强调了教学方法要应"材"而变,教师要"知其善恶",以善补恶,"长善救失",才能做到因材施教。

此后,因材施教的方法得到了众多学者的继承与发扬,成为儒家教学的一大主要特色。如汉朝董仲舒、郑玄、徐干等也都极力主张"因材施教",董仲舒说:"善为师者,既美其道,有(又)慎其行……省其所为而成其所湛,故力不劳而身大成。"② 郑玄说:"各因其人之失而正之",③ "救其失者,多与易则抑之,寡与止则进之。"④ 徐干则认为:"使辞足以达其智慧之所至,事足以合其性情之所安,弗过其任而强牵制也","导人必因其性,治水必因其势,是以功无废而言无弃也。"⑤ 唐代孔颖达在教学方法上也十分重视因材施教法,他认为:"教人之法,当随其年才。若年长而聪明者则教以大事而多与之;若

---

① 《孟子·尽心章句上》。
② 《春秋繁露·玉杯》。
③ 《论语注》。
④ 《礼记·学记》。
⑤ 《中论·贵言》。

年幼而又顽钝者当教以小事又与之少。"① 宋代张载更是强调因材施教方法的重要，他说："教人至难，必尽人之才，乃不误人。"若教人"不尽材，不顾安，不由诚，皆是施之妄也。"② 明中叶王守仁更是强调教学应注重学生的年龄特征及其人才的资质不同，提出教育应"随人分限所及"而施教的思想。

总之，因材施教法就是强调教育者要根据学生的个性特点来发展受教育者的才能和专长，教育者要从辩证的角度处理好一般与个别的关系，教育要因人而异。换句话说，就是教育者要做到"教无定法"、"因人而施"，惟有如此，教育才能取得最佳的效果。

二、启发诱导教学：君子之教，喻也

儒家在教育方法上特别强调要重启发诱导而轻理论灌输，要注重思维训练，培养学生推理、演绎与归纳的思维能力，这就是启发诱导式教学法。孔子是我国首创启发诱导式教学法的教育家。③ 这一方法的核心就在于要诱导学生学会独立思考，培养独立学习的能力。儒家特别强调了要学思结合，正如子曰："学而不思则罔，思而不学则殆。"④ 儒家一方面认为学习非常重要，反对只是思而不学。孔子曰："吾尝终日不食，终夜不寝，以思，无益，不如学也。"孔子说他曾经整天不吃，整晚不睡，去想，没有益处，不如去学习。显然，不学只思是没有任何益处的，另一方面，儒家又强调只有学习而没有思考也是不行的，对于思考的重要性，子曰："君子有九思：视思明，听思聪，色思温，貌思恭，言思忠，事思敬，疑思问，忿思难，见得思义。"⑤ 由此，儒家主张"博学之，审问之，慎思之，明辨之，笃行之。"⑥

正是由于学思结合的重要性，因此，儒家就特别注重要在教学中引导学生去思考，那么，应如何来引导学生的积极思考呢？儒家认为启发诱导的关键就在于要把握启发诱导的时机。对此，孔子曰："不愤不启，不悱不发。举一隅

---

① 《礼记正义·学记》。
② 《语录抄》。
③ 匡亚明：《孔子评传》，南京大学出版社，1990年。
④ 《论语·为政篇第二》。
⑤ 《论语·季氏篇第十六》。
⑥ 《中庸·第二十章》。

不以三隅反，则不复也。"① 在这里孔子认为，如果学生对某一问题正在积极思考，急于解决而又尚未搞通时的矛盾心理状态，这就是"愤"；此时教师应对学生给予指导，以帮助学生开启思路，这就是"启"；如果学生对某一问题已经有了一段时间的思考，但尚未考虑成熟，处于想说又难以表达的一种矛盾心理状态，这就是"悱"；这时教师就应帮助学生明确思路，把握事物的本质属性，然后用比较准确的语言表达出来，这就是"发"。显然，孔子对育人中应如何去进行启发给出了明确的阐述，而且，孔子认为，如果一个人教给他东方，他却不能由此推知西、南、北三方，便不要再教他了，由此，也强调了被教育者要有举一反三能力的重要性。对此，朱熹在《四书集注》中曾有过精辟的解说："愤者，心求通而未得之意；悱者，口欲言而未能之貌。启，谓开其意，发，谓达其貌。"显然，这也是强调了老师要调动学生进入积极的思维状态，然后在学生"心求通而未得之意"或"口欲言而未能之貌"的时候才适时地加以启发、诱导，以帮助学生打开心扉，尤其是孔子强调了要让学生能够从一般性或普遍性的知识出发来推断或思考出一些个别的、特殊的结论，这也就是孔子特别强调的要"一以贯之"，对此在《论语》中孔子有两次提到：一次是，子曰："参乎！吾道一以贯之。"曾子曰："唯。"② 在这里，孔子说他讲的大道就是由一个基本的思想贯彻始终的。另一次是，子曰："赐也，女以予为多学而识之者与？"对曰："然，非与？"曰："非也，予一以贯之。"③ 在这里，孔子讲他对知识的学习不是由于学习得多了才一一记住的，而是用了一个根本的东西把它们贯彻始终的。由此可见，孔子对于学习中要注重"一以贯之"的重视，进而他要求学生也要善于举一反三，要"多闻"、"多见"、"由博返约"，要善于归纳，能从已知的个别或特殊的知识出发，概括出一般性或普遍性的结论，从而培养学生推理、演绎与归纳等独立的思维能力。也正是由于孔子特别注重了对学生进行启发诱导教学方法的运用，从而激发了学生不断追求学问的内在动力，显然，这也得到了孔子学生的高度认可。正如颜渊喟然叹曰："仰之弥高，钻之弥坚。瞻之在前，忽焉在后。夫子循循然善诱

---

① 《论语·述而篇第七》。
② 《论语·里仁篇第四》。
③ 《论语·卫灵公篇第十五》。

人，博我以文，约我以礼，欲罢不能。"①

同样，孟子也强调了对启发诱导式教学方法的运用，对此，孟子在答公孙丑问时就予以了阐述。公孙丑曰："道则高矣，美矣，宜若登天然，似不可及也；何不使彼为可几及而日孳孳也？"孟子曰："大匠不为拙工改废绳墨，羿不为拙射变其彀率。君子引而不发，跃如也。中道而立，能者从之。"② 在这里，孟子通过回答公孙丑的问题，表明了其对于教学思想与教学方法的主张是，教育者不能迁就学生才智的拙劣而降低教学要求，以至于在方法上不着眼于启发学生的思维，而只热衷于为学生囫囵吞枣提供条件。③ 显然，孟子认为，教育者要运用正确的教育方法，他应该像射者教人射箭一样，张满了弓，而不发箭，作出跃跃欲试的样子，即"引而不发，跃如也"。就是要求教师讲课时要引弓而不放矢，让学生踊跃自得，以此来激发学生的思考，以引导有能力的善于思考的学生跟随上来，显然，孟子是强调了教师要启发诱导学生自身独立的思考，教育者要在正确的道路之中站立着，要诱导那些有能力的善于思考的学生跟上来。或许这样的学生才是孟子愿意去教育的对象，也是孟子眼中的英才，所以在孟子看来，能够对这样的学生进行教育乃是其人生一大乐事也，正如孟子曰："君子有三乐，而王天下不与存焉。父母俱存，兄弟无故，一乐也；仰不愧于天，俯不怍于人，二乐也；得天下英才而教育之，三乐也。"④

之后，儒家著作《礼记·学记》对启发诱导式教学进一步作出了更精辟的概括："君子之教，喻也。道而弗牵，强而弗抑，开而弗达。道而弗牵则和，强而弗抑则易，开而弗达则思。和易以思，可谓善喻矣。"儒家认为优秀的教师就要善于运用启发诱导的方法来教育学生，君子的教化是要善于晓喻，让学生明白道理。即应引导学生，而不应去威逼他们；应劝勉学生要增强意志力，但并不抑制他们个性的发展；应启发学生，而不将结论和盘托出。引导而不威逼则师生关系就会融洽，劝勉而不严加管教则学生就会觉得学习是件轻松愉快的事，适时启发而不将结论和盘托出则会激起学生用心思考。如果能够做

---

① 《论语·子罕篇第九》。
②④ 《孟子·尽心章句上》。
③ 蔡泽华：《孟子教育观评述》，《青海师专学报》2002年第3期，第1-8页。

到让师生关系融洽、学生学得轻松愉快并能激起学生用心思考,这样的老师就可称之为善于教书育人的教师了。在这里,启发诱导强调的是三个字:"道"、"强"、"开"。即"道"是要求教师在教学中要引导学生独立思考,给学生指引一条正确的思维路径,要引导他们进行分析、综合、找寻探求知识结论的方向;"强"是要求教师在教学过程中要善于劝勉与激励学生的自主性,从而激起其产生探求知识的内在的强烈愿望,自觉地把探索知识结论的思维活动坚持到底;"开"则是要求教师在教学过程中要善于点明问题,启发学生运用各种思维活动去分析问题与解决问题,促进思维能力的发展。①

三、探究教学:致知在格物,物格而后知至

探究思想的渊源应追溯到古希腊哲学家苏格拉底(公元前 469～前 404 年)的问答式教学法。探究教学是指在教师的引导下,使学生主动参与到发现问题、寻找答案的过程中,以培养学生探究兴趣和解决问题能力的一种教学活动。探究教学实质就是按照提出科学结论和检验科学结论的结构方式去揭示科学结论,即要把所提出的观念和所进行的实验告诉学生,要说明由此得到的资料,还要阐明把这些资料转化成科学知识的方法。② 然而,笔者则认为,早在儒家创始人孔子的教学活动中就应已开始注重运用了探究教学,或者至少当时已经具有了探究教学的雏形了。彼时,儒家就已经非常注重培养学生的探究兴趣与探究品质,主要表现在,教学中他们鼓励学生积极提问,教师要善于答问,同时也强调了教师要善于发问,进而引导学生自己去探究问题的答案,以培养学生的探究兴趣与探究品质,进而提升他们的独立分析问题与解决问题的能力。子曰:"不曰'如之何,如之何'者,吾末如之何也已矣。"③ 孔子就说,一个人自己不动脑筋去想"怎么办,怎么办"的,对这种人,我也不知道怎么办了。可见,孔子对受教育者是否能够自我思考"怎么办"进而去探究问题的答案是有多么的重视了。正如《礼记·学记》中记载:"善问者如攻

---

① 程斯辉、武家舫:《关于儒家培养创造性人才思想的思考》,《教学与管理》1999 年第 11 期,第 3-6 页。
② 朱文彬、赵淑文:《高等教育心理学》,首都师范大学出版社,2007 年。
③ 《论语·卫灵公篇第十五》。

坚木，先其易者，后其节目，及其久也，相说以解。不善问者反此。善待问者，如撞钟，叩之以小者则小鸣，叩之以大者则大鸣……不善答问者反此。此皆进学之道也。"显然，在这里，通过列举砍伐硬木与撞钟的例子来形容善于发问以及善于对待学生发问的教师，砍伐硬木先砍容易砍的地方，后砍关节的地方，经过时间的推移，关节便会迎刃而解，善于对待学生发问的教师，就如同撞钟一样，敲得轻些声响就小，敲得重些声响就大，一问一答，以尽义理。由此说明，教育者要善于采用问答式的教育法，引导学生独立思考，敢于提出问题，进而在教师的指导下，探究问题的解决之道。可见，实质上，这在一定程度上就是在说教师要善于运用探究教学方法。对此，《学记》中还进一步提醒教师，只有当学生没有能力提出问题的时候才可以直接讲给他听，要是讲解后学生还不大懂，就不必讲下去，留待以下因势利导，即所谓："力不能问，然后语之，语之而不知，虽舍之可也。"①

同样，孟子也认为，教育者要引导学生主动钻研，乐于独立思考与探究问题的答案，惟有如此才能取得好的教育效果。如何引导呢？首先孟子鼓励学生要敢于怀疑一切，不轻易迷信权威，他认为学生只有对某一问题产生疑问才会引发深入的思考，进而会客观地去探究事物的客观本质。正如孟子曰："尽信《书》，则不如无《书》。"② 即孟子认为，如果完全相信《书》，那还不如没有《书》。对要引导学生发问，朱熹甚至指出，如果学生没有疑问，做教师的要善于引导启发学生发问存疑，已产生了疑问的，教师则要帮助他们释疑，进而使之"无疑"。朱熹说："读书无疑者，须教有疑，有疑者却要无疑，到这里方是长进。"③ 对此，陆九渊也强调说："为学患无疑，疑则有进"，"小疑则小进，大疑则大进。"④ 可见，他们都认为，在教学过程中，引导学生敢于怀疑、善于发现问题，学生就会独立思考与积极探究，毋庸置疑，有了学生的独立思考与积极探究，才有可能会获得好的教育效果。因为，学习必须要经过个

---

① 程斯辉、武家舫：《关于儒家培养创造性人才思想的思考》，《教学与管理》1999年第11期，第3-6页。
② 《孟子·尽心章句下》。
③ 《学规类编》。
④ 《陆九渊集》。

| 儒家人才管理 |

人自己主动钻研、积极思考与探究,才能彻底领悟。正如孟子曰:"君子深造之以道,欲其自得之也。自得之,则居之安;居之安,则资之深;资之深,则取之左右逢其原,故君子欲其自得之也。"① 显然,孟子认为君子应依循正确的方法来得到高深的造诣,什么是正确的方法呢?在这里,孟子就认为正确的方法就是君子要自觉地有所得,也即要自我钻研,独立思考与积极探究。孟子进一步说:"求则得之,舍则失之,是求有益于得也,求在我者也。"② 显然,孟子在这里更明确地提出,追求探索便会得到,放弃就会失掉,探求有益于收获,是因为探求掌握在自己的手里。孟子还认为,只有通过学生自己钻研、自己探求所获得的知识才能真正成为自己的知识。因此,作为教育者就要善于引导学生自己去思考、去探究,只有通过学生自我努力钻研、自觉地去探究事物背后的基本原理,掌握其发展的客观规律,才能让学生获得真知。

对此,我们可以引用儒家思想中的一个重要的概念"格物致知"来对探究教学予以表述。儒家朱熹认为,"格物致知"就是要穷究事物的原理,从而获得知识。在这里,"格"就是推究、探究,"致"就是求得之意,"物"就是实际中客观存在的物象,是事物发展的客观规律,"知"就是知识、真理和真知等。显然,儒家认为,"物"是"知"的源泉,要想获得真知,就必须要"格物",也就是必须要对客观事物的发展规律进行深入的探究、准确的把握,如此才能获得真知。正如程颐提出:"格犹穷也,物犹理也。犹曰穷其理而已矣。穷其理,然后足以致之,不穷则不能致也。格物者适道之始,欲思格物,则固已近道矣。是何也?以收其心而不放也。"③ 朱熹则说:"格,至也。物,犹事也。穷至事物之理,欲其极处无不到也。"④ 而且,在朱熹看来,探究的对象"物"应是包括自然界事物、社会伦理道德以及人的身心性情三个方面的内容,即既包括外部的,也包括内在的事物;既有自然界的,也包含了伦理道德方面的事物。朱熹认为,"格物致知"就是通过对外部事物或是对内部心理思维的考察,通过在读书或是讲论中的求索,就可以把握"身心性情之德、

---

① 《孟子·离娄章句下》。
② 《孟子·尽心章句上》。
③ 《河南程氏遗书卷第二十五》。
④ 《大学章句》。

人伦日用之常以至天地鬼神之变、鸟兽草木之宜"中"所当然而不容己"与"所以然而不可易"的"理"。①

然而,王阳明则对"格物致知"说提出了与朱熹观点不同的看法,他反对向外求理,认为心外无物、心外无理、心外无事,"物"是主观意识活动的产物,由此,他把"物"界定为:一是指进入"视听言动"的对象,即人们活动所指向的客观事物进入人的意义世界的物,也就是"心中物",所以他认为"心外无物",而人是天地之心,灵明又是人之心,灵明则成了天地万物的主宰。正如王阳明说:"可知充塞天地中间,只有这个灵明。人只为这个形体自间隔了。我的灵明,便是天地鬼神的主宰。天没有我的灵明,谁去仰它高?地没有我的灵明,谁去俯它深?鬼神没有我的灵明,谁去辨它吉凶灾祥?天地鬼神万物都离却了我的灵明,便没有天地鬼神万物了。"② 二是指"意之所在"之事,即意识指导下的行为物。正如王阳明说:"指意之涉着处谓之物……意未有悬空的,必着事物。"③ 可见,阳明认为"意之所在即为物",于是,在王阳明看来,"格物"也就变成了"正心","正心"又要通过"诚意"来完成,而"诚意"的最终目标就是"至善"。由此,王阳明也把"格物"解释为"为善去恶",即通过"格物"来恢复心中的"良知",认为"人心是天渊",只是被私欲窒塞,而不能充塞流行,致良知,就是要扩充人的本然之心,除去蒙蔽良知的私欲心,使"心之良知更无障碍",彻天彻地,充塞流行。④ 在王阳明看来,"心即理"、"良知即是天理",由此,致良知的最终目的就在于"明明德",致良知的极致,便是要达到圣人的境界,因为,圣人之所以为圣人主要就在于其心之纯乎天理,而要纯乎天理,就必须要去除人欲之私,即致良知,由此可见,王阳明的致良知之功更是其成圣之道。

显然,朱熹与王阳明对"格物致知"的解释存在着一定的差异,在这里,本书对两者差异不作深入的探讨,但两者的共同点值得我们关注,即他们都认为,要想获得真知、良知,就必须要"格物",虽然他们对各自的"物"的界定存在着差异,但途径是一样的,就是取决于各人的"格",本书认为,其至

---

① 乐爱国:《朱子格物致知论研究》,岳麓书社,2010年。
②④ 王守仁、吴光等编校:《王阳明全集》,上海古籍出版社,1992年。
③ 《传习录》。

少包括了两层意义：一是态度方面，必须是每个人自觉地主动去钻研的态度，而不是依赖别人；二是行为方面，必须是每个人要深入地去"思考与探究"，准确地去把握那个"物"，以获得真知、良知。无疑，这一过程就是对真知或良知予以探究的过程，是否能够获得，这就取决于各人的"格"了，需要各人自我钻研、自我努力的探究。正如朱熹说："读书是自家读书，为学是自家为学，不干别人一成事，别人助自家不得。"① 对此，王阳明与朱熹的观点完全相同，王阳明也特别强调学习要独立思考、自求自得，反对盲从教师、迷信权威，王阳明说："君子之学，求以得之于其心。"② 他还说："夫学贵得之于心，求之于心而非也，虽其言之出于孔子，不敢以为是也，而况其未及孔子者乎！求之于心而是也，虽其言之出于庸常，不敢以为非也，而况其出于孔子者乎。"③ 可见，无论是朱熹还是王阳明，他们都认为学习应是学生出自于其内心，是通过学生自己思考与探究来获得知识，这样的学习才是有效的。由此，王阳明认为教师在教学过程中，就要善于引导学生"各得其心"，引导学生去独立思考、自我探究，对此，朱熹也认为教师在教学过程中应只是做一个"引路人"，朱熹说："指引者，师之功也"，"师友之功，但能示于始，而正之于终尔"。④

总之，从上述孔子、孟子、朱熹、王阳明等儒家代表人物都强调对教学过程中教师要善于引导学生独立思考与探究，教师只是在其中扮演一个"引路人"，学生只有经过独立的思考与探究才能获得真知、良知，即"致知在格物，物格而后知至"。⑤ 由此来看，他们在一定程度上就是强调在教学过程中要运用探究教学这一育人方法了。

四、激发内在学习动力：知学、好学、乐学

前文已经阐述了儒家强调在教学过程中，教师要引导学生独立思考与探究，惟有通过学生自我的努力钻研才能获得良好的学习效果。那么，教师如何

①④ 《朱子语类》。
② 《观德亭记》。
③ 《王文成公全书》。
⑤ 《礼记·大学》。

做才能让学生努力自我钻研呢？无疑，激发学生内在的学习动力是解决这一问题的关键，而学习兴趣显然又是提升学生内在学习动力的一条重要途径。正如子曰："知之者不如好之者，好之者不如乐之者。"① 前文已经阐述，好的学习应该是一个学习主体自觉探究的过程，由此，学习主体的学习态度无疑对这一探究的效果将会产生重要的影响。孔子就把这种对待学习的态度划分为"知学"、"好学"、"乐学"三种层次。首先，孔子特别强调了学习的重要性，因为孔子认为，虽然有"生而知之者"，但这种人是极少数的，孔子甚至说他都没有见过这种人。而大多数人都是"学而知之者"，② 孔子说他本人就是经过学习之后才知道的，正如孔子曰："吾尝终日不食，终夜不寝，以思，无益，不如学也。"③ 由此，他也希望人们要明了学习的重要性，要"知学"。其次，孔子还经常鼓励学生要勤奋好学，"知学不如好学"，好学之人对待学习更为看重，甚至远远超过了其对于物质享受的追求，正如子曰："君子食无求饱，居无求安，敏于事而慎于言，就有道而正焉，可谓好学也已。"④ 最后，孔子认为好学的最高境界就是乐学，以学为乐。孔子赞扬其学生颜回就是具有这种乐学精神的人，子曰："贤哉，回也！一箪食，一瓢饮，在陋巷，人不堪其忧，回也不改其乐。贤哉，回也！"⑤颜回身居陋巷，条件极其艰苦，别人都"不堪其忧"而颜回却"不改其乐"，由此可见，"乐学"的学习态度是一种什么样的境界了。

那么，在教学过程中，教师应如何来激发学生内在的学习动力，首先使学生要"知学"，进而，促使其"好学"甚至"乐学"呢？毋庸置疑，学习兴趣的激发需要依靠良好的师生关系的培育，学生的学习兴趣需要教师的正面引导。正如《学记》中记载："安其学而亲其师，乐其友而信其道"。由此，综观儒家经典，我们认为，儒家主要从以下几个方面来激发学生的学习兴趣：

一是注重"身教示范"，即通过教育者本人的示范，对学生起到熏陶和潜移默化的作用。儒家认为，身教比言教更为重要，即"身教重于言教"。对此，孔子曰："其身正，不令而行；其身不正，虽令不从"，"不能正其身，如

---

①⑤ 《论语·雍也篇第六》。
② 《论语·季氏篇第十六》。
③ 《论语·卫灵公篇第十五》。
④ 《论语·学而篇第一》。

正人何?"① 在对待学习的态度上,孔子自己就表现为极为"好学"与"乐学",以致五十岁了还开始去学《易》,司马迁对此进行了记载:"孔子晚喜《易》……读《易》,韦编三绝。"② 可见,孔子对《易经》的阅读是如何爱不释手的,以致串联书简的皮条多次磨断了。孔子读后也感慨曰:"加我数年,五十以学《易》,可以无大过矣。"当叶公向子路问及他的为人,子曰:"其为人也,发愤忘食,乐以忘忧,不知老之将至云尔。"③ 同样,孟子也是尤其注重其自身行为的示范影响,孟子曰:"吾未闻枉己而正人者也。"④ 孟子一生主要职业就是教学,反观孟子对待教育的态度就非常值得学生们学习,孟子曰:"君子有三乐,而王天下不与存焉。父母俱存,兄弟无故,一乐也;仰不愧于天,俯不怍于人,二乐也;得天下英才而教育之,三乐也。"⑤ 显然,孟子是将其所从事的教育职业看作为他人生的三大乐事之一,由此可见,孟子对待自己所从事的教育职业的态度"乐教"就充分表明了,一个人只有乐于去做一件事情才有可能把事情做得更好。

二是注重培养学生的远大志向、顽强毅力和克服困难的坚强意志,从而使学生有刻苦努力、勇于进取、探究的内在动力。如以孔子、孟子等为代表的教育家普遍重视"立志乐道"的教育,引导学生树立人生的远大理想和宏伟目标,以此促进学生"好学"、"乐学"。如孔子就喜欢通过让学生"盍各言尔志?"来鼓励与引导他们在"好学"、"乐学"中提高素质。同时,孔子要求学生要"志于道"、"志于仁",强调做人应以"求仁"、"闻道"、"行道"为志,为此,孔子甚至曰:"朝闻道,夕死可矣。"⑥ 孟子则主张要"持志"、"养气",要求学生树立崇高的志向,坚定自己的思想意志,认为人有了志向与追求,就会有相应的"气",即精神状态。正如孟子曰:"夫志,气之帅也;气,体之充也。夫志至焉,气次焉;故曰:'持其志,无暴其气。'"⑦ 朱熹更是认

---

① 《论语·子路篇第十三》。
② 《史记·孔子世家》。
③ 《论语·述而篇第七》。
④ 《孟子·万章章句上》。
⑤ 《孟子·尽心章句上》。
⑥ 《论语·里仁篇第四》。
⑦ 《孟子·公孙丑章句上》。

为，树立明确高尚的志向是学习首先要解决的问题，他说："问为学功夫，以何为先？曰：亦不过如前所说，专在人自立志。"① 陆九渊也说："无志则不能学，不学则不知道。故所以致道在乎学，所以为学者在乎志"，"志大，坚强有力，沉着善思。"② 综上所述，可见在这些儒家先贤们的眼里，立志与学习有着紧密的关系，一个人只有有了远大的志向，他才可能会有坚持不懈、刚毅勇猛的精神，甚至会以废寝忘食、乐以忘忧的精神去钻研、去思考，进而就会由"知学"变得更加"好学"、"乐学"。因此，教师就要善于引导学生立志，正如王夫之说："善教人者，示以至善以亟正其志。"③

三是善于运用表扬与批评来激励学生，多表扬，少批评，这是教育的基本原则。孔子对待学生就主要是以正面表扬激励为主，他对学生的优点，对学生的每一点进步，都会不加掩饰地大加赞赏，说明孔子善于发现与抓住学生的每一个闪光点，而及时地给予恰当的表扬。据统计，《论语》中记载有孔子对学生的表扬共有 17 处，而记载对学生的批评只有 6 处，显然，说明孔子的教学主要是以正面表扬为主的，正因为孔子多表扬，善于创设愉悦的教学情境，从而孔子也成为"乐学"的积极倡导者。

第三节　儒家育人实践及其应用

一、华为公司发展概况

1987 年华为技术有限公司在中国深圳正式注册成立，经过 30 年的拼搏奋斗，其已经发展成为全球架构的国际化企业，并已成为全球领先的信息与通信解决方案供应商。在中国本土企业自主创新和全球化运营等方面，华为被认为是最佳典范。

---

① 《性理精义》。
② 《陆九渊集》。
③ 《张子正蒙注》。

(一) 华为公司发展历程

1987年华为创立于深圳,成为一家生产用户交换机(PBX)的香港公司的销售代理。之后两年,华为开始自主开发PBX。20世纪90年代,华为针对酒店与小企业的PBX技术进行自主研发并进行商用。1992年,华为对农村数字交换解决方案进行研发并最终推出农村数字交换解决方案。又过了将近两年,华为推出C&C08数字程控交换机。1995年,华为知识产权部、北京研发中心成立,并于2003年通过了CMM4级认证。1996年,华为推出综合业务接入网和光网络SDH设备,同时,上海研发中心成立,并于2004年通过了CMM5级认证。1997年,推出无线GSM解决方案,并于1998年将市场拓展到了中国主要城市。1998年,获得了产品数字微蜂窝服务器控制交换机的专利,同年,南京研发中心成立,并于2003年6月通过了CMM4级认证。1996年,推出综合业务接入网和光网络SDH设备,同年,成立上海研发中心,并于2004年通过了CMM5级认证。

与此同时,自20世纪90年代后期开始,华为开始实施欧美市场战略,1999年,于印度设立班加罗尔研发中心;2000年,于瑞典首都斯德哥尔摩设立研发中心;同年,美国硅谷和达拉斯研发中心也设立成功。2001年,于美国设立4个研发中心,同时,加入国际电信联盟(ITU)。之后一年,华为UL的TL9000质量管理系统认证通过。2003年,华为与3Com建立合作伙伴关系,并开始致力于企业数据网络解决方案的研究。2004年,与西门子建立合作伙伴关系,并开始研究针对中国市场的TD-SCDMA移动通信技术研究。2005年,华为通过签署《全球框架协议》,正式成为沃达丰优选通信设备供应商。2006年,华为出售H3C公司将近一半的股份,并在上海与摩托罗拉合作成立联合研发中心,致力于UMTS技术的开发。同年,华为于香港ITU展推出基于All IP网络的FMC解决方案。2007年,为致力于存储和安全产品与解决方案的开发,与赛门铁克合作成立合资公司;为进行海缆端到端网络解决方案的提出,与Global Marine合作成立合资公司。2008年,华为首次在北美大规模商用UMTS/HSPA网络,同年,为加拿大两大运营商Telus和Bell建设下一代无线网络。2009年,华为率先发布了从路由器到传输系统的端到端100G解决方案。2010年,华为成为仅次于爱立信的全球第二大通信设备制造商,全球部署超过80多个SingleRAN商用网络,并与中国工业和信息化部签署节能自愿协议,同年,加入联合国世界宽带委员会;同年9月,中国电信首批推出天翼千元3G智能手机华为C8500,在百日内的零售销量突破100万台,创下"百日过百万"的佳绩;至2010年底,华为制造的天翼终端产品已经成为推动CDMA产业链发展的重要动力之一。2011年,华为收购华赛49%的股权,并推出华为Vision远见手机。2012年,华为Ascend P1 S发布,成为当时最薄智能手机。2012年7月30日,华为Emotion UI系统在北京正式发布,实现了华为可分享自主独特的应用的目的。2013年,华为三大主要板块业务结构形成,包括通信网络设备(运营商)、企业网和消费电子,其中,消费电子业务发展迅速,华为手机销量已跃升至全球第三位,仅次于苹果和三星。2014年,华为在全球9个国家建立5G创新研究中心,承建全球186个400G核心路由器商用网络,为全球客户建设480多个数据中心,全球研发中心总数达到16个,联合创新中心共28个,2月25日,华为于世界移动通信大会上推出了原子路由器(Atom Router),此为全球最小的运营级路由器。2015年以来,华为更是获得了快速的发展,华为LTE已进入140多个首都城市,成功部署400多张LTE商用网络和180多张EPC商用网络,智能手机发货量超1亿台,在全球智能手机市场移居全球前三,在中国市场份额位居首位。2016年,全国工商联发布"2016中国民营企业500强"榜单,华为以其2015年的3950.09亿元年营业收入成为500强榜首。这一年,华为智能手机销售量达到1.31亿台。2017年6月8日,《2016年BrandZ全球最具价值品牌面强榜》公布,华为排名上升20个位次,至第50位。

(二)业务领域

华为的业务领域主要聚焦于ICT基础设施领域,并始终坚持根据政府及公共事业、金融、能源、电力和交通等客户的相应需求进行持续创新,同时,重视合作伙伴关系长久维护,积极致力于为合作伙伴提供能够集成的ICT产品和解决方案,以促进企业通信、办公和生产系统等效率的提升以及为企业减少经营成本。

同时,全球战略是华为极其重要的发展战略之一,其始终坚持以消费者为中心,借助运营商、分销和电子商务等多种渠道,在全球市场上致力于提供具有持续竞争力的产品与服务。顾客作为企业重要的资产,华为始终坚持为消费者提供愉快消费体验的服务，同时，华为作为全球领先的电信解决方案供应商，始终围绕电信运营商不同的需求进行需求定制，终端生产，促进电信运营商业务的发展，以建立与运营商长久合作的伙伴关系。

另外，为构建健康完整的终端生态系统，华为致力于各种终端产品开发，并结合网络、云计算、未来个人和家庭融合解决方案进行研究，坚持"开放、合作与创新"理念，与各合作商建立长期良好合作伙伴关系，如操作系统厂家、芯片供应商和内容服务商等。拥有优秀员工和强大研发能力的华为，能够及时为满足顾客需求作出响应，并为其提供相应的产品和服务，提升顾客的消费体验。移动、宽带、IP、光网络、网络能源、电信增值业务和终端等领域都包括在华为产品和解决方案的范围内，同时，为实现通过终端客户能在任何时间和地点都能享受到一致的通信体验，华为致力于提供全 IP 融合解决方案，并进一步促进人们沟通和交流。到目前为止，华为已将产品和解决方案应用于全球 100 多个国家，服务全球运营商 50 强中的 45 家及全球 1/3 的人口。

（三）全球运营

华为通过不断发展，成为国内领先企业的同时，也在积极实施全球化经营的战略。21 世纪初，华为海外市场销售额高达 5.52 亿美元；到 2004 年，实现了销售额的进一步突破，首次进入西欧市场；之后，华为实现了海外合同销售额首次超过国内合同销售额的突破，并于 2005 年正式成为沃达丰优选通信设备供应商，同时华为也成为英国电信首选的 21 世纪网络供应商。2007 年，华为进一步成为欧洲所有顶级运营商的合作伙伴，并于 2009 年，同爱立信共同赢得全世界首个商用 LTE 网络合同，并成功交付，之后，华为持续领跑全球 LTE 的商用网络部署，并实现了 LTE 商用网络合同数居全球首位的目标。随着不断的发展，2013 年华为已经成功进入全球 100 多个首都城市，并覆盖九大金融中心，同年，华为一大半的收入都是来自海外市场，其已成为华为销售的主要来源。华为的全球化战略还在不断地加大，业务也在不断地扩大，其产品与解决方案在全球 170 多个国家和地区得到应用，并且在全球前 50 名的电信运营商中，就有 45 家使用的是华为的产品以及华为提供的服务。

华为紧紧围绕客户需求创新，为保持在 ICT 核心技术领域的领先地位，不仅加大了对基础科学技术和工程技术的创新投入；还将主流国际标准与产业紧密结合,加强与全球主流运营商密切合作,以促进ICT产业的不断发展。华为为顾客提供的信息和制定的一系列通信解决方案在全球都是领先的,同时,华为也擅长与一些公司和企业进行合作,如电信网络及终端以及在云计算领域,并且在这些领域中,华为都非常具有优势。华为始终坚持以客户为中心的原则,以客户的实际需求为基础,同时,华为借助其自身在三大领域的优势,可以更方便地为相应客户提供产品和解决方案,并进一步增加与华为合作的一些运营商的收益,以及降低他们的成本,提升其在带宽方面的竞争优势,使其更容易成功。

(四)经营业绩

起初,华为主要是香港通信设备公司的销售代理,20世纪90年代开始自主研发通信设备技术并进行相应业务发展;90年代初开始研发并推出农村数字交换解决方案;90年代中期年销售额达15亿元,且主要来源于中国农村市场。1997年推出无线GSM解决方案;90年代后期,华为将市场拓展到中国主要城市,销售额达到89亿元,此时,华为已经步入了国内通信设备的龙头企业的行列。首先,在产品方面,主要有交换、传输网络、无线和有线方面的固定接入的网络;其次,在数据通信网络方面也有涉足,并且华为还拥有自己的无线终端产品,所以可以说华为在产品方面涉及很广;最后,华为主要是做软硬件方面的供应和服务,还会提供一些相关的解决方案。随着不断的发展,华为的业务已经发展为三大业务领域,主要是从电信运营商网络向企业业务、消费者领域延伸。自2005年以后,华为发展更是快速,此时华为获得了在中国生产和销售手机的许可,其在智能手机方面的业务后来居上,发展快速;2006年华为突破了1亿的移动软交换用户数,并且达到全球第一的移动软交换出货量;2008年华为在移动设备市场领域排名全球第三;2009年实现跻身全球第二的无线接入市场份额目标。2010年更是华为更具突破性的一年,华为C8500手机在百日内达到突破100万台的零售销量,至2010年底,华为制造的天翼手机发货已超过2000万部,其成为全球第二大通信设备制造商,并且首次入围美国《财富》杂志世界500强,华为是继联想集团之后,成为闯入世界500强的第二家中国民营科技企业,同时也是500强中唯一一家未上市的公司。之后,华为进一步推出了荣耀手机和华为远见手机,到2011年,华为智能手机销售量达到 2000 万部；巴塞罗那 2012 年 WMC2012 展会上华为又发布了第一款搭载自研的四核心移动中央处理器 K3V2 的手机，并成为国内第一家推出自研手机移动中央处理器的手机厂商；同年，华为整合自身产品，进行了一次探索研发独立操作系统的勇敢尝试，即正式发布 Emotion UI 系统。2013 年，华为再一次在智能手机业务上获得历史性突破，进入全球 TOP3，并且，在《财富》世界 500 强排行中，华为全球排名第 315 位，相比上年上升 36 位。根据华为发布的年度财报，2013 年其全球销售收入达 2390 亿元人民币，实现净利润 210 亿元；2014 年全球销售收入达 2882 亿元人民币，实现净利润 279 亿元；2015 年全球销售收入达 3950 亿元人民币，实现净利润 369 亿元；2016 年全球销售收入更是达 5216 亿元人民币，实现净利润 371 亿元。可见，从公司发布的财务数据来看，近年来公司确实是实现了快速的发展与增长，其中销售收入年复合增长率达到 24%，营业利润年复合增长率也达 23%，而经营活动现金流年复合增长率则达到 18%。

作为民营企业的华为，在公司治理的结构方面，已比较规范和透明化，同时，华为也已经成为一个具有全球化的国际公司。纵观华为的发展史，在近 30 年的时间里，华为已从单一的电信设备制造商转变为覆盖固定网络、无线网络、移动终端和数据处理的全面信息、解决方案提供者，其俨然成为中国制造业国际竞争力提升的缩影。到现在，华为已经拥有来自 6 大洲 156 个国家的员工，产品服务覆盖 150 个国家和地区，同时设立了 16 个研发中心分布在印度、瑞典、俄罗斯、美国及中国，使其真正走上了国际化的道路。另外，华为向世界上最大的 40 家电讯公司中的 35 家提供设备和服务支持，已占据了 1/3 的中国电信设备市场；在发展中国家电信设备市场中，华为的市场占有率也保持领先。尤其是 2016 年，华为在全球达到了 5216 亿元人民币的销售收入，保持实现了 24% 的年复合增长率。2013 年华为研发投入就达到了 330 亿元人民币，并且近年来公司始终保持着每年超过销售收入 10% 的研发投入，2016 年华为研发投入更是达到了 763.9 亿元人民币，显然，这也是华为在全球范围内持续保持着一定竞争优势的基础。根据世界知识产权组织 2015 年公布的数据，在企业专利申请排名方面，华为位居榜首，这是华为连续两年居于榜首。华为 LTE 已进入 140 多个首都城市，成功部署 400 多张 LTE 商用网络和 180 多张

EPC 商用网络。在光传送领域，华为也取得了突破性的成就，如华为与英国电信合作完成业界最高速率 3Tbps 光传输现网测试。另外，智能手机作为华为重要的业务领域，近年来发展尤其迅猛，其不仅在中国市场上市场份额位居首位，而且在全球智能手机市场份额中也稳居第三，并且随着不断的突破和发展，华为有可能将会实现进一步的突破。正如 2017 年 10 月 17 日消息，美国科技咨询公司 IDC 的分析师 Francisco Jeronimo 接受采访时就表示，华为公司在今年或者明年将超越苹果，成为手机行业的第二名。

二、华为育人概述

华为的成功可以有多种解释，有人认为是因为华为恰好进入了技术进步最快的信息产业，有人认为是因为华为赶上了中国通信设备整体性更新改造的机会，有人认为"时间管理"是其成功的重要法宝，还有人认为根本性的是其建立了强势的企业文化，事实上，这些解释都是合理的，但一个企业能够十几年如一日地持续发展，其中必与其人才培育战略有着密切的关系。

（一）华为的人力资源培训

信息通信技术行业对企业的技术水平、创新能力等都具有很高的要求，而这些行业竞争优势的获得无不与人才有关。华为作为一家发展快速的信息通信技术公司，一直非常重视企业人才的培养。人才可以来自外部劳动力市场，也可以通过内部培训获得，然而，从目前来看，我国外部劳动力市场发展还不成熟，企业难以完全依靠外部劳动力市场对人才的输入，因此，加强对企业自身人才的培养就显得异常的重要。对于技术行业来说，企业非常需要创新活力。华为公司员工大多数是年轻的本硕博士生，首先，对于刚毕业的大学生来说，虽然具备较丰富的理论知识储备，但是实践经验缺乏。其次，对于具有一定资历的老员工来说，其具有较丰富的实践经验，但是，在日新月异的技术行业，产品更新周期不断缩短，市场环境瞬息万变，因此，老员工要继续保持创新活力，就必须不断地学习，因此，华为为相应的员工培训制定了全面的制度，企业只有对员工进行持续不断的培训，才能促使员工与最先进的理念、技术和信息等保持最紧密的联系。在培训内容方面，首先，对于新员工，华为每年都会安排为期半个月的企业文化培训。其次，华为在培训的内容上非常注重德与能的双重培育。一方面，为促进新员工快速掌握相应的工作技能，华为会为每个员工配备导师，导师就负责对员工工作知识和技能的培训；企业还会安排专门的资深专家与新员工进行互动交流，不仅促进了新老员工之间的工作和学习交流，还能帮助新员工尽快融入新的环境。另一方面，华为非常重视员工的为人之道，小到个人如何为人做事，大到爱祖国、爱人民；而且员工作为企业的一部分，还要学会爱同事、爱公司、爱事业、爱他人。再次，员工的德还体现在日常生活的点点滴滴中，因此，华为还认为员工要爱生活以及更要懂得爱父母，通过培训，华为通过以流程制度等方式的规范引导，让每位员工深深牢记公司文化，并进一步提升企业团队的独特魅力。最后，华为"集体奋斗，团结合作"的企业精神培育。华为深切认识到，要充分发挥群体合力的巨大作用，就必须建立和谐的企业人际关系，培育具有合作、包容和集体意识的华为团队，因此，华为在人才培养过程中非常重视员工协作意识、合作意识的培育。华为要求员工学会在合作中加强交流与沟通，懂得尊重团队成员以及在合作中，不仅要扮演好领导的角色，也要扮演好被别人领导的角色；同时，在团队中，要学会互助互爱，拥有共享精神等，例如，在华为，当员工通过电子流提出客户接待需求申请时，各个相关部门会进行积极的配合，在华为，"集体奋斗，团结合作"的企业精神已经成为了华为企业文化之魂。

（二）以奋斗者为本的华为文化体系

"资源是会枯竭的，唯有文化才会生生不息。一切工业产品都是人类智慧创造的。华为没有可以依存的自然资源，唯有在人的头脑中挖掘出大油田、大森林、大煤矿……"是华为创始人任正非语录中非常著名的一句，他写了很多文章，每一篇都是伴随着华为成长的转折点或者困境，关于持续奋斗，关于"以客户为中心以及以奋斗者为本"的核心价值观的不断阐述，其中"以奋斗者为本"基本作为华为公司人力资源管理的纲要，而且，近30年来，华为的奋斗文化已经渗透到企业管理的方方面面，如"垫子文化"到"奋斗者，不喝咖啡"等，所以想要全面了解华为的人才培育战略，就必须对华为的"奋斗者文化"有更加深入的认识。①

---

① 黄卫伟：《以奋斗者为本——华为公司人力资源管理纲要》，中信出版社，2014年。

华为"奋斗者文化"的核心就是"以奋斗者为本",主要体现在两个方面:一是价值评定和利益分配方面。华为推行"工者有其股"的虚拟股权制度,任正非只占其中 1.42% 的股份,剩余股份都由 7 万多名员工持有,该股权制度促使华为团队形成利益共同体,将"为企业而战"和"为自己而战"高度融合统一,真正实现了企业与员工目标的统一和融合,并且激发了推进企业发展的内在动能的核变效应,同时,该股权制度也充分体现奋斗者的贡献度,使具有奋斗精神、勇于承担责任、冲锋在前并做出贡献的奋斗者的作用最大限度发挥具有积极的促进作用。二是人力资源管理方面。华为认为工龄、年龄、学历、职称等都可能是造成企业人力资源管理惰性的因素,因此始终坚持将"责任与贡献"作为衡量奋斗者的标尺,并严格执行"多劳多得"的分配原则;同时,在团队活力长期性方面,华为通过内部人力资源变革,如 1996 年"市场部大辞职"和 2007 年"7000 人辞职门",进一步打破了当时的人力资源格局,并实施了按照"责任与贡献"进行人力资源配置的举措。通过内部人力资源变革,华为有效遏制了组织长期运作带来的"肌体疲劳症",再次激发团队的奋斗活力。华为坚持不上市的缘由之一就在于对上市易造成员工因财富增长过高而丧失了斗志的担忧,以确保企业员工始终保持奋斗本色和保持团队的"精气神"。并以核心价值观为纽带将企业价值与员工价值有机统一,形成共同的努力方向与奋斗目标。

1. 华为的价值评定和利益分配

华为的价值评定。在华为看来,员工的忠诚应该是用流程来固化,通过"先付出后得到"来让奋斗者保持持续奋斗,而不是由于公司提供的报酬高而获得暂时的热爱。因此,华为通过不断的人力资源的变革来耗散掉"热爱",也耗散掉因收入太高而带来的懒惰和不作为之风。通过相对激进的变革,引入"负熵流",以冲减"熵增",从而改变组织的无序状态,重构组织活力。华为历史上有几次重大的人事变革。1996 年实施集体大辞职,重新竞聘上岗,力图将曾经为华为打下江山的"山大王"干部去掉,强调正规军的组织文化。2007 年,华为实施 7000 多人的大规模辞职,重新竞聘,与公司签订新合同,工号重新排序,此举废除了在公司内部有些封建主义的工号文化,激活了享受高额股权、高额奖金的沉淀层老员工,让后来者进入有机会的工作环境，并有了后来对爱立信等国际同行业公司的不断超越。2010年，华为内部签署奋斗者协议，通过员工自愿选择成为"目标责任制"员工，强调持续奋斗者文化。所有这些动作，无不是借助变革的工具，重整组织体系，打破山头主义，打破论资排辈，让更有使命感、危机感、饥饿感的人群成为公司的主导性力量。

华为每一次在人力资源上的调整都会引起业界的轩然大波，但其真实目的不在外部而在于内部，在于不断向某些干部员工的不想再持续奋斗的意识宣战。持续的人力资源改革，就是要挑选出那些有聚焦工作、聚焦目标、聚焦客户，具有敬业精神、奉献精神、责任心和使命感的并做出业绩贡献的奋斗者，鞭策那些安于现状、不思进取、躺在功劳簿上睡大觉的员工。

华为利益分配。文化得以持续，必须依靠制度的保障，并细化到企业管理的方方面面。任何一种文化的提出、构建、固化，必须符合相关者的需求和利益，才能真正服务于企业的可持续发展。华为是100%由员工持股的企业。公司通过工会实行员工持股计划，截至2014年12月31日，员工持股计划参与人数为82411人。员工持股计划将公司的长远发展和员工的个人贡献有机地结合在一起，形成了共同奋斗、分享机制。通过这种"利益均沾"的手段，将华为建成一个稳定、安全的公司，并实现持续成长。华为提倡，认真负责和管理有效的员工是华为最大的财富，"知识资本化"、"人力资本增值优先于财务资本增值"。任正非明确提出可以将华为的员工分为三类：第一类是普通劳动者；第二类是一般奋斗者；第三类是有成效的奋斗者。要将公司的剩余价值与有成效的奋斗者分享，因为他们才是华为事业的中坚力量。"以奋斗者为本"的文化可以传承的基础，就是"不让雷锋吃亏"，华为呼唤英雄，不让雷锋吃亏，本身就是创造让各路英雄脱颖而出的条件。2010年，华为与员工签署奋斗者协议，以此来区分享受普通权益的普通劳动者和享受高额奖金、分红、配股、晋升机会的奋斗者，找出华为成长的火车头和发动机。华为在报酬与待遇上，从不羞羞答答，而是坚定不移地向优秀员工倾斜，要给火车头加满油，并实打实地落实到若干考核细节中去。华为员工的收入构成主要包括三部分：工资、股权和年终奖，其中，工资所占收入的比例较小，而股权和年终奖则是根据员工所做的贡献、所承担的责任等而定。①

2. 华为的干部政策

首先,华为干部政策的重要性。华为坚决要把"夹心阶层"消灭掉,"夹心阶层"指的是那些既没有实践经验,又不理解华为企业文化,还要把他们安置在较高职位上的人员。"夹心阶层"的存在必然会造成不良文化,这种文化最后将导致公司失败。对他们,要下到基层去锻炼,成为自然领袖从而确立他们在华为的地位。华为不可能有永恒的高速度。每个人的素质、个人学习努力的程度、自我改造的能力差异都很大,怎么可能步调一致地推动公司所有员工同步前进呢?所以,华为认为不能懈怠,干部能上能下一定要成为永恒的制度,成为公司的优良传统。公司一定要铲除沉淀层,铲除落后层,铲除不负责任的人,一定要整饬吏治。对于一个不负责任而且在岗位上的人,一定要把他的正职撤掉,等到有新的正职来时,副职也不能让他干。对于长期在岗位上不负责的人,可以立即辞退。华为认为没有一个很好的干部队伍,一个企业注定会死亡。不能坐下来讨论干部队伍建设问题,应在战争中调整,不合适的就要下去,包括对所有的高级干部,都不会姑息养奸,大树底下并不好乘凉。整改干部队伍的目的是要公司活下去。要想活下去,只有让那些阻碍公司发展的人下去,或者说把那些不利于企业发展的作风彻底消灭,公司才能得以生存。华为的干部不是终身制,高级干部也要能上能下。任期届满,干部要通过自己的述职报告以及下一阶段的任职申请,接受组织与群众评议并重新讨论薪酬。长江后浪推前浪,没有新陈代谢就没有生命,必要的淘汰是需要的,江山代有才人出,要一代代去巩固。不能说每一个干部都能够在岗位上持续发展,老一代退下去是很正常的。所以华为建立了一个机制,意思是说你跟不上了,身体不行了,职位调整下去了,你的股票不会动。所以华为强调要加强新干部的提拔,特别是艰苦地区,新干部不提拔,商业模式就继续不下去了,以及如果不能形成一种有利于优秀人才成长的机制,高速前进的列车不能有上、有下,那么企业必将走在盛极必衰的路上。

---

① 杨杜、高蕊、关一:《让企业充满奋斗者:以奋斗者为本的华为文化体系研究》,《中国人力资源开发》2015年第12期,第94-96页。

| 儒家人才管理 |

其次,华为干部政策的要求。华为提倡能上能下,在实践活动的大浪淘沙中,要把确有作为的同志放在岗位上来,不管他的资历深浅;提倡把有希望的干部转入培训,以便能担负起更大的重任,并坚定不移地淘汰不称职者。同时,华为认为所有部门都要在快速发展中调整、巩固、充实、提高;所有的调整都要围绕做实。各部门一定要清理一些干部,从科以上干部开始。要把有强烈责任心、使命感,敢于负责,踏实努力,维护公司利益,善于团结同志的干部提上来。把得过且过,钻空子,不懂原则,不做实的干部撤下去。并要求严格确定流程责任制,充分调动中下层承担责任,在职权范围内正确及时决策;把不能承担责任,不敢承担责任的干部,调整到操作岗位上去;把明哲保身或技能不足的干部从管理岗位上换下来;要去除论资排辈,把责任心、能力、品德以及人际沟通能力、团队组织协调能力等作为选拔干部的导向。华为认为要保持公司的长治久安,就是要保持正确的干部淘汰机制,即不管你是高级干部还是创始人,都有可能被淘汰掉,公司不迁就任何人。华为提倡在努力者面前,每个人的机会是均等的,无论是谁,只要努力,都有可能得到公司的重视;但同时,也要承受得起委屈,成为"烧不死的鸟就是凤凰",这应是华为人对待委屈和挫折的态度,也是华为挑选干部的准则。命运是掌握在自己的手中的,一个没有一定承受能力的人,是难以成为一个合格的干部的,并且要深信,在华为,只要肯努力,即使被换下去了,也会再次获得重用。对于一个合格的华为干部,要以平常心对待适时的岗位调整,以大局为重,积极适应组织流程的调整和运作。

最后,华为干部考核。华为非常重视企业干部的培养,因此,对于干部的考核也有其独特的考核方法。华为对于不合格干部的考核采用末位淘汰的制度,并且强调,不合格干部在不同层级的末位淘汰率要达到10%,若是企业年度任务未按期完成,相应部门或团体的干部末位淘汰比例将会进行适当的提高,华为的末位淘汰制更多的是针对企业的行政管理者,而不是针对员工。华为认为通过末位淘汰制进行考核,可以促使企业实现人岗匹配,因此,华为强调要将不合格干部的清理和末位淘汰制等进行制度化和量化,将数据作为员工绩效考核的依据,最终将这些考核制度真正贯穿于企业的日常绩效管理工作过程中去。华为的末位淘汰制来自西点军校,其主要是用作激励和选拔领袖的目的。华为认为,优秀的员工要成为领导就需要更加严格的考核,而对于一般的员工,其并不一定会去当干部或领袖,就要为其设定较简单、明确的考核等;同时,华为强调选拔领袖是其采用 ABC 评价的目的,但是该评价不能为了选拔领袖而造成对全员的挤压;此外,华为的 360 度考核是在于为企业寻找奋斗者、贡献者,但是不能误解为企业是专门去寻找缺点,因此,华为强调针对不同考核性质要具有不同的考核目标。①

三、华为育人实践小结

几千年以来,对中国人影响最大的就是儒家文化,它是中华民族传统文化的核心。孟子说:人恒过,然后能改。华为鼓励降职的干部,要调整好心态、正确地反思,在新的工作岗位上重新振作,不要自暴自弃,也不要牢骚满腹。在什么地方跌倒,就在什么地方爬起来,以实际行动来证明自己。要承受得起委屈,"烧不死的鸟就是凤凰",这是华为人对待委屈和挫折的态度,也是挑选干部的准则。没有一定的承受能力,难以做大梁,华为的育人理念正是体现了孟子的思想。同时,华为还鼓励"清理"下来的干部不要患得患失,可以在基层岗位上创造新的成绩,并提供机会上升到能胜任的岗位。华为认为干部要以平常心面对变革导致的岗位调整,要以大局为重。组织定位好了,在流程运作良好后,要按流程的岗位条件来重新选择干部。无论任何部门,只要不能符合流程要求,就要改组,再来定位需要什么样的干部。

孟子主张的实践中育人观"故天将降大任于斯人也"。华为坚持"以客户为中心、以奋斗者为本"的文化价值观,认为不奋斗就没有出路,华为一定要前进,前进就要将那些不合适的干部调整到合适的岗位上。末位淘汰是从西点军校学来的,目的是用来挤压队伍,激活组织,鼓励先进,鞭策后进,形成选拔领袖的一种方式,正是反映了孟子所提出的"天将降大任于斯人也,必先苦其心志"的儒家育人思想。并且,华为认为基层员工不可能都去做领袖,因此要让他们在宽松的状态下工作,创造绩效,多些收益。华为实行 ABC 评

---

① 黄卫伟:《任正非:干部能上能下一定要成为永恒的制度》,《中外企业文化》2015 年第 8 期,第 19-21 页。

价的目的之一是选拔领袖,其认为不能为了选拔领袖而进行全员挤压,以及360度考核也是为了寻找贡献者,寻找奋斗者的,华为指出对基层员工的管理方法和对高层员工的管理方法一定要有区别,基层员工首先要各尽所能,按劳分配,多劳多得。

儒家思想提倡仁爱,儒家的仁学,就是爱人,这与华为育人文化中提倡团队协作精神有着相类似的地方。只有员工间互相以仁爱之心对待他人,团结互助,才能在组织内部形成强大的凝聚力,共同对抗竞争对手。孔子说:"中也者,天下之大本也;和也者,天下之达道也。致中和,人地位焉,万物育焉。"坚持"以人为本"的战略思想,凝聚员工。华为的企业文化建立在优秀的民族传统文化基础之上,兼具开放性及包容性,同时还黏合了员工团体合作的精神。在华为的企业文化中,员工要有责任心,自我批判的精神,善于合作,有群体奋斗的精神,因此在员工与员工之间、部门与部门之间在达成共识的基础上,相互提携与援助,以奋斗者为本,激励员工发挥特长并实现个人价值。

企业文化在华为是一个不可缺少的东西,华为的企业文化可以用这样的几个词语来概括:团结、奉献、学习、创新、获益与公平。华为的企业文化还有一个特点就是:做实,企业文化在华为不单单是口号,而且是实际的行动。儒家倡导积极入世,提倡以德治天下,以德服人,华为非常看重精神的作用,当然,制度的建立并不是企业管理的终点,通过制度体系的建立而改变人,实现企业价值观念的"代代相传"才是最终的目标;同时,华为要求员工"爱国家、爱家人",看似朴实的语言,实则与中国文化传统一脉相承。中国人崇尚精忠报国,背弃祖国一向被人所不耻。作为社会细胞的家庭,中国人也十分重视修身、齐家才能治国、平天下,家和万事兴这个道理。华为要求员工爱国、爱家,认为具备此素质的员工,必定是有高度责任感的人,这样的人,才会爱自己的企业,并愿意为之付出一切,因此,儒家的育人文化贯穿于华为的育人理念之中,更根植于华为的企业文化之中,并推动华为公司所有员工为共同目标上下齐心、不懈奋斗。

第五章　儒家用人观

如何用人？可以说是自古以来的历朝历代各类管理人员所面临的一个重要课题。在我国古代君主专制体系下，君主个人素质在国家治理中具有决定性的作用，但毋庸置疑其个人的能力及精力等都是有限度的，国家治理诸多事务是不可能依赖君王一个人的力量就能完成的，因此，如何让国家治理得当并实现"治国、平天下"这就必须要依赖大批的官僚臣仆来帮助君王实现这一宏伟目标。正如孔子曰："为政在人。"① 荀子曰："欲修政美俗，则莫若求其人。"② 显然，孔子认为为政的关键就在于如何获取人才、用好人才。由此，在我国古代长期的管理实践中，基于不同的人性论基础、不同的思维视角以及不同的管理目的等，传统各家学派提出了众多各具特色的用人思想与用人方法，形成了具有中国浓厚本土特色的用人哲学，而以孔子为代表的儒家先贤们对此也进行了大量的思考，形成了独特的、系统的儒家用人思想体系。

第一节

儒家用人概述

综观儒家经典可以发现，儒家经典中很早就有大量的关于如何用人的论述，如从先秦儒家开始一直到后来的宋明儒学甚至是今天的新儒学的数千年时

---

① 《中庸》。
② 《荀子·君道第十二》。

间里，对于如何用人儒家先贤们从众多不同的视角进行了广泛的探讨与论述，但从总体上讲，几千年来儒家对于用人方面的一些核心思想的表述基本是统一的。

一、儒家对用人价值的认识：政者莫大于官贤

儒家先贤们都普遍强调了用人的重要性，并对此进行了充分的论述。在儒家看来，推行仁政以实现天下大同是其追求的政治理想，这无疑首先取决于处于最高统治者地位的君王的德行修养，君王应不断地通过自我修养来实现其天下大同的政治目标，然而，仅仅依靠君王的自我修养是不够的，更重要的还是要君王通过用好人才来实现其治国理政以平天下的理想目标，显然，一个统治者如果不能很好地获取人才、用好人才，那么，其所追求的国家治理与天下大同的目标是不可能实现的。由此，儒家将用人放在了一个很高的而且尤其重要的地位，在孔子看来，是否能够任用合适的人才，一方面，它不仅能够有助于治国安邦，即统治者只有把合适的人才配置到合适的岗位上，他才能实现"垂拱而天下治"，① 对此，孔子列举了正反两方面的事实，来论证了统治者是否能够用好人才的重要性，如《论语·泰伯篇》中记载，舜有臣五人而天下治。武王曰："予有乱臣十人。"舜有五位贤臣，把这几位人才用好天下便太平了。武王也曾经说过，我就有十位能治理天下的臣子，由此，国家兴旺。可见，对于统治者而言，有了人才后是否能够用好人才是直接关系到国家能否得以治理，天下是否得以太平的关键所在。相反，殷朝三位仁人，或去或囚或杀，导致商纣灭亡。可见，统治者即便是有了优秀的人才，如果不用或者说是不能合理地任用，都将会导致国家衰弱甚至灭亡。因此，正如《礼记·表记》中强调"政者莫大于官贤"。另一方面，它还有助于安民教化。对此，《论语·颜渊第十二》中就有记载，子曰："举直错诸枉，能使枉者直。"也就是说，如果统治者善于任用正直、贤明的人，把他们放置在邪恶的人上面，就能够使邪恶的人正直，也可以说当贤明的人被君主任用，坏人或者是奸佞的小人就没有机会了，坏人就难以生存而选择离开，于是君主也就可以远离这些人

---

① 《尚书·武成》。

了。可见，用好人才有助于净化人才生存与发展的环境，会使得坏人或者奸佞小人越来越少甚至坏人也会慢慢变好。对此，正如子夏曰："富哉言乎！舜有天下，选于众，举皋陶，不仁者远矣。汤有天下，先于众，举伊尹，不仁者远矣。"同时，也只有任用好的人才，才会提高统治者（或管理者）的威信，民众才会服从，百姓也才会安宁与稳定。正如《论语·为政》篇中还记载，哀公问曰："何为则民服？"孔子对曰："举直错诸枉，则民服。举枉错诸直，则民不服。"孔子明确提出用人一定要将正直的人提拔出来，放在邪恶的人之上，百姓就服从了，如若是把邪恶的人提拔出来放在正直的人之上，百姓就不会服从了。

孟子更是将任用贤人看作君主是否能称王以及统一天下的必备条件之一，孟子曰："尊贤使能，俊杰在位，则天下之士皆悦，而愿立于其朝矣……如此，则无敌于天下。无敌于天下者，天吏也。然而不王者，未之有也。"① 孟子认为，如果朝廷尊重有道德有能力的人，让杰出的人才都有官位，那么，天下的士子都会由此高兴，进而天下的士子也就都愿意到这个朝廷里来做个一官半职了，于是，这样的君主便可得天下英才而用之，像这样，就必定可天下无敌了，天下无敌的人就叫作"天吏"，像这样而不能称王统一天下的，是从来不曾有过的。可见，在孟子看来，任用贤人对于一个君主（或统治者）实现其"治国、平天下"的政治理想来说是有多么重要了。

荀子也明确肯定了任用人才的重要性，他认为人才与其他任何资源相比，对于一个国家来说是极为重要的，也是最宝贵的。荀子曰："水火有气而无生，草木有生而无知，禽兽有知而无义；人有气、有生、有知，亦且有义，故最为天下贵也。"② 显然，在这里，说明荀子很早就认识到了人与其他资源、与其他动物的不同，并明确地指出，人是最为天下所贵重的东西，这与现代人力资源理论中的"人是最有价值的资源"；"要以人为中心，在鼓励人的积极性上下功夫"等观点不谋而合。进而，一个国君要想称王天下其关键就是要用人，而且要任用有才能的人。对此，荀子曰："彼持国者，必不可以独也；

---

① 《孟子·公孙丑章句上》。
② 《荀子·王制第九》。

然则强固荣辱在于取相矣。身能，相能，如是者王。身不能，知恐惧而求能者，如是者强。身不能，不知恐惧而求能者，安唯便僻左右亲比己者之用，如是者危削，綦之而亡。"[①] 荀子认为，对于那些管理一个国家的国君来说，治理国家单靠其一个人的力量是必定行不通的。国家是强大还是衰弱、是光荣还是耻辱关键就在于选取宰相了。如果国君自己有才能，宰相也有才能，像这样的国君就能称王天下。如果国君自己没有才能，但知道恐惧而去寻觅有才能的人并委以重任，像这样的国君也能强大。但如果自己既没有才能，又不懂得恐惧而去寻求有才能的人，只是任用那些善于阿谀奉承的宠臣、身边的侍从以及亲近依附自己的人，像这样的国君就会危险削弱，达到极点就会灭亡了。进而，荀子还说："急得其人，则身佚而国治，功大而名美，上可以王，下可以霸；不急得其人，而急得其势，则身劳而国乱，功废而名辱，社稷必危。故君人者，劳于索之，而休于使之。《书》曰：惟文王敬忌，一人以择。"[②] 可见，荀子认为能不能任用人才对一个国君而言是尤其重要的，甚至具有决定性的影响，一个国家是强大还是衰弱、光荣还是耻辱就取决于其如何用人了，有时即使是国君自己没有能力，但如果能够用对人、用好人同样可以使国家强大，正如荀子曰："是其人者也，大用之，则天下为一，诸侯为臣；小用之，则威行邻敌；纵不能用，使无去其疆域，则国终身无敌。"由此可见，荀子是将用人的重要性提高到了一个何等重要的地位。

二、儒家用人的标准：德才兼备、以德为先

儒家对人才任用的标准进行了充分的论述，儒家在人才任用标准上主要是坚持德才兼备、以德为先。无疑，在明确了"为政在人"这一基本的人才理念的前提下，人才任用是极为重要的。那么，紧接着的一个问题就是到底应该任用什么样的人呢？也可以说，人才任用的标准到底是什么呢？对此，儒家先贤们也进行了大量的阐述，但综述儒家对人才标准的论述，总体来看，普遍都强调了人才首先必须应是儒家意义上的道德君子，实际上，在儒家看来，德是

---

① 《荀子·王霸第十一》。
② 《荀子·君道第十二》。

第五章　儒家用人观

一种根本，比才更加重要。孔子就认为，人才首先就是要有德，正如孔子曰："骥不称其力，称其德也。"① 是说千里马之所以值得称赞，不是因为它的气力，而是称赞它的品德。由此也说明，儒家对于用人标准中的德与才的关系，似乎更加偏重于德了。其次是要有知识，"学而优则仕。"② 最后是要有能力。"行己有耻，使于四方，不辱君命，可谓士矣。"③ 诚然，孔子是认为人才首先要有德，但他同时也提出了才、能的重要性，因为，对于管理者而言仅仅只有道德还是不够的，他还必须要处理管理中的各项事务，这就要求其还必须要有处理这些事务的才能，如此才能担负起国家治理或辅佐统治者的重任。可见，在孔子看来，真正的人才应是"志于道，据于德，依于仁，游于艺"，④ 也就是说，孔子实际上是认为真正的人才应是德才兼备、以德为先的人。

为什么儒家在人才任用标准中对德的要求看得如此之重呢？孟子对此进行了很好的阐释，孟子认为，道德修养能够使人形成一种来自内部的自我控制功能，因此，具有良好道德修养的人就能够形成一个有效的自我控制体系，于是，他们在处理各种事务的时候就能很好地处理好公与私之间的关系，特别是在面临权力、金钱以及美色诱惑的时候就能够抵抗"糖衣炮弹"的袭击，由此做到以义制利、以民为本，从而就能够帮助统治者实现"治国、平天下"的政治理想。相反，如果是任用了一个没有道德修养或者是道德修养不高的人，他们就不能够形成有效的内部自我控制系统，由此，这种人在权力、金钱、美色等"糖衣炮弹"诱惑面前是缺乏抵抗力的，是没有免疫力的，于是，他们就很可能会以私害公，甚至做出各种伤天害理的事情来，进而危及国家治理的正常秩序。正如孟子曰："居天下之广居，立天下之正位，行天下之大道；得志，与民由之；不得志，独行其道。富贵不能淫，贫贱不能移，威武不能屈，此之谓大丈夫。"⑤ 可见，在孟子眼里真正的大丈夫应是有着极高道德修养的人，他用了"居天下之广居，立天下之正位，行天下之大道"来形容，

---

① 《论语·宪问》。
② 《论语·子张》。
③ 《论语·子路》。
④ 《论语·述而》。
⑤ 《孟子·滕文公下》。

"广居，仁也；正位，礼也；大道，义也。"① 即大丈夫要住在天下最宽广的住宅"仁"里，要站在天下最正确的位置"礼"上，要走在天下最光明的大路"义"上；得志的时候，能够偕同百姓循着大道前进，不得志的时候，也能独自坚持自己的原则，要做到不受外部各种金钱、美色、权力等诱惑的影响，坚持富贵不能乱我之心，贫贱不能变我之志，威武不能屈我之节。显然，这就需要拥有极强的自我控制能力，而这就取决于一个人是否具备较高的道德修养了，因此，人才任用中对于德的高要求确实具有重要的意义。

荀子则对儒家用人标准进一步进行了明确的阐述，他也特别强调了要坚持德才兼备的用人标准。荀子认为君主在任用人才时应该做到"仁"、"知"并举，正如荀子曰："为人主者莫不欲强而恶弱，欲安而恶危，欲荣而恶辱，是禹、桀之所同也。要此三欲，辟此三恶，果何道而便？曰：在慎取相，道莫径是矣。故知而不仁，不可；仁而不知，不可；既知且仁，是人主之宝也，而王霸之佐也。不急得，不知；得而不用，不仁。无其人而幸有其功，愚莫大焉。"在这里，荀子认为所有君主都有着希望实现强盛、安定与荣耀的三种愿望，而避免衰弱、危险与耻辱的三种情况发生，因此，荀子明确指出要实现这一目标最佳的途径就是在于用人了，没有什么其他办法能比这个更有效的了，即"在慎取相，道莫径是矣"。那要任用什么样的人为相才可以成就君主的一番伟业呢？荀子又指出，对于相的任用人选，只有智慧而没有仁德，是不行的；只有仁德而没有智慧，也是不行的；唯有既有智慧又有仁德的人，才是君主最宝贵的财富，才是成就君主霸业的助手。相反，如果没有任用那德才兼备的人来为相，而想取得那王霸之功，这种君主是愚蠢得不能再愚蠢了。显然，这就明确指出了唯有德才兼备的人才是符合儒家用人标准的人选。

三、儒家用人的目标：修己以安人、以人为本

儒家用人管理注重"修己以安人"，其最终目的在于"以人为本"。无疑，儒家用人也是为其管理终极目标服务的，因此，如果我们将儒家用人哲学与儒家哲学对于管理终极目标结合起来就可理解儒家用人的最终目的，而儒家管理

---

① 《四书章句集注》。

的终极目标显然是与西方管理理论不一样的,甚至与我国古代其他学派如法家所追求的终极价值目的也是不一样的,西方管理学背后其追求的终极价值目的就是组织效益最大化,而对于法家来说,其管理的终极价值目的就在于实现国家的称霸,至于普通民众过得幸福不幸福,法家对此考虑并不多。而儒家则完全不同,其追求的管理最终价值目标则是在于"安人",也就是"以人为本"。① 这也与康德提出的"人是目的"观点相通,康德的"人是目的"就是主张要把人当人看,而不是当作手段。"以人为本"是指管理者追求的不仅仅是要通过有效的管理来创造尽可能多的物质财富,他还要追求如何帮助人来达成其道德属性,由此可知,儒家倡导的教化不是为了工具理性,而是为了抽象理想最高之境的价值理性,② 所以,梁漱溟认为"孔子的生活态度里最重视一个'乐'字,乐的态度在人的心境里是安和自在"。③ 正如孔子曰:"君子坦荡荡,小人长戚戚。"④ "知者不惑,仁者不忧,勇者不惧。"⑤ 可见,孔子认为只有有仁德的人才能过上真正快乐幸福的生活,由此,这就决定了儒家管理的终极目标就是不断地去追求帮助别人来完成道德上的善,即帮助人来达成其道德属性,进而追求人人都能过上幸福快乐的生活。

那如何来达成人的道德属性呢？在儒家看来,人的道德属性的完成离不开国家治理中有效的道德教化和选贤任能。教化直接有助于培养人的道德属性,而有效的选贤任能也在一定程度上有助于这一目标的完成。⑥ 显然,儒家育人就是强调对人的教化,这直接有助于培养人的道德属性。而在这里,如何选贤任能即用人也有助于帮助达成人的道德属性,最终使人过上幸福快乐的生活。从这一角度来看,这实质上是强调了儒家用人的最终目的也是在于"以人为本"。正如《大学》中所说:"大学之道,在明明德,在亲民,在止于至善。""古之欲明明德于天下者,先治其国；欲治其国者,先齐其家；欲齐其家者,

---

① ⑥ 巩见刚：《传统儒家用人哲学及其当代借鉴》,《中国井冈山干部学院学报》2014 年第 7 期,第 94-100 页。

② 刘文勇：《儒家文学教化说与价值理性》,《西南师范大学学报》(人文社会科学版) 2005 年第 5 期。

③ 梁漱溟：《梁漱溟先生讲孔孟》,上海三联书店,2008 年。

④ 《论语·述而篇第七》。

⑤ 《论语·子罕篇第九》。

先修其身；欲修其身者，先正其心；欲正其心者，先诚其意；欲诚其意者，先致其知，致知在格物。物格而后知至，知至而后意诚，意诚而后心正，心正而后身修，身修而后家齐，家齐而后国治，国治而后天下平。"① 可见，儒家把人生修养和作为依次划分为"格物、致知、诚意、正心、修身、齐家、治国、平天下"。其中，"格物、致知、诚意、正心、修身"是管理者的"内圣"功夫，通过自我修炼以使自己达到仁义的道德境界；"齐家、治国、平天下"则是管理者的"外王"目标，是"推己及人"、"以德服人"的管理效果。显然，在儒家看来，"齐家、治国、平天下"就是要追求实现"众生平等的和谐家庭，和谐社会，天下太平的理想"，实际这也就是儒家所追求的管理终极目标，即一切最终还是为了"人"的幸福快乐——"以人为本"，而统治者（或管理者）要实现社会和谐、天下一统就必须要合理用人，从这一角度来说，合理用人是为了帮助统治者（或管理者）治国平天下，最终实现天下太平，可见，在儒家眼里，用人管理的最终目的也是在于"以人为本"，这需要管理者做到"修己以安人"，因为合理用人的要求就是要善于"安人"，而"安人"的目的就是赢得人心，正如孔子曰："君子敬而无失，与人恭而有礼。四海之内，皆兄弟也——君子何患乎无兄弟也？"② 显然，管理者只有赢得人心，才能够得到下级的拥护，才能使上下级关系和谐，并朝着共同目标而努力。而"安人"的关键及途径就是统治者（或管理者）要"修己"，这实际上就是上面所讲的"格物、致知、诚意、正心、修身"，通过这一"修己"过程使统治者（或管理者）不断提升自身道德修养水平，达到儒家所要求的"礼"的规范要求，才可以"安人"。因为，有仁德的人，自己想成功会首先使别人也能成功，自己想被人理解首先会理解别人；有仁德的人，如果自己不想要的结果或精神不情愿被这样对待，就不会将这种不想要的结果或精神不情愿的对待强加给别人。正如孔子曰："夫仁者，己欲立而立人，己欲达而达人。"③ "己所不欲，勿施于人。"④ 所以，有仁德的人就可以"安人"，由此，儒家认为君子

---

① 《礼记·大学》。
② 《论语·颜渊篇第十二》。
③ 《论语·雍也篇第六》。
④ 《论语·卫灵公篇第十五》。

用人治国安邦应注重"修己以安人"。"安人"是儒家管理哲学中"施仁政、平天下"的精神内核,也是其管理终极目标"以人为本"的具体体现。对此,孔子也有更详细的阐述,孔子曰:"子路问君子。子曰:修己以敬。曰:如斯而已乎?曰:修己以安人。曰:如斯而已乎?曰:修己以安百姓。修己以安百姓,尧舜其犹病诸?"可见,孔子认为,修身是君子立身处世和管理政事的关键所在,如此才可以使上下左右都得到安乐,所以孔子强调修身,更重要的还是为了"治国平天下"。因为,在孔子看来,"修己"是管理的基础,"安人"才是管理的目标。由此,管理实质上就是要树立标杆,做事先做人,只有管理者自身先把人做好了,才可以"安人",才谈得上管理效果。由此,孔子曰:"苟正其身矣,于从政乎何有?不能正其身,如正人何?""其身正,不令而行;其身不正,虽令不从。"①

四、儒家用人的激励与约束机制:礼法合一

毫无疑问,根据儒家人才标准选出恰当的人,并将其配置到恰当的岗位上,这只是完成了用人的第一步,而更重要的是如何让人才真正地在这一岗位上发挥积极的作用,以帮助君主实现其治国平天下的政治理想,这是儒家用人更为关键的一环。然而,遗憾的是,在现实中,人们却又大多都不会自觉地表现出规范的行为,在人员任用中普遍存在着各种道德风险与逆向选择等机会主义行为,这些行为背后的原因则可以从儒家人性论观点中得到合理的解释,正如孔子曰:"天生德于予"、"求仁而得仁,又何怨?"、"仁远乎哉?我欲仁,斯仁至矣"。② 孟子继承了孔子人性论观点,也认为人的本质属性不是已成的,仍然还是待成的,即人是具有"仁、义、礼、智"四种善端,但现实中却并不必然人人都会表现为善,这还取决于其是否"修己"才能"向善"以成全自己存在的道德属性。荀子更是强调了人天生的生理本能与感官欲望,提出了"人性恶"的观点,但荀子同时也明确地提出人人都具有习得礼仪的素质,通过化性起伪人人都可以成就自己得到善性。由此可见,儒家人性论无论是性善论还

---

① 《论语·子路篇第十三》。
② 《论语·述而篇第七》。

是性恶论，有一点认识是基本一致的，就是人并不必然表现出善的道德属性，而人性的本质在于可塑性。显然，这与现实中如果没有相应的对人行为予以激励与约束的机制，人往往就会表现出较为普遍的机会主义行为现象是一致的。

由此，这就需要有一个对人的机会主义行为予以防范与治理的机制，以维护相应的社会等级秩序及其行为规范，无疑，通过对人的行为予以激励与约束，以引导与促使其行为日益符合行为规范是当时亟待解决的关键社会问题，也是儒家及其他各学派先贤们尤其关注的问题。那应如何来对人的行为予以激励与约束，以引导与促使其行为表现出规范性而达成"向善"的道德属性呢？儒家认为，这就需要"礼法合一"，即"推仁义而寓之于法"，要把儒家礼义道德法律化。正如《逊志斋集·深虑论》中所言要实现所谓"法行而仁义亦阴行其中"。① 众所周知，儒家始终追求的终极目的就是实现社会的和谐，社会的和谐是社会正常秩序得以维持的关键，由此，孔子总结了周代德治的成功经验，认为要实现社会的和谐，就必须要践行"仁者爱人"的思想，实行以德治国。对此，孔子曰："为政以德，譬如北辰居其所而众星共之。""道之以政，齐之以刑，民免而无耻；道之以德，齐之以礼，有耻且格。"② 孔子认为德治就好比是北斗星一样，众星拱之。用行政命令和刑法来治理国家，老百姓是被迫服从，而其内心根本不知道什么是廉耻，只有通过道德引导，以礼义去规范他，老百姓才会从心底里知道什么是廉耻，什么是真正的人格，什么该做，什么不该做，唯有如此，国家才能真正地治理好。同时，孔子认为"仁"又是德治的主要内容，"仁"不仅是处理人与人之间关系的最高道德标准，还是决定社会生活的普遍原则。对此，孔子不但明确界定了什么是"仁"，而且对实现"仁"的途径进行了充分的阐述。樊迟问仁，子曰："爱人。"孔子又说："克己复礼为仁。一日克己复礼，天下归仁焉。"③ 在这里，孔子明确提出实现"仁"的主要途径就是"克己复礼"，即要抑制自己，也可以说是要自我管理好自己，使自己言语行动都合乎"礼"，就是"仁"了。同时，孔子强调说："非礼勿视，非礼勿听，非礼勿言，非礼勿动。"即又从反面特别强调了

---

① 方孝孺：《逊志斋集》，宁波出版社，2000年。
② 《论语·为政篇第二》。
③ 《论语·颜渊篇第十二》。

不合乎"礼"的行为不允许出现。可见，在儒家看来，"礼"的制定可稳定社会秩序，礼仪更重要的意义就在于它所象征的一种秩序。由此，孔子及其弟子时代对"礼"尤其注重，孔子甚至说："不学礼，无以立。"①

"礼"起源于祭祀，祭祀必定是按照某一程序和仪式来举行的，于是这样就产生了"礼"的最初规范，或可称为礼制、礼仪。由于这些规范礼仪凝聚了同一氏族人们的崇敬与信仰，他们认为是否遵从"礼"，会关系到上天和祖先的喜怒，会关系到是否能够得到神灵的庇护，也会关系到生者的幸福和氏族的兴衰。因此，这些规范礼仪自产生以来就很容易地被严格遵守与沿袭下来。到西周成王、周公时代逐渐就形成了较为成熟的礼制，其核心就是建立社会秩序，即确立了血缘与等级之间的同一秩序，将划定血缘亲疏远近次第的"家"和确定身份等级上下的"国"重叠起来，"亲亲、尊尊、长长、男女之有别，人道之大者也"，②把这些原则放大到国家，就如《太史公自序》中所言："夫《春秋》，上明三王之道，下辨人事之纪，别嫌疑，明是非，定犹豫，善善恶恶，贤贤贱不肖，存亡国，继绝世，补弊起废，王道之大者也。"在这里，太史公说孔子作《春秋》的目的为了通过记录二百四十多年的春秋各国大事来宣扬与推行建立社会秩序的"礼制"，而这些"礼制"也就是王道的精髓。正如孔子曰："我欲载之空言，不如见之于行事之深切著明也。"由此，通过"礼"的产生、发展与演变逐步构成了中国宗法社会的基本伦理观念、组织结构和行为准则。③ 可见，"礼"自产生以来，其涵盖的内容随着社会的发展而不断扩大，祭祀礼仪与规范不再是"礼"的惟一规范，人们在长期的生活实践中逐步形成的风俗习惯也成为礼制产生的渊源，进而，"礼"不再仅仅是祭祀礼仪、日常礼节等行为规范，而逐渐发展演变成为一整套用以规范人们行为的政治法则与伦理规范，成为一种带有浓厚政治色彩的等级秩序及其维护神权统治的政治谋略和手段。

由于"礼"产生于祭祀，所以其最大的特点就是"敬"，正如《礼记》

---

① 《论语·季氏篇第十六》。
② 《礼记·丧服小记》。
③ 邵方：《儒家思想与礼制——兼议中国古代传统法律思想的礼法结合》，《中国法学》2004年第6期，第155-162页。

开篇则言"勿不敬"。由此,儒家认为社会秩序的核心就是"礼",其中荀子是儒学的集大成者,他对"礼"的起源及其作用的论述就较为精当,荀子曰:"人生而有欲;欲而不得,则不能无求;求而无度量分界,则不能不争;争则乱,乱则穷。先王恶其乱也,故制礼义以分之,以养人之欲,给人之求,使欲必不穷乎物,物必不屈于欲,两者相持而长。是礼之所起也。"可见,荀子认为,"礼"的产生是由于人生来就有欲望,如果想要什么而不能得到,就不能没有追求;如果一味追求而没有个标准限度,就不能不发生争夺;一发生争夺就会有祸乱,一有祸乱就会陷入困境。古代的圣王厌恶那祸乱,所以制定了礼义来确定人们的名分,以此来调养人们的欲望、满足人们的要求,使人们的欲望绝不会由于物资的原因而不得满足,物资绝不会因为人们的欲望而枯竭,使物资和欲望两者在互相制约中增长,这就是礼的起源。① 因此,荀子认为"礼"的产生及其制定是统治者为了抑制与调节人的欲望,是统治者维护社会秩序的一种制度。正如荀子曰:"故礼者,养也。"② "礼者,人之所履也。失所履,必颠蹶陷溺。所失微而其为乱大者,礼也。"③ 由此,荀子也主张应以"礼"治国,荀子曰:"国无礼则不正。礼之所以正国也,譬之,犹衡之于轻重也,犹绳墨之于曲直也,犹规矩之于方圆也,既错之而人莫之能诬也。"④ 荀子认为,国家如果没有礼制就不能治理好,而礼制之所以能够用来治国,打个比方,就好像秤能够用来分辨轻重,好像墨线能够用来分辨曲直,好像圆规、曲尺能够用来确定方圆一样,已经把它们设置好了,就没有任何人再能搞欺骗了。进而,荀子曰:"故人无礼不生,事无礼不成,国家无礼不宁。"⑤

综上所述,毫无疑问,儒家主要提倡"礼制",主张应以"礼"治国。但是,如果我们就此认为儒家不重视"法"或者是根本无视于"法"的存在,这实际上是对儒家治国与用人思想的一种误解,是不符合实际的。孔子曰:

---

① 张觉:《荀子译注》,上海古籍出版社,2012年。
② 《荀子·礼论第十九》。
③⑤ 《荀子·大略第二十七》。
④ 《荀子·王霸第十一》。

"道之以政,齐之以刑,民免而无耻;道之以德,齐之以礼,有耻且格。"① 在这里,孔子并不是一味地反对政令刑法,而是认为单靠政令刑法对民众的强制性管制,只会使其在短时间里服从,民众不会以犯罪为耻,长期来看,其日后就难免会再去犯罪了。因此,孔子其实是反对那些不道德、反人道的政令刑法,他认为好的法律应体现一种仁爱的精神,即法律应轻缓宽和、中正公平,还要必须起到维护孝道的作用。② 所以,在儒家看来,"法"必须要体现礼义所倡导的精神,一旦失去了礼义,"法"就失去了真正的价值,如果违背了礼义,"法"就有可能成为不祥之物。如孔子对当时株连九族这一非人道法律就极为反对,正如《论语·子路篇第十三》中记载,叶公语孔子曰:"吾党有直躬者,其父攘羊,而子证之。"孔子曰:"吾党之直者异于是:父为子隐,子为父隐——直在其中矣。"可见,孔子以此言拒叶公,认同"父为子隐,子为父隐"来对抗株连九族的非人道法律原则,而特别强调人与人之间的血缘亲情及其孝道价值相对法而言更具价值。因此,《汉律》中"亲亲得相首匿"这一规定实际上就是把孔子所提倡的"父为子隐,子为父隐"的道德主张法律化了;而《唐律》中有"父母在,别籍异财"的规定,又正是把孔子载于《礼记·坊记》中所言"父母在,不敢有其身,不敢私其财"的主张尽孝道的道德理念法律化了。对此,孟子继承与发扬了孔子的思想,明确提出法律与道德应相统一的观点,但法律必须要受到道德的制约,治国无疑需要法制,但当法律与人伦发生冲突时,孟子认为维护人伦更重要。正如其在《孟子·尽心章句上》中所记载,桃应问曰:"舜为天子,皋陶为士,瞽瞍杀人,则如之何?"孟子曰:"执之而已矣。""然则舜不禁与?"曰:"夫舜恶得而禁之?夫有所受之也。""然则舜如之何?"曰:"舜视弃天下犹弃敝蹝也。窃负而逃,遵海滨而处,终身䜣然,乐而忘天下。"

荀子曰:"《礼》者,法之大分、类之纲纪也。故学至乎《礼》而止矣,夫是之谓道德之极。"在这里,"大分"是指要领、总纲、根本的意思。"类"与"法"同义,与"法"相对使用时表示"法"的类属,即依规范类推出来

---

① 《论语·为政篇第二》。
② 邵方:《儒家思想与礼制——兼议中国古代传统法律思想的礼法结合》,《中国法学》2004年第6期,第155—162页。

的具体准则。"纲纪"也是指基本原则。可见，荀子是明确地提出"礼"就是"法"的根本，是"法"的指导原则，由此，在荀子看来，道德应成为法律的灵魂，法律应成为"道德法"，也就是荀子所说的"礼法"，正如其在《荀子·修身第二》中曰："故非礼，是无法也……故学也者，礼法也。"在这里，荀子首先明确指出不合乎"礼"的法律就不是真正的法律，言下之意是说，真正的法律就必须是一种能体现相应道德精神的法律，这种道德精神也就是"礼义"，由此，荀子创新性地提出了"礼法"这一概念，这也是荀子专门发明的一个新词，以表达其对于"礼"的属性的高度把握及其将"礼"融入于"法"的高度重视，荀子将"礼"作了"法"的解释，主张要在立法上体现"礼"的精神、要在司法上维护"礼"的价值。可见，荀子的"礼法"概念实际上是其对于法律与道德关系的高度概括，以及对于国家在治国理政中应融"礼"于"法"的一种期望与目标，即未来封建国家法制应是"礼法"，它既不能是摒"法"于外的单纯的"礼"，也不能是无"礼"统率的单纯的"法"，而应是"礼"与"法"的融合、"礼"与"法"的统一。

由此可见，就儒家在用人的激励与约束机制方面来看，儒家实质上是主张"礼法合一"的，即儒家极力主张"法"必须要体现"礼"所倡导的精神，也即体现人伦道德的"亲亲"、"尊尊"的"礼义"精神应是永恒不变的原则。因此，可以说儒家所主张的"礼法合一"，实质上就是特别强调了对于"善法"的追求，而对于"恶法"的否定，他们认为"善法"体现了儒家"礼义"的道德精神，而"恶法"则是反人道的，这也就是儒家所主张的"礼法合一"的真义。

第二节

儒家用人之法

儒家认为一个国家人才是否兴旺，有没有用好人才直接决定了国家的兴亡。孔子曰："桓公九合诸侯，不以兵车，管仲之力也。""管仲相桓公，霸诸侯，一匡天下，民到于今受其赐。"[①] 孟子也认为，只有尊重人才，使贤者在

---

① 《论语·宪问篇第十四》。

其位、谋其政，国家才能民富国强，反之，则国势衰落。正如孟子曰："故汤之于伊尹，学焉而后臣之，故不劳而王；桓公之于管仲，学焉而后臣之，故不劳而霸。"① 相反，如果不尊重人才，没有用好人才，则国势必定会衰弱。正如《孟子·尽心章句下》中言："不信仁贤，则国空虚。"《孟子·告子章句下》中也记载："虞不用百里奚而亡，秦穆公用之而霸。不用贤则亡，削何可得与？"显然，儒家通过正反两方面的举例，充分说明了要任用有才能的人的重要性，任何一个国君要"欲立功名，则莫若尚贤使能矣"。② 那么，应如何来尚贤使能呢？综观儒家经典，我们发现儒家在长期的用人实践中积累了大量的用人之法，在这里，由于篇幅所限，仅对部分代表性的用人之法予以阐述。

一、正名审分，禁之以等

先秦时期，"名分"作为治世之大要受到诸家普遍关注。③ 那什么是名分呢？先秦诸子百家基于不同的视角对其内涵进行了不同的探究，但归纳起来，具有代表性的解释主要有两种：

一种解释是以法家对"名分"内涵的解释为代表，主要认为名分就是以财产归属权的确定为依据规范个体行为的法律权利与义务。正如《商君书·定分》中记载，"一兔走，百人逐之，非以兔可以分为百，由名分之未定也。夫卖兔者满市，而盗不敢取，由名分已定也。故名分未定，尧、舜、禹、汤且皆如鹜焉而逐之；名分已定，贫盗不取……故圣人必为法令置官也，置吏也，为天下师，所以定名分也。"在这里，"名分"的内涵类似现代意义上的财产归属权，当法令不明确，财产的归属权不能明确即"名分未定"时，就会导致人们的行为失范、社会秩序趋于混乱，以致"一兔走，百人逐之"，由此，法家就提出应以法令来确定名分的主张。可见，这里的"定名分"就是由财产归属权的确定而带来的人们行为规范的确立，且这些行为规范主要指法家所确定的与法律相关的权利与义务。

---

① 《孟子·公孙丑章句下》。
② 《荀子·王制第九》。
③ 陈继红：《名分·秩序·和谐——先秦儒家名分思想的一种解读方式》，《南京大学学报》（哲学·人文科学·社会科学版）2012年第5期，第140-149、160页。

另一种解释认为,"名分"就是指君臣的身份、名位、地位及其与此相应的政治权利与义务,意谓政治身份不同,并由此而产生的权利与义务亦有分界,不能上下侵杂不分。① 正如《吕氏春秋·审分》中记载,"有道之主,其所以使群臣者亦有辔。其辔何如？正名审分,是治之辔已。故按其实而审其名,以求其情；听其言而察其类,无使放悖。夫名多不当其实,而事多不当其用者,故人主不可以不审名分也。不审名分,是恶壅而愈塞也"。是说有能力的君主,他驾驭群臣也有"缰绳"。那他的"缰绳"是什么呢？辨正名称,明察职分,这就是君主用来治理臣子们的"缰绳"。因此依照实际审查名称,以便求得真情,听其言论要考察其所行之事,不要让它们彼此悖逆。名称有很多不符合实际,所行之事有很多不切合实际的,所以君主不可以不辨明名分。不辨明名分,就是厌恶壅闭而且会日益阻塞。显然,在这里,"名分"就是指君臣的身份、名位、地位及其与此相应的政治权利与义务,而确定"名分"是君主治理群臣的"缰绳",也就是说,有能力的君主会通过对群臣予以明确界定他们的身份、名位、地位,由此使彼此权利与义务得以清晰界定,从而达到有序治理的目标。

从上述对"名分"的两种解释来看,第一种解释属法律范畴概念,主要界定的是人与物之间的关系,通过对财产权的清晰明确界定来实现人与物之间关系的和谐有序,其与人才任用范畴并没有直接的关系,因此,本书不考虑这一内涵解释。第二种解释主要界定的是人的身份、名位、地位、人与人之间的关系,并由此所产生的"权利与义务亦有分界,不能上下侵杂不分"。显然,这一内涵解释与人的任用管理活动具有直接与紧密的联系,如在人的任用中需要考虑的相关问题主要有：我们如何界定不同人员的角色呢？如何来区分人员的类别呢？如何设计组织内的职位等级？不同人员的权利与义务如何来界定呢……显然,这是在人员任用过程中首先必须要解决的关键基础性问题,对此,现代人力资源管理体系中对这些问题的解决拥有一系列的工具与办法,如工作分析与工作说明书、职位分类、职位评价等,为现代人力资源管理体系构

---

① 陈继红：《名分·秩序·和谐——先秦儒家名分思想的一种解读方式》,《南京大学学报》（哲学·人文科学·社会科学版）2012年第5期,第140-149、160页。

建与运行奠定了基础。为解决人员任用的这一管理基础性问题，古代先贤们将与这一系列基础性问题相关的人的身份、名位、地位、人与人之间的关系等问题都通过归结为"名分"问题来予以解释，由此，以"名分"的设计与运用来建立了一个上下有别并以等级分殊为内涵的秩序体系，这就为合理用人提供了基础与依据，由此，本书在这里所指的"名分"内涵主要也就是指第二种解释。

虽然先秦儒家经典典籍中没有明确提出"名分"这一概念，但是却有着大量的对"名"与"分"的论述，从历代注家们对其的解释中，其中有大多数对"名"、"分"的解释就与名位、身份、地位、职分、位分等含义基本一致，只是表述不同而已，如指人的身份、名位、地位等隐含有鲜明等级意蕴的有，"辨之以名"；① "必也正名乎"；② "君子所性，虽大行不加焉，虽穷居不损焉，分定故也"；③ "辨莫大于分，分莫大于礼，礼莫大于圣王"；④ "故礼达而分定"；⑤ "小辩不如见端，见端不如见本分。小辩而察，见端而明，本分而理；圣人士君子之分具矣。"⑥ 显然，这里对"名"与"分"的论述都是指名位、名号、名分之意，其主要意指人的身份、资格和地位等，由此可见，儒家虽然没有直接提出"名分"一词，而只是提出了"名"、"分"，但从儒家众多对"名"、"分"的论述中实质上是可以体会得到其对"名分"的理解与其他诸家是基本一致的，从名位、名号等这一内涵意义上的"名"、"分"其实就是指"名分"，由此，本书在论述儒家用人之法"正名审分，禁之以等"中对"名"、"分"、"名分"表述就不再进行区分，而皆指具有身份、资格、地位等的"名位、名号、名分"之意。

从众多儒家经典的论述中可以发现，儒家对"名分"是极为重视的，如《左传·成公二年》记载了孔子的一段话："唯器与名，不可以假人，君之所司也。名以出信，信以守器，器以藏礼，礼以行义，义以生利，利以平民，政

---

① 《国语·楚语上》。
② 《论语·子路》。
③ 《孟子·尽心章句上》。
④⑥ 《荀子·非相第五》。
⑤ 《礼记·礼运》。

之大节也。若以假人，与人政也。"在这里，"器"是指象征君权的器物，如祭器、车服等也代表了身份与名望。"名"是指爵号、名号。孔子认为"器"与"名"是君主不可假借于他人的两项治世工具，那孔子为什么对"名"与"器"极为重视呢？我们分析这一段论述，发现实际上孔子用"名以出信，信以守器，器以藏礼，礼以行义，义以生利，利以平民"是阐述了其背后所隐含的一条治国逻辑思路：以"名"为出发点，"名"以出"信"，"信"以守"器"，由"信"而"礼"，由"礼"而"义"，由"义"而"利"，最终达到"平民"的理想境界。① 由此，孔子认为这是治国理政的大事。显然，从孔子这一治国理政的思路中可以看出，要想最终达到"平民"治国理政目标，需要君主实施一系列的治理行为，即上述孔子所阐述的治理思路与行为链条，无疑，在这一治理行为链条中，孔子认为"名"是一切治理行为的起点或原点，即君主对人予以任用与治理的起点就是先授予其一定的名号或爵位，以此来达成对其后续行为的引导与控制，而"器"是指代表了身份与名望的器物，从这一含义来看，"器"事实上是与"名"一致的，也即是"名"的外在表现形式，由此即可发现，君主是利用"名"与"器"来作为治理群臣基础的，这也印证了在上文对"名分"第二种解释中"名分"是君主治理群臣的"缰绳"，因为，有了这一"名分"的界定，也就有了"君臣、长下、长幼"、"男女、父子、兄弟、婚姻"等秩序建构，对此，"礼"也就有了其依托的载体，每一个人就可以根据其"名分"对应之"礼"而行事，"礼"的重要性也就在于其为象征着等级分殊的"名分"设立了秩序标准。如孔子曰："民之所由生，礼为大。非礼无以节事天地之神也，非礼无以辨君臣、上下、长幼之位也，非礼无以别男女、父子、兄弟之亲，婚姻、疏数之交也。"② 可见，"礼"也属于秩序构建的范畴，正如《礼记·乐记》中记载，所谓礼者，天地之序也。于是，"名"是儒家所倡导的理想秩序建构的一个原点，有了"名分"就构建了贵贱有等、亲疏有分，在人与人之间确立了等级分殊为内涵的社会秩序；而"礼"则是儒家为这一等级分殊的社会秩序建构所倡导的标准。

---

① 陈继红：《名分·秩序·和谐——先秦儒家名分思想的一种解读方式》，《南京大学学报》（哲学·人文科学·社会科学版）2012年第5期，第140-149、160页。
② 《礼记·哀公问》。

可见，在治国与用人之道中，儒家是极力主张构建一个"贵贱有等、长幼有别、贫富轻重皆有称著"的等级体系的，即"定名分"，但儒家却并不赞同以血缘关系来规定"名分"，划分等级，而是主张应尚贤使能，即要根据一个人是否符合相应"名分"的等级标准——"礼"，来授予其相应的"名分"。如荀子曰："虽王公士大夫之子孙也，不能属于礼义，则归之庶人。虽庶人之子孙也，积文学，正身行，能属于礼义，则归之卿相士大夫。"①"圣王在上，图德而定次，量能而授官，皆使民载其事而各得其宜。"②

因此，我们认为这就是儒家用人的一个很重要的方法：正名审分，禁之以等。这可以从两个方面来予以说明：一是从君主的角度，通过正名审分，构建了等级分殊的理想秩序，君主通过向不同的人授以相应的"名分"，而不同的"名分"又有相应的等级秩序标准"礼"对其予以制约，也就是儒家所谓的"礼制"，即通过不同等级对应的行为规范"礼"来约束与规范对应"名分"的人的行为。那为什么要构建等级分殊的秩序体系呢？荀子对此做了很好的解释，荀子曰："分均则不偏，势齐则不壹，众齐则不使。有天有地而上下有差，明王始立而处国有制。夫两贵之不能相事，两贱之不能相使，是天数也。势位齐，而欲恶同，物不能澹，则必争；争则必乱，乱则穷矣。先王恶其乱也，故制礼义以分之，使有贫、富、贵、贱之等，足以相兼临者，是养天下之本也。《书》曰：'维齐非齐。'此之谓也。"③显然，荀子是认为，每个人所处的名分职位相同就会出现谁也统率不了谁，势位权力相同就会出现谁也不能统一谁，大家都平等了就会出现谁都不能役使谁。但自从有了天地，就有了上和下的差别，英明的帝王一登上王位，治理国家就有了一定的等级制度，因为，两个同样高贵的人不能相互侍奉，两个同样卑贱的人也不能互相役使，这是很自然的道理。如果人们的名分一样，所拥有的权势与地位等都一样，且爱好与厌恶的东西也一样，那么必将会出现资源的有限性而不能同时满足所有人的需要，由此，就一定会发生争夺，而一发生争夺社会就会出现混乱，社会混乱就会导致国家陷入困境了。古代帝王为避免这种混乱，所以制定了礼义来区分他

---

①③ 《荀子·王制第九》。
② 《荀子·正论第十八》。

们，使人们有贫穷与富裕、卑贱与高贵的差异，由此，君王即可借助这一等级体系来全面统治与控制他们，这也是统治天下的根本原则。正如《尚书》上说，要整齐划一，在于不整齐划一，说的就是同样的道理。可见，儒家都认为君主治国或用人的根本原则就是要"正名审分"，由此，构建了等级分殊的体系，进而，通过不同的"名分"对应的等级秩序标准"礼"对其予以制约，即"禁之以等"，也就是说将人安排在不同等级的职位上，各职位所处的等级高低、岗位职责与行为规范等就能对不同等级上的人员予以约束与限制，君主（或管理者）则可根据不同"名分"对应的"礼"对其行为表现予以评价与实施奖惩。正如荀子曰："故古之人为之不然。其取人有道，其用人有法。取人之道，参之以礼；用人之法，禁之以等；行义动静，度之以礼；知虑取舍，稽之以成；日月积久，校之以功。"① 由此，从上面的分析来看，儒家认为君主（或管理者）用人是以"名分"为基础，以"名分"对应的"礼"为行为规范的标准，即儒家用人"正名审分，禁之以等"之法。

二是可以从被任用者的角度来分析，正是有了君主（或管理者）授予的"名分"，有了与其对应的"礼"，臣子（或被管理者）也就有了行动的方向与依据，臣子行动就可以"名正言顺"、"依礼而行"，正如《论证·子路》中有记载，子路曰："卫君待子而为政，子将奚先？"子曰："必也正名乎！"子路曰："有是哉，子之迂也！奚其正？"子曰："野哉由也！君子于其所不知，盖阙如也。名不正，则言不顺；言不顺，则事不成；事不成，则礼乐不兴；礼乐不兴，则刑罚不中；刑罚不中，则民无所措手足。故君子名之必可言也，言之必可行也。君子于其言，无所苟而已矣。"在这里，孔子认为，"名不正"就有可能产生一系列的政治问题与严重后果，如最终会导致"民无所措手足"的秩序混乱局面，由此可见，不确定"名分"对管理结果会产生多么严重的后果，对此，要解决这一问题，就必须"正名"。由此可见，从这一论断可以看出孔子的用人与理政的基本内在逻辑思路，"正名"是治国理政的秩序建构的起点。对此，荀子也认同孔子必须要"正名"的思想，对于当时"名"的混乱荀子是极为忧虑的，荀子描述："今圣王没，名守慢，奇辞起，

---

① 《荀子·君道第十二》。

名实乱，是非之形不明，则虽守法之吏，诵数之儒，亦皆乱也。"① 并提出"名"的混乱有可能导致严重的后果，会使得"贵贱不明，同异不别，如是要，则志必有不喻之患，而事必有困废之祸。"② 那么，应该如何来进行"正名"以应对这种混乱的局面呢？荀子曰："制名以指实，上以明贵贱，下以辨同异。贵贱明，同异别，如是则志无不喻之患，事无困废之祸，此所为有名也。"③ 即荀子所言"制名以指实"就是要通过确定明确的"名分"以"明贵贱"、"别同异"，由此，像孔子思路一样通过"制名"构建了一个以等级分殊为内涵的秩序体系，通过"制名"确定了"名分"的价值指向，即可站在"礼"的立场对相应的"名"进行道德与政治批判，可见，正名审分，也就是荀子在这里所说的"制名"是构建秩序的根本。

由此，可以说，"正名审定，禁之以等"是儒家非常重要的一个用人之道。因为，通过"正名审分"确定"名分"，就为社会上的每一个角色确立了其行为规范与行为标准，此即为"礼"。正如《荀子·君道第十二》中记载，"请问为人君？曰：以礼分施，均遍而不偏。请问为人臣？曰：以礼待君，忠顺而不懈。请问为人父？曰：宽惠而有礼。请问为人子？曰：敬爱而致文。请问为人兄？曰：慈爱而见友。请问为人弟？曰：敬诎而不苟。请问为人夫？曰：致功而不流，致临而有辨。请问为人妻？曰：夫有礼则柔从听侍，夫无礼则恐惧而自竦也。此道也，偏立而乱，俱立而治，其足以稽矣。"在这里，荀子对不同"名分"如何去用"礼"规范其行为进行了阐述，如作为君主应按照礼义去施舍，公平而不偏私；作为臣子应按照礼义去侍奉君主，忠诚顺从而不懈怠；作为父亲应宽厚仁爱而有礼节；作为儿子应敬爱父母而极有礼貌；作为哥哥应仁慈地爱护弟弟而付出自己的友爱；作为弟弟应恭敬顺服而一丝不苟；作为丈夫应尽力取得功业而不放荡淫乱，尽力亲近妻子而又有一定的界限；作为妻子当丈夫遵行礼义就温柔顺从听命侍候他，当丈夫不遵行礼义就诚惶诚恐而独自保持肃敬。这些就是每一个对应"名分"的行为规范与原则，只能部分做到，那么天下仍会混乱，如果全部做到了，天下就会大治了，它们足够用来作为楷模了。可见，"名分"的确定事实上是为每一个人确实了准确

---

①②③ 《荀子·正名第二十二》。

的位置，由此，每一个人都可以根据其所处的位置来谋划其对应的事务，以此确定了人与人之间权利与义务的界限。正如子曰："不在其位，不谋其政。"曾子曰："君子思不出其位。"① 即不在那个职位上，就不要考虑那职位上的事情。就当时来说，"不在其位，不谋其政"、"君子思不出其位"也就是要求人人"安分守己"，君子所思虑的不超出自己的工作岗位，而主要考虑自己所在岗位的事情，履行好自身所处职位的职责，不得去插手自身职位以外别的事情，要做到"在其位，谋其政"。孟子也曰："位卑而言高，罪也。"② 即孟子认为，位置低下而议论朝廷大事，这是罪也。显然，这与孔子"不在其位，不谋其政"这一观点是相似的。对此，荀子曰："治国者，分已定，则主相臣下百吏各谨其所闻，不务听其所不闻；各谨其所见，不务视其所不见。所闻所见，诚以齐矣，则虽幽闲陷辟，百姓莫敢不敬分安制以礼化其上，是治国之征也。"③ 荀子说，治理得好的国家，名分确定以后，那么君主宰相大臣百官就可各自谨守自己应该听见的东西，不致力于打听自己不应该听见的东西；各自谨守自己应该看见的东西，不致力于察看自己不应该看见的东西。君主宰相大臣百官的所见所闻，如果真正和各自的名分一致了，那么即使是那些幽远闭塞隐蔽偏僻的地方，百姓中也没有人敢不严守本分、遵守制度、用礼来顺服他们的君主，这就是治理得好的国家的标志。由此可见，这里也说明了在用人过程中"正名审分"后，拥有不同"名分"的主相臣下百吏都能做到既"在其位，谋其政"，又"不在其位，不谋其政"了。对此，《中庸》中也有论述："君子素其位而行，不愿乎其外。素富贵行乎富贵，素贫贱行乎贫贱，素夷狄行乎夷狄，素患难行乎患难。"显然，这句话告诉我们要想真正学做一个君子，就必须要很朴素踏实地在自己的本位上做人，绝不愿意受外界影响和诱惑而变更其本愿。即君子以其当下的地位行事，不谋求本职之外的事。如果本来就出生在富贵的环境中，那就按富贵的条件去做事，不必过分假扮成平常了；如果本来就是贫贱的，那就老老实实过着贫贱的人生，不需要有一种自卑感的存在，故意冒充高贵；如果本来就居住在水平较低的夷

---

① 《论语·泰伯篇第八》。
② 《孟子·万章章句下》。
③ 《荀子·王霸第十一》。

狄地区，那就按夷狄地区的习俗去做一个夷狄中的好人；如果现在正处忧患之境，那就只能照患难中的环境来自处，以待解脱。倘使因患难而怨天尤人，反而增加了患难中的痛苦，更难解脱。① 可见，儒家用人的这一观点其实是告诫我们可以有雄心壮志，但也必须要从小事做起，要明确自己所处的位置，要做好自己的本职工作。

二、无求备于一人，量能而授官，用人之所长

众所周知，"金无足赤，人无完人"。② 因此，对于人才的任用，儒家就认为不应该求全责备，而应量能而授官，用人之所长。正如孔子在《论语·微子篇第十八》中记载："故旧无大故，则不弃也。无求备于一人。"就是说在用人时不能对一个人求全责备，对老臣故人如果没有发生严重过失，就不要抛弃他。同时，对于人才的任用，孔子曰："君子易事而难说也。说之不以道，不说也；及其使人也，器之。小人难事而易说也。说之虽不以道，说也；及其使人也，求备焉"。③ 在这里，孔子认为，君子与小人对待人才的态度就截然不同，君子用人"无求备于一人"，而是衡量各人的才德，按照每一个人的特长去分配工作，以充分发挥各人的长处，即"量能而授官，用人之所长"。由此，在君子手下工作就很容易；小人则截然相反，他们在使用人的时候对人百般挑剔，求全责备，因此，在小人手下工作就很难。可见，孔子对管理者在用人时必须要做到无求备于一人，善于用人所长的用人之法是多么的重视，他甚至根据管理者对待人才的不同态度将其区分为是君子还是小人，即君子"及其使人也，器之"，小人"及其使人也，求备焉"。

儒家主张管理者应无求备于一人，要量能而授官，善于用人之所长，从反面来讲，实际上就是要求管理者能够善于避其所短，能够包容一个人的缺点，儒家认为一个人只要在大的德行方面不出问题，重大节操不能逾越界限，作风上的小节稍稍放松一点是可以的，应该允许与包容这些小节的问题。正如子夏

---

① 南怀瑾：《话说中庸》，东方出版社，2015年。
② （宋）戴复古：《寄兴》。
③ 《论语·子路篇第十三》。

曰:"大德不逾闲,小德出入可也。"① 如卫国大夫孔文子是一个生活不检点的人,但是孔子却对他给予充分的肯定。子贡对此疑惑不解,就问曰:"孔文子何以谓之'文'也?"子曰:"敏而好学,不耻下问,是以谓之'文'也。"孔子认为,孔文子聪敏灵活,爱好学问,又谦虚下问,不以为耻,所以值得用"文"字做他的谥号。又如子贡曰:"管仲非仁者与?桓公杀公子纠,不能死,又相之。"子贡认为管仲曾经是公子纠的谋臣,公子纠被杀死后却不去殉节而死,反而辅佐公子纠的仇敌齐桓公,这就是不仁的表现。子路亦曰:"桓公杀公子纠,召忽死之,管仲不死。"是说齐桓公杀了他哥哥公子纠,公子纠的师傅召忽因此自杀了,而他的另一个师傅管仲却还活着,管仲应该不是有仁德的人吧?对此,孔子却从大节着眼,充分肯定了管仲的功业,认为管仲还是"仁人"。孔子曰:"管仲相桓公,霸诸侯,一匡天下,民到于今受其赐。微管仲,吾其被发左衽矣。岂若匹夫匹妇之为谅也,自经于沟渎而莫知也?"② 孔子认为管仲辅佐齐桓公成就了一番霸业,使天下一切得到匡正,老百姓到今天还受到他的好处。如果没有管仲,我们现在还可能是披散着头发,衣襟向左边开着,沦落为落后民族了。他难道要像普通老百姓一样守着小节小信,在山沟中自杀,还没有人知道吗?由此,就足可以见孔子对于人才不苛求的态度,说明孔子认为用人更应注重其现在及其未来的表现,而对其过去的行为表现则要给予更多的宽容,如子曰:"人洁己以进,与其洁也,不保其往也。"③ 孔子认为人家把自己弄得干干净净而来,便应赞成他的干净,不应只死记住他的过去。对待人要"成事不说,遂事不谏,既往不咎"。④

同样,孟子也极力赞同孔子这一用人的观点,他对当时现实社会中的一些不按人才之所学安排官职的不合理用人现象进行了批判,特别强调了君王用人要用其所长,避其所短。正如《孟子·梁惠王章句下》中记载,孟子见齐宣王,曰:"……夫人幼而学之,壮而欲行之,王曰:'姑舍女所学而从我。'则何如?今有璞玉于此,虽万镒,必使玉人雕琢之。至于治国家,则曰:'姑舍

---

① 《论语·子张篇第十九》。
② 《论语·宪问篇第十四》。
③ 《论语·述而篇第七》。
④ 《论语·八佾篇第三》。

女所学而从我。'则何以异于教玉人雕琢玉哉?"在这里,孟子举例说,假如王有一块未经雕琢的玉石,大王一定会请一个专业的玉匠来雕琢它。然而,一说到治理国家,在任用人员安排官职时却对他们说:"把你所学的暂时放下,听从我的话吧!"显然,这是在使人舍其长而就其短也,如此任用人才怎么可能实现人尽其才呢?这与大王好比要让玉匠按照您的办法来雕琢玉石有什么两样呢?可见,孟子与孔子一样是赞同"因材施用"的,即认为对于人才任用要根据每一个人的不同特点而委以不同的重任——量能而授官,使每个人都能各司其职,每个人都能充分发挥他的长处,进而每个人都能人尽其才。

荀子曰:"无用吾之所短遇人之所长,故塞而避所短,移而从所任。"① 荀子认为不要用自己的短处去对付别人的长处,所以要避开自己的短处,而发挥自己的长处。可见,荀子对待用人的态度也是认为不应求全责备,因为人的才能、品德参差不齐,因此,在任用人才时就应根据每个人的才能与品德的高低分别委以不同的政事,换一个角度也可以说,要根据不同官职及其政事对人的才能、品德等要求的不同来任用不同的人才,以实现人与职、人与事的有效匹配。正如《荀子·君道第十二》中记载,"材人:愿悫拘录,计数纤啬而无必遗丧,是官人使吏之材也。修饰端正,尊法敬分,而无倾侧之心;守职循业,不敢损益,可传世也,而不可使侵夺,是士大夫官师之材也。知隆礼义之为尊君也,知好士之为美名也,知爱民之为安国也,知有常法之为一俗也,知尚贤使能之为长功也,知务本禁末之为多材也,知无与下争小利之为便于事也,知明制度、权物称用之为不泥也,是卿相辅佐之材也。"在这里,荀子就明确提出了安排任用人才的原则,要知人善任,不同的人由于其品德、能力差异而各有所长,由此,荀子将人才区分为官人使吏之材、士大夫官师之材、卿相辅佐之材等,因此,真正英明的君主就是善于准确地选择任用这三种人才而对他们的安排没有失误,这才可以称为君主之道,做到了这一点,上可以称王天下,下可以称霸诸侯了。进而,荀子还说:"论德而定次,量能而授官,皆使其人载其事而各得其所宜,上贤使之为三公,次贤使之为诸侯,下贤使之为士大

---

① 《荀子·大略第二十七》。

夫，是所以显设之也。"① 显然，荀子更是明确提出应根据德行的不同来确定人才的等级，通过对其才能的评价来授予相应的官职，由此，使每个人都能得到和他的才能相适宜的职务并承担相应的工作，如上等的贤才让他们担任三公职务，次一等的贤才让他们做诸侯，下等的贤才让他们当士大夫，这就是任用安置人的办法，也是君主的主要职责。

三、君使臣以礼，贵德而尊士

把人安置在相应的岗位上后，如何提高人的积极性就是直接关系到用人是否成功的关键一环了，这也是现代管理理论与实践界面临的一道难题。众多的西方管理学者们围绕如何提高劳动效率这一难题进行了广泛的研究，其中，最早从提升人的积极性视角来探讨提高劳动效率的管理理论，就是美国哈佛大学著名管理学家梅奥及其同事在西方电气公司所属的霍桑工厂进行了一项著名的"霍桑实验"（Hawthorne Experiment，1927~1932）之后提出来的人际关系学说，其中一个最主要的观点就是第一次提出了"人非经济人，人是社会人"，新型的领导方式就应是要关注员工的心理，要尊重员工以提高员工的满意度，进而提高劳动效率。应该说，是霍桑实验第一次把我们研究的重点从工作和物的因素上转移到了人的因素上，开启了此后管理中要了解人、关注人、重视人、研究人的先河，为此后现代行为科学理论的产生与发展奠定了坚实的基础，更是对管理实践产生了深远的影响。

然而，我国古代管理思想中早在几千年以前就已经提出了这一类似的观点，如儒家早就认识到了在用人过程中尤其要关注人、要尊重人，儒家认为作为君王要想充分调动臣下的积极性，就首先必须要对人才予以尊重。正如孔子曰："君使臣以礼，臣事君以忠。"在这里，孔子认为，君子应该依礼来使用臣子，臣子也应该忠心地辅佐其君主。这是孔子在回答鲁定公问"君使臣，臣事君，如之何？"时的观点，如果我们将孔子对于君与民之间关系的论断加以分析，如南朝宋时代范晔《后汉书·皇甫规传》注引《孔子家语》："孔子曰：'夫君者舟也，人者水也。水可载舟，亦可覆舟。君以此思危，则可知

---

① 《荀子·君道第十二》。

也.'"在这里,孔子将君与民比作为舟与水,通过"水可载舟、亦可覆舟"的道理强调了民对于君的重要性。由此,我们可以推断,实际上,孔子是将"君使臣以礼"看作为"臣事君以忠"的前提条件的,也就是说,没有君待臣的行为在前,就不可能有臣事君的忠在后,由此可见,君主在任用人才的时候,要想臣下对其忠心,并尽职尽责地积极工作,其关键首先就在于君主自身是否能够做到对臣下予以关心和尊重,要让臣下能够感知到君主对其有恩,然后,才会驱使臣下以"臣事君以忠"来作为回报。

对此,孟子也极力赞同孔子的这一用人之法,对"君使臣以礼"、"贵德而尊士"等用人理念予以了继承与发扬,正如孟子告齐宣王曰:"君之视臣如手足,则臣视君如腹心;君之视臣如犬马,则臣视君如国人;君之视臣如土芥,则臣视君如寇仇。"① 孟子认为,如果君主把臣下看作为自己的手脚,那么臣下也就会把君主看作为自己的腹心;如果君主把臣下看作为狗马,那么臣下也就会把君主看作为一般人;如果君主把臣下看作为泥土草芥,那么臣下就会把君主看作为仇敌。从孟子的这一论断同样可以看出,君主在用人的过程中,其臣下表现出什么样的行为,是忠心耿耿为君主服务,还是把君主仅当作是一般的上级,甚或是把君主看作为仇敌,这一切均取决于君主自身的行为与态度,只有当君主真正发自内心地赏识与礼待下属,对待臣下给予足够的尊重,并委以重任,由此,使臣下深感君主对其拥有知遇之恩时,臣下对君主表现出忠心耿耿才有了动力源泉。进而,孟子还通过具体事例来说明了君主应如何去尊重与厚待其臣下,孟子曰:"谏行言听,膏泽下于民;有故而去,则君使人道之出疆,又先于其所往;去三年不反,然后收其田里。此之谓三有礼焉。如此,则为之服矣。"② 孟子认为尊重与厚待臣下要做到:一是对臣下的谏言能够接受照办;二是政治上的恩惠能够下泽到百姓;三是有什么事故必须离开时,君主会派人引导他离开国境,并且先派人到他要去的地方作一番布置,如果离开了三年还不回来,才收回他的土地房屋。这就叫作三有礼。君主如果这样对待臣下,臣下就会为他服孝了。由此可见,只有君主先行做到"君使臣以礼",臣下才会以"臣事君以忠"来回报了,甚至君主去世了还愿意为其

---

①② 《孟子·离娄章句下》。

服孝呢。孟子还说："仁则荣，不仁则辱；今恶辱而居不仁，是犹恶湿而居下也。如恶之，莫如贵德而尊士，贤者在位，能者在职；国家闲暇，及是时，明其政刑。虽大国，必畏之矣。"① 在这里，孟子认为，君主若是真的厌恶屈辱，最好的方式就是要以德为贵而尊敬士人，使有德行的贤人居于相当的官位，有才能的人担任一定的职务，只有这样国家才无内忧外患，由此可见，孟子更是将"贵德而尊士"的用人之法看作是君主避免遭受屈辱，国家日益强盛的重要途径。

《中庸·治国平天下的九经》中也记载，"凡为天下国家有九经。曰：修身也，尊贤也，亲亲也，敬大臣也，体群臣也，子庶民也，来百工也，柔远人也，怀诸侯也。修身则道立，尊贤则不惑，亲亲则诸父昆弟不怨，敬大臣则不眩，体群臣则士之报礼重，子庶民则百姓劝，来百工则财用足，柔远人则四方归之，怀诸侯则天下畏之"。在这里，子思特别提出了治国平天下的九项大经大法，从修身开始，发展到可以知人而治人，然后就可扩充到治国平天下之道。显然，在九项大经大法中，特别强调了要尊重贤能的用人治人之法，如"尊贤也"、"敬大臣也"、"体群臣也"，君主在用人治人中如果做到了这些，就可实现"尊贤则不惑"、"敬大臣则不眩"、"体群臣则士之报礼重"的用人效果，由此，即可走上实现治国平天下的大道了。"尊贤也"、"敬大臣也"、"体群臣也"这几个治国平天下之法实质上也就是孔孟的"君使臣以礼"、"贵德而尊士"用人之法的具体体现，尊贤则不惑是指身在高位的统治者（或管理者）日久最容易被权位所迷惑，不知不觉就陷入"师心自用"或"刚愎自用"的自大狂中，所以必须要做到尊贤以自辅。② "敬大臣则不眩"、"体群臣则士之报礼重"，都是强调了作为统治者（或管理者）对待大臣及其中下层官员的用人之道，无疑在这里作为最高领导者用人的一个最大原则就在于一个"敬"字上，即要敬重大臣，体谅中下层干部的苦劳，要关爱他们，这也就是孔孟所提倡的"君使臣以礼"、"贵德而尊士"的用人之道，那么，大臣们自然就会以忠义来回报了。荀子同样也是强调了作为领导者要礼待下属，要体恤

---

① 《孟子·公孙丑章句上》。
② 南怀瑾：《话说中庸》，东方出版社，2015年。

与关爱下属和民众,如荀子曰:"欲荣,则莫若隆礼敬士矣;欲立功名,则莫若尚贤使能矣。"① 是说统治人民的君主要想荣耀,就没有什么方法会比尊崇礼义、敬重士人的方法更好的了,要想建立功业和名望,就没有什么方法会比去任用与尊重品德高尚和才能出众的人更好的了。进而,荀子还认为,作为君主要想得到臣民对他的忠心,以及对他的顺从,其前提条件也是首先要君主能够给予其臣民关心与爱护,甚至要像爱护婴儿般地去爱护其臣民,正如荀子曰:"上莫不致爱其下,而制之以礼;上之于下,如保赤子……故下之亲上欢如父母,可杀而不可使不顺。"② 那么,在君主对待其臣民时,要如何去关心与爱护其臣民呢?荀子对此也进行了具体的描述,荀子曰:"使民夏不宛喝,冬不冻寒,急不伤力,缓不后时,事成功立,上下俱富,而百姓皆爱其上,人归之如流水,亲之欢如父母,为之出死断亡而愉者,无它故焉,忠信调和、均辨之至也。"③

可见,儒家先贤们普遍认为在人才任用中要注重运用"君使臣以礼"、"贵德而尊士"等用人之道,领导者敬重他的下属要犹如敬重自己一样,尤其是要彻底避免现实中普遍存在的一种不良心态:即领导者认为,我任用了他,是我给了他最高的权位,付给了他最高的薪水,给他提供了很好的发展平台……他应该要感恩于我、要忠心耿耿地为我工作,认为这应该就是理所当然的事。显然,这种心态丝毫没有敬重大臣的心,如此下去,君臣之间、主从之间难免产生间隙,最终出现两败俱伤的局面也就不可避免了。

四、用人不疑,不逆诈,不亿不信

在已经选拔出了人才并赋予了其一定的职责后,要发挥人才的高效益,君主(或管理者)除了要运用"君使臣以礼"、"贵德而尊士"等用人之法,以充分调动人才的积极性以外,儒家认为,君主还应充分地信任臣下,要授予臣下充分的权力,配备足够的资源,给人才搭建能够充分发挥其才能的平台,做

---

① 《荀子·王制第九》。
② 《荀子·王霸第十一》。
③ 《荀子·富国第十》。

到用人不疑。正如子曰："不逆诈，不亿不信，抑亦先觉者，是贤乎！"① 孔子就认为，不能预先怀疑别人的欺诈，也不能无根据地猜测别人的不老实。显然，这是告诫君主在用人时不能轻易地怀疑别人。当然，这需要建立在君主能够对臣子完全了解的基础上，而不应只是盲目地信任，所以，孔子说只有对人能做到事先及早地发现（对方是否值得信任或有什么问题），这样的君主（或管理者）才是一位贤者。

那么，为什么用人时要做到"用人不疑，不逆诈，不亿不信"呢？对此，荀子从君主容易触犯六大"用人之忌"有可能带来的严重后果角度进行了论述。荀子曰："今人主有六患：使贤者为之，则与不肖者规之；使知者虑之，则与愚者论之；使修士行之，则与污邪之人疑之。虽欲成功，得乎哉？"② 这是现在君主在用人中经常犯的大毛病，任用有贤能的人去做事，却和不贤的人去纠正他；任用明智的人去考虑问题，却和愚蠢的人去评判他；任用品德好的人去做事，却与肮脏邪恶的人去评估他。这样用人，即使是想成功，能办得到吗？显然，如此用人，就是对人才的极度不信任，由此，有贤能的人在工作中就会受到羁绊与束缚，没有贤能品德低下的人却能篡权误国、兴风作浪，进而导致用人不疑、人尽其才的环境日益被破坏殆尽。现实中，一个组织中的用人往往就是这样，如果有贤能的人得不到充分的信任，不能得到重用，或者即便得到重用但却用不贤的人去评判与纠正他，无疑有贤能的人就会受到羁绊与束缚，有贤能的人就会逃亡全部躲开，这就导致没有贤能、品德低下的人反而有机会兴风作浪，上位篡权，损害组织，破坏环境。这也说明，君主的灾祸很大程度上是因为对贤臣不信任，远离贤人，却听信谗言，从而导致忠臣进一步被隔而不得接近，于是，谗佞都能够显贵，由此，君主必将遭遇灾祸，国家必将因此而垮台。荀子曰："远贤近谗，忠臣蔽塞，主势移。""主之孽，谗人达，贤能遁逃国乃蹶。"③

由此，朱熹也认为："君主用人不疑，小人始不得间焉。"④ 可见，只有君

---

① 《论语·宪问篇第十四》。
② 《荀子·君道第十二》。
③ 《荀子·成相第二十五》。
④ 《四书集注·中庸》。

主在任用贤臣时对其给予充分的信任,小人才没有机会。相反,不信任贤臣,君主耳边自然就会被小人对贤良的坏话所充塞,身边自然就会被一批"蔽公、隐良"的妒昧、交谲之臣所把持,进而就离贤臣更远,也更难做到用人不疑了,无疑这将是一个组织的灾难,更是国家的一种灾难。正如荀子曰:"世之灾,妒贤能,飞廉知政任恶来。"① "士有妒友,则贤交不亲;君有妒臣,则贤臣不至。蔽公者谓之昧,隐良者谓之妒,奉妒昧者谓之交谲。交谲之人,妒昧之臣,国之藏孽也。"② 这里从反面事例进一步告诉我们,结交与亲近小人所带来的严重后果,士人结交妒忌的朋友,那么和贤人的交往就不会亲密了;君主有了妒忌的臣子,那么贤能的人就不会到来了。这些狡猾诡诈的小人不仅会惑乱君主,离间君主与贤能的关系,他们还会直接压制与排挤有贤能的人,对有贤能的人故意不予任用。孔子就曰:"臧文仲其窃位者与!知柳下惠之贤而不与立也。"③ 孔子认为臧文仲就是这种人,他明知道柳下惠贤良,却就是不任用他。

从正面来看,君主为什么要做到"用人不疑,不逆诈,不亿不信"呢?显然,君主只有任用贤能,信任他们并赋予他们以重任,小人才没有机会兴风作浪,君主身边就会拥有一批值得信赖、忠诚正直的亲信与侍从为其耳目以及良臣。君主身边是否拥有这样的一批人对其治国理政具有重要的影响,对此,荀子曰:"便嬖左右者,人主之所以窥远收众之门户牖向也,不可不早具也。故人主必将有便嬖左右足信者然后可,其知慧足使规物、其端诚足使定物然后可。夫是之谓国具。"④ 尤其重要的是,只有君主充分信任人才,赋予其充分的权力,给予其必要的支持及充分施展其才华的舞台,便可达成君主与人才的"双赢"局面,就如齐桓公任用管仲的事例,正是由于齐桓公对管仲的用人不疑,才使管仲在实现其个人的人生价值最大化的同时,更是帮助齐桓公建立了一番霸业。《国语·齐语》中对齐桓公任用管仲一事有记载,桓公自莒反于齐,使鲍叔为宰,辞曰:"臣,君之庸臣也,君加惠于臣,使不冻馁,则是君

---

① 《荀子·成相第二十五》。
② 《荀子·大略第二十七》。
③ 《论语·卫灵公篇第十五》。
④ 《荀子·君道第十二》。

之赐也。若必治国家者，则非臣之所能也；若必治国家者，则其管夷吾乎。臣之所不若夷吾者五：宽惠柔民，弗若也；治国家不失其柄，弗若也；忠信可结于百姓，弗若也；制礼义可法于四方，弗若也；执枹鼓立于军门，使百姓皆加勇焉，弗若也。"桓公曰："夫管夷吾射寡人中钩，是以滨于死。"鲍叔对曰："夫为其君动也；君若宥而反之，夫犹是也。"桓公曰："若何？"鲍子对曰："请诸鲁。"桓公曰："施伯，鲁君之谋臣也，夫知吾将用之，必不予我矣，若之何？"鲍子对曰："使人请诸鲁，曰：'寡君有不令之臣在君之国，欲以戮之于群臣，故请之。'则予我矣。"从齐桓公任用管仲可以看出，尽管管仲是齐桓公曾经的政敌、他的哥哥公子纠的师傅，并且用箭射中了齐桓公的衣带钩，差点杀死了齐桓公，但是齐桓公听从了鲍叔牙谏言，接回了管仲并拜他为相，并在以后治国理政的实践中逐渐发现了管仲杰出的才能以及对其无限的忠诚，由此，使桓公对管仲建立起了充分的了解与信任，也正是由于齐桓公对人才的尤其重视，不计前嫌，拜管仲为相，尤其是任用以后授予了其充分的权力，给予了其充分施展才华的平台与空间，真正是做到了"用人不疑，不逆诈，不亿不信"，由此，齐桓公才有了在管仲辅佐下成为春秋时期第一霸主的伟业。孔子对此也予以了大加赞赏，子曰："桓公九合诸侯，不以兵车，管仲之力也。如其仁，如其仁。""管仲相桓公，霸诸侯，一匡天下，民到于今受其赐。"① 可见，对真正有贤能的人才，君主如果能够充分地信任他，做到用人不疑，就能充分发挥其才能而成就一番霸业。

进而，如何做到"用人不疑，不逆诈，不亿不信"呢？孔子认为，在用人过程中不应听信谗言，即便是有多数人都倾向一致的言论来评价一个人也不应采纳，而是应仔细辨别哪些人被说好话，其背后的真正原因是什么？哪些人又被说坏话，其背后的真正原因又是什么？只有辨别出了好话与坏话背后的真正原因，据此得出的结论才是客观公正的，才不会轻易听信一些言论而错怪或冤枉一个忠诚的好人。荀子也认为，在用人过程中，君主（或管理者）要做到用人不疑就必须要慎重对待一些无根据，甚至是别有用心的挑拨或谗言，他说："凡流言、流说、流事、流谋、流誉、流愬不官而衡至者，君子慎之，闻

---

① 《论语·宪问篇第十四》。

听而明誉之，定其当而当，然后士其刑赏而还与之；如是，则奸言、奸说、奸事、奸谋、奸誉、奸愬莫之试也……夫是之谓衡听、显幽、重明、退奸、进良之术。"① 荀子是认为，君子应慎重地对待各种来自非正式途径的没有根据的流言蜚语、没有根据的事情、没有根据的学说观点、没有根据的计谋、没有根据的赞誉等，听到了就要把它们公开地列举出来，并予以准确与客观的判断其是恰当的还是不恰当的，进而对它们作出相应的处罚或奖赏并立即付诸实施，由此，奸言、奸说、奸事、奸谋、奸誉、奸愬等就没有敢来再来试探的了，这就是广泛听取意见、使隐居的贤士显扬、使显扬的贤士进一步显扬，而使奸邪退却、使忠良进用的方法。

同时，信任人才，用人不疑，不仅表现在上面所说的给予人才充分施展才华的资源与舞台，还表现在君主要能够对人才所提出的谏言虚心接纳。孔子曰："三人行，必有我师焉：择其善者而从之，其不善者而改之。"② 在儒家看来，君主任用人不可能是要一个唯命是从的木偶和傀儡，而是要任用一个能够提出建设性意见，能够匡正自己过失的得力助手，这种人才能是国家真正的有用之才与宝贝。正如荀子曰："谏、争、辅、拂之人，社稷之臣也，国君之宝也，明君所尊厚也。""故正义之臣高，则朝廷不颇；谏、争、辅、拂之人信，则君过不远。"③ 可见，荀子就认为，敢于向君主劝谏、苦诤、辅助、匡正的人真正都是国君的宝贵财富，更是英明的君主所尊敬优待的人，君主有了这些坚持正义的臣子，那么朝廷就不会偏邪不正，君主信任这些劝谏、苦诤、辅助、匡正的臣子，那么君主的过错就不会持续很久。如唐朝魏徵就是这种臣子。贞观元年（627 年），唐太宗李世民登上帝位后任命魏徵为尚书左丞相，魏徵就经常犯颜直谏，但李世民对其深信不疑，言听计从，据《贞观政要》记载统计，魏徵向李世民面陈谏议有五十次，呈送给李世民的奏疏十一件，一生的谏诤竟多达"数十余万言"，其次数之多，言辞之激切，态度之坚定，都是其他大臣所难以伦比的。可见，也正是因为李世民做到了用人不疑，能够对人才所提出的谏言虚心接纳，由此，在魏徵的辅佐下唐太宗才得以开创了

---

① 《荀子·致士第十四》。
② 《论语·述尔篇第七》。
③ 《荀子·臣道第十三》。

"贞观之治"的大业。同样,齐桓公拜管仲为相后,君臣同心,励精图治,桓公一直对其非常信任,对管仲所提出的谏言都能够虚心接纳,对管仲提出的治理国家的政策措施能够积极采纳,由此,成为春秋时期第一霸主。然而,齐桓公晚年昏庸,对管仲的谏言没有积极认真采纳,导致最后惨死宫中。正如《史记》中记载,管仲病,桓公问曰:"群臣谁可相者?"管仲曰:"知臣莫如君。"公曰:"易牙如何?"对曰:"杀子以适君,非人情,不可。"公曰:"开方如何?"对曰:"倍亲以适君,非人情,难近。"公曰:"竖刁如何?"对曰:"自宫以适君,非人情,难亲。"管仲死,而桓公不用管仲言,卒近用三子,三子专权。……及桓公卒,遂相攻,以故宫中空,莫敢棺。桓公尸在床上六十七日,尸虫出于户。十二月乙亥,无诡立,乃棺赴。辛巳夜,敛殡。[①] 显然,管仲临终前对桓公可以说是苦口婆心地谏言了的,他极力地劝阻桓公,希望他一定要疏远易牙、开方、竖刁等小人。管仲告诫桓公说,人的本性难道不爱自己的儿子?不爱自己父亲?以及不爱自己的身体吗?然而,易牙为了讨好君主连自己的儿子都忍心煮死,他对君王又会有什么爱心呢?竖刁为了讨好君主连自己的身体都能忍心残害,他对君王又将会有什么爱心呢?卫公子开方为了讨好君主,他父亲去世他都忍心不回去奔丧,这种人对君王又怎么会有什么爱心呢?由此,管仲劝诫桓公一定要远离这些小人,然而,晚年的桓公不再像以前一样对管仲言听计从了,也不再像以前一样能够虚心纳谏了,管仲死后,齐桓公没有听取管仲的话,而是重用了这三人,最终三人专权,国家逐渐陷入一片混乱,而齐桓公就在内乱中被活活饿死,尸体在床上放了67天竟然无人顾问,尸虫都从窗子里爬了出来,直到新立的齐君无诡才把桓公收殓。显然,齐桓公的这一用人事例,对荀子关于君主用什么样的人就会有着完全不一样的结局的观点作出了很好的注解。荀子曰:"故用圣臣者王,用功臣者强,用篡臣者危,用态臣者亡。态臣用,则必死;篡臣用,则必危;功臣用,则必荣;圣臣用,则必尊。"[②] 由此可见,君主用人要做到用人不疑、虚心纳谏是有多么的重要了。

---

① 《史记·齐太公世家第二》。
② 《荀子·臣道第十三》。

第三节
儒家用人实践及其应用

一、阿里巴巴发展概况

(一) 阿里巴巴发展历程

阿里巴巴集团于1999年在杭州创立,并于同年建立专门面向国内批发贸易的中国交易市场即现在的1688网。21世纪初,建立淘宝网,开启B2C业务,并创建了支付宝平台。2005年与雅虎达成战略合作,并于同年10月接管中国雅虎。随后开设淘宝大学课程,为平台相应用户提供电子商务培训的服务项目。2007年11月阿里巴巴在中国香港联交所上市,同月推出网络营销技术平台阿里妈妈。第二年4月设立淘宝商城即现在的天猫,天猫主要是专注于为第三方品牌与有线下实体公司的零售商提供电子商务平台服务,同年9月又成立阿里巴巴研究院,进一步有效整合了技术研发力量。2009年9月推出云计算服务,同月,阿里巴巴集团又实现了对中国万网的收购,并进一步增强了集团的域名服务与网站建设服务。为开拓团购市场服务,阿里巴巴于2010年3月成立聚划算;同年4月设立全球速卖通,开拓了集团的跨境电子商务服务市场;同年7~8月,两家美国企业Vendio与Auctiva被其收购,阿里巴巴进入美国电子商务咨询与服务市场;而且进一步开放手机淘宝,实现了移动电子商务平台服务市场的开拓;同年11月,宣布收购一达通,扩张其在出口服务尤其是出口代理市场的业务范围与市场份额。2011年,阿里巴巴为促进集团内部框架更加扁平化,进行了战略调整,分别将天猫与聚划算从淘宝拆分独立,以重塑其内部组织管理结构。为促进企业文化的塑造,2012年1月阿里巴巴基金会创建,并于同年9月阿里巴巴集团对雅虎进行了股份回购,以调整集团与雅虎的关系。为开拓电视购物服务市场,阿里巴巴集团于2013年7月推出阿里智能TV操作系统;并于同年9月进一步瞄准了移动社交平台服务市场,发布了移动社交手机软件。2014年9月19日,阿里巴巴集团在纽约证券交易所正式挂牌上市，到2015年，阿里巴巴总营业收入达943.84亿元人民币，2016年4月6日，阿里巴巴正式宣布已经成为全球最大的零售交易平台。同年7月，阿里巴巴移动事业群被并入第三方应用商店"豌豆荚"应用分发业务，双方也相应正式签订并购协议。同年8月，阿里巴巴集团在2016年中国企业500强排名中位于第148位。2017年2月，Brand Finance发布2017年度全球500强品牌榜单，阿里巴巴排名第23位。2月20日，阿里巴巴确认签署百联集团，新零售在上海落地。8月3日，2017年"中国互联网企业100强"榜单发布，阿里巴巴排名第2位。11月20日，阿里巴巴集团、Auchan Retail S. A.（欧尚零售）、润泰集团宣布达成新零售战略合作。12月15日，阿里巴巴证实投资了中国电动汽车创业公司小鹏汽车。可见，近年来，阿里巴巴一直保持着超高速的增长，一方面，其不断地拓展新的业务领域，成效显著；另一方面，其平台上活跃买家数、平台商品交易总额以及集团总收入等都在不断地增长。

（二）业务领域

阿里巴巴集团主要是专注于为电子商务企业提供平台服务为主营业务的一家电子商务服务商，互联网零售、大宗交易、云计算、技术服务、咨询服务等都属于其业务领域，阿里巴巴宣称其企业文化在于关注并维护小企业的利益与发展。其旗下包括淘宝网、天猫、聚划算、全球速卖通、阿里巴巴国际交易市场、1688、阿里妈妈、阿里云、蚂蚁金融服务集团等品牌。阿里巴巴这些品牌中，可以将相应业务进行归类，如天猫与淘宝，都可以看作是网络零售平台，它们只是在各自的细分市场上存在差异。根据阿里巴巴的事业部划分结构，阿里巴巴的产品与服务可以分为：

1. 交易平台服务

这类服务主要是指专注B2B平台服务的1688网，专注为B2C市场上的品牌零售商提供服务的天猫网，综合型的网络零售业服务平台淘宝网，专注提供团购平台服务的聚划算，侧重跨境B2B电子商务服务平台建设的阿里巴巴国际交易市场，和致力建设跨境网络零售平台的全球速卖通等。

2. 信息服务

这类服务主要包括菜鸟网络，也叫中国智能物流骨干网、浙江菜鸟供应链管理有限公司，其主要是为在自营物流系统方面专业性不强、能力不够的中小企业提供物流信息与供应链管理信息的信息咨询服务；侧重向交易平台加盟商与其他合作者提供营销信息与营销策略咨询服务的阿里妈妈；为消费者提供搜索服务的一淘网，以及为合作企业提供云计算服务的阿里云等。

3. 本地生活服务平台

主要包括专注O2O餐饮业的淘点点，目标市场专注电子化医疗健康服务的阿里健康，以及定位旅行电商化平台服务的阿里旅行等。

4. 价值链管控服务

这类服务主要专注向平台加盟企业提供涵盖整个生产、供应链、物流仓储及今后环节的质量管控服务，例如良无限，即原无名良品。

5. 终端平台服务

主要包括为开拓手持移动通信终端设备市场的阿里手机操作系统以及目标市场专注于电视购物市场，为数字电视提供终端程序服务的阿里TV操作系统等。

6. 互联网金融服务

该类服务主要专注为小微企业与最终消费者提供金融服务，蚂蚁金融服务集团是此类服务的代表，同时，旗下还包括了支付宝钱包、余额宝、招财宝、蚂蚁微贷及芝麻信用以及大家普遍接触的支付宝。

7. 娱乐内容提供服务

此类服务主要专注于移动音乐平台类产品，如阿里音乐以及定位于电影市场的阿里电影等。

（三）主要业绩与荣誉

阿里巴巴自创立以来，一直保持着"让天下没有难做的生意"的使命，并取得了很大的成功。2005年，阿里巴巴集团获得了"风云榜电子商务奖"；2007年分别获得"第二届中国管理学院奖"、"沃顿优利商业创新奖"以及"品牌中国华谱奖"；2008年获得"2008年度最具竞争力企业奖"。尤其近几年来，阿里巴巴一直保持着超高速的发展，2013年获得"第四届中国消除贫困奖创新奖"；同时，到2013财年，其平台已有2.55亿的活跃买家数，而2011财年、2012财年分别为1.23亿和1.72亿，这三年间，分别获得39.8%和48.3%的同比增长率。此外，2013财年、2012财年以及2011财年阿里巴巴其平台商品交易总额分别为 16780 亿元、10770 亿元及 6630 亿元人民币,并取得了 55.8%以及 62.4%的增长率。2014 年阿里巴巴分别获得"第十一位风云浙商之群体奖"、"2014 年度最佳商业平台奖"以及"中国任仕达奖内资企业组最佳雇主金奖";并于 2014 年 9 月 19 日,阿里巴巴集团在纽约证券交易所正式挂牌上市;2015 年更是阿里巴巴集团快速发展的一年,先后获得"EN-CORE 奖"、"年度最佳零售商"以及"2014 风云榜杰出企业奖"等 6 个荣誉;2015 年,阿里巴巴实现了总营收达 943.84 亿元人民币、净利润达 688.44 亿元人民币的业绩;2016 年,阿里巴巴集团又荣获"2015 年中国企业国际传播力排名第二"的称号,并于 2016 年 4 月 6 日,阿里巴巴正式成为了全球最大的零售交易平台,同年 8 月,在"2016 中国企业 500 强"中阿里巴巴排名第 148 位。2017 财年,阿里巴巴总营收预计约 1582.73 亿元人民币,净利润预计达 578.71 亿元人民币。2017 年 10 月 10 日晚间消息,阿里巴巴股价涨逾 1%,市值升破 4700 亿美元,是自 2015 年 6 月后,历经 831 天再度盘中市值超越亚马逊,重新获得了全球最大电子商务公司的称号。

二、阿里巴巴卫哲事件

2011 年 2 月 21 日,阿里巴巴 B2B 公司宣布,在 2009 年和 2010 年的两年间,承认分别有 1219 名及 1107 名签约的"中国供应商"涉及诈骗全球买家,为此,阿里巴巴 CEO 卫哲和 COO 李旭晖引咎辞职,并将由淘宝网 CEO 陆兆禧接替卫哲,兼任 B2B 公司 CEO。在此次事件中,还涉及阿里巴巴 B2B 公司其他高管及员工,如阿里巴巴 B2B 公司人事资深副总裁邓康明,其也引咎辞去集团 CPO 职务,并降级另用,将由支付宝 CEO 彭蕾兼任阿里巴巴集团 CPO 职务;另外先后有近百名销售人员被认为负有直接责任,并按照公司制度对其进行了包括开除在内的多项处理。根据阿里巴巴 B2B 公司相关公告披露,这是阿里巴巴 B2B 公司在近一个月委托专门的调查小组,对客户欺诈事件进行独立调查后的结果。通过进一步的调查发现,在 5000 人的直销团队中,近 100 名销售人员和部分主管及销售经理需要对其故意或疏忽容许骗子规避公司的认证措施,以及在国际交易市场上有组织地建立诈骗商户店铺行为负直接责任,同时,此次调查也进一步总结得出,为片面追求业绩,业务人员不择手段地追求短期经济利益,以致欺诈行为的持续发生,因此,阿里巴巴认为B2B管理层应该承担主要的责任,所以才有了上述的CEO及COO双双引咎辞职。

作为阿里巴巴集团创始人、董事会主席兼CEO,马云在内部邮件中要求B2B团队必须进行深刻检讨,鼓励员工要有面对现实,勇于担当和刮骨疗伤的勇气。同时,卫哲在一份媒体声明中也表示对上述事件进行公开道歉,其表示正是基于对客户第一的使命感以及阿里人为促进组织健康的责任感,因此提出辞职申请。同时,马云在媒体声明中进一步表示,看着有才干的人离开公司,对于公司来说都会是非常痛心的,卫哲和李旭晖勇于承担责任的行为非常值得钦佩,公司感恩于他们过去付出的不懈努力,马云也强调,这是阿里巴巴在成长过程中的痛苦,是企业发展过程中必须付出的代价,虽然倍感痛惜,但企业也别无选择。并且,阿里巴巴集团董事局主席马云进一步强调说,诚信是阿里巴巴最珍视的价值观基础,是每一位员工的诚信以及我们为小企业客户提供一个诚信和安全的网上交易平台,并希望向所有员工传达这样一种信息,即任何有损企业文化和价值观的行为均不可接受。在同日一并发出的马云致员工的公开信中,他要求所有阿里人面对不诚信行为要采取零容忍的态度,其认为客户第一的价值观意味着阿里巴巴宁愿没有增长,也绝不能做损害客户利益的事,更不能出现公然的欺骗行为,他同时要求B2B团队必须进行深刻检讨。阿里巴巴对阿里人不诚信的行为采取零容忍的态度体现了儒家用人管理"修己以安人"的理念,以及儒家用人管理的最终目的——以人为本,即管理者追求的不仅仅是要通过有效的管理来创造尽可能多的物质财富,他还要追求如何帮助人来达成其道德属性。[①]

三、阿里巴巴"月饼门"事件

2016年9月13日,阿里"内网秒杀月饼事件"再次受到了大家的关注,一向以企业文化和谐著称的阿里巴巴似乎发生了一场"血案",血案由中秋月饼引起。根据内部爆料,阿里在内部搞了一个中秋抢月饼的活动,不过阿里安

---

① 楚云:《卫哲离职背后——阿里巴巴B2B公司缘何高调处理中国供应商欺诈事件》,《新财经》2011年第3期,第66-69页。

| 儒家人才管理 |

全的四位员工却狂拽酷炫地秀了一把黑客技术,几个程序员写了个 Js 脚本抢购月饼,不动声色地多刷了 124 盒月饼。然而,这件事情却迅速发酵。根据内部决定,为了维护企业文化,阿里巴巴决定"挥泪斩马谡",把这 4 位员工给开除了,对此,社会各界纷纷发表评论,有赞成阿里做法的也有持怀疑态度的。

但大家普遍讨论不多的一件事是,安全技术人员使用了 Js 脚本这类的技术手段去刷月饼,在多数人并不了解何为 Js 脚本的情况下,此类细节被忽略了。Js 脚本其实就是个批处理文件,可以代替人在计算机上实现一系列操作,如持续自动点击某个链接。这意味着,当你上网准备秒杀一件商品时,人力是永远赶不上脚本程序的,如网上出现 1 元秒杀商品的活动、抢购某款紧俏手机或者是汽车,Js 脚本对于技术人员尤其是安全技术人员来说,简直是小菜一碟,但是对于大多数不懂技术的消费者来说,就是外行人看热闹了。不懂技术的人永远秒杀不到 1 元汽车,抢不到紧俏的手机,对于这个问题答案非常的明显,但并不是每个人都能非常清楚。在中国文化中,存在着一种"靠山吃山,靠水吃水"的社会文化现象,意思就是说拥有某项便利和特权的人,会尽情使用手中的便利和特权为自身谋利。同样,在技术力量崛起后,利用技术优势为自己谋利,与之前利用职业身份和职权身份为自己谋利的那些人,其实并无本质区别。阿里巴巴几位技术人员内网秒杀月饼的行为从表面来看并不严重,就是想在有限的月饼资源中获得自己的那一份,也并没有贪心要多买几盒,同时,在发现多刷出来几盒之后也并没有付款,甚至还主动找到行政部门要求取消,但是这件事的性质却远非看上去那么简单。事实上,月饼可以算是一种资源,这种资源也可以是汽车,可以是房子,更可以是现金,在 10 万人都有资格去抢购的情况下,此时抢购环境的公平性就有很重要的意义,这是公共福利的一部分,用技术手段去人为更改结果,等于是对公平环境的一种践踏,因此,如果每个会技术的人都用技术手段抢到属于自己的一份,这种行为本身无疑是对其他大多数人权利的损害。[1]

---

[1] 葛甲:《阿里巴巴月饼事件是规则问题 与价值观没有关系》,http://news.mydrivers.com/1/499/499709.htm,2016-09-16。

四、阿里巴巴用人实践小结

(一) 阿里巴巴卫哲事件小结

阿里巴巴非常强调人的文化层面所展示的状态，如态度、个性、行为方式等，与能够在短期之内带来业绩的技能相比，其更加看重这些软性素质。孔子说："克己复礼为仁。一日克己复礼，天下归仁焉。"在这里，孔子明确提出实现"仁"的主要途径就是"克己复礼"，即要抑制自己，也可以说是要自我管理好自己，使自己言语行动都合乎"礼"，就是"仁"了。同时，孔子强调说："非礼勿视，非礼勿听，非礼勿言，非礼勿动。"即又从反面特别强调了不合乎"礼"的行为不允许出现。可见，在儒家看来，"礼"的制定可稳定社会秩序，礼仪更重要的意义就在于它所象征的一种秩序。由此，孔子及其弟子时代对"礼"尤其注重，孔子甚至说："不学礼，无以立。"阿里巴巴涉及的客户欺诈事件是其相关管理人员不能正确管理自己，不符合儒家强调的"礼"的表现。而在阿里巴巴，价值观是决定一切的准绳，而价值观有个很特别的叫法——"六脉神剑"。何谓"六脉神剑"？其实很简单：一是"客户第一"，指关注客户的关注点，为客户提供建议和资讯，帮助客户成长；二是"团队合作"，共享共担，以小我完成大我；三是"拥抱变化"，突破自我，迎接变化；四是"诚信"，指诚实正直，信守承诺；五是"热情"，永不言弃，乐观向上；六是"敬业"，以专业的态度和平常的心态做非凡的事情。在阿里巴巴，诚信是最重要的，价值观是高于一切的，所以，对于触犯了"六脉神剑"（客户第一、团队合作、拥抱变化、激情、诚信、敬业）的员工，无论其业绩多好，都要坚决清除。因此，所谓的"六脉神剑"就是阿里巴巴倡导的"礼"。因此，不难看出，阿里巴巴对客户欺诈事件的处理就是儒家"礼法合一"的用人激励与约束机制的体现。

现今，把诚信挂在嘴上的企业和人多不胜数，但真正将之融入血液可并不容易。中国具有悠久的"诚信"历史，古代不讲诚信的成本很高。孔子所说的"人而无信，不知其可也"，就是说人若不讲信用，在社会上就无立足之地，什么事情也做不成。但现在，诚信的风险正越来越低，对于不诚信的商业行为，人们的免疫力也越来越低。偷工减料、掺杂使假、缺斤短两、以次充好……比比皆是，触目惊心。在这样的大环境下，企业讲诚信的成本更高，也更加不容易甚至面临"劣币驱逐良币"的风险，阿里巴巴重视诚信的价值观正是儒家提倡的诚信文化的体现。

孔子曰："举直错诸枉，则民服。举枉错诸直，则民不服。"孟子曰："尊贤使能，俊杰在位，则天下之士皆悦，而愿立于其朝矣……如此，则无敌于天下。无敌于天下者，天吏也。然而不王者，未之有也。"荀子也明确肯定了任用人才的重要性，他认为人才与其他任何资源相比，对于一个国家来说是极为重要的，也是最为宝贵的。荀子曰："水火有气而无生，草木有生而无知，禽兽有知而无义；人有气、有生、有知，亦且有义，故最为天下贵也。"儒家先贤们都普遍强调了用人的重要性，尤其强调了任用贤人的重要性，同时，儒家在人才任用标准上首先是坚持德才兼备、以德为先，其次是要有知识，"学而优则仕"，最后是要有能力。子曰："行己有耻，使于四方，不辱君命，可谓士矣。"在儒家看来，德是一种根本，比才更加重要。正如孔子曰："骥不称其力，称其德也。"孔子就认为，人才首先就是要有德。回顾阿里巴巴的这次"辞职门"正是遵循了儒家用人标准的体现，即德才兼备、以德为先。孟子曰："居天下之广居，立天下之正位，行天下之大道；得志，与民由之；不得志，独行其道。富贵不能淫，贫贱不能移，威武不能屈，此之谓大丈夫。"即孟子强调大丈夫要住在天下最宽广的住宅"仁"里，要站在天下最正确的位置"礼"上，要走在天下最光明的大路"义"上；得志的时候，能够偕同百姓循着大道前进，不得志的时候，也能独自坚持自己的原则，要做到不受外部各种金钱、美色、权力等诱惑的影响，坚持富贵不能乱我之心，贫贱不能变我之志，威武不能屈我之节。显然，这就需要拥有极强的自我控制能力，这就取决于一个人是否具备较高的道德修养了，而在管理中也同样需要管理者坚持原则，禁得住诱惑以及极强的自我控制能力，因此，人才任用中对于德的高要求具有重要的意义。阿里巴巴也指出通过这次"辞职门"事件以充分激励员工的主动性和工作热情，让老员工知道危机感，不要以资历自居，而失去管理者应坚守的原则，同时让新员工看到机会的希望以及公司采取的"平衡政策"。无论是创始人，还是8年以上的老员工，都越来越成为新型企业和公司的"痛"，因此，企业更要注重加强管理者自身的修养。在阿里巴巴，员工被分成三种类型：有业绩没团队合作精神的，是"野狗"；和事佬、老好人，但没有业绩的，可以定义为"小白兔"；有业绩也有团队精神的，是"猎犬"。阿里巴巴在对一个人进行评估考核时，个人业绩的打分与价值观的打分各占50%。阿里巴巴公司认为，"野狗"型的员工如果不能改变价值观，就会被"杀掉"，坚决清除，不予使用。"小白兔"型的员工将会得到公司的帮助，培养使用，争取让他们早日成长起来。但是，如果"小白兔"没有长进的话，也要逐渐淘汰掉。"猎犬"型员工才是阿里巴巴需要的，他们将受到公司的重用，有机会接受最好的培训。阿里巴巴对员工的这种分类，也体现了其坚持德才兼备、以德为先的用人标准。

（二）阿里巴巴"月饼门"事件小结

"正名审定，禁之以等"是儒家非常重要的一个用人之道，因为，通过"正名审分"确定"名分"，就为社会上的每一个角色确立了其行为规范与行为标准，同时，每一个人都可以根据其所处的位置来谋划其对应的事务，以此确定了人与人之间权利与义务的界限。阿里巴巴刷月饼事件事实上也是一个关乎规则、规范的问题。规则的形成是为了保证运行机制的顺畅，秩序的稳定，在某个特定位置或拥有某项权力的人，该做什么不该做什么，都是由规则所约束。遗憾的是，在现实中，人们却又大多都不会表现出自觉遵守规则，作出规范的行为，在人员任用中普遍存在着各种道德风险与逆向选择等机会主义行为，这行为背后的原因则可以从儒家人性论观点中得到合理的解释，正如孔子曰："天生德于予"、"求仁而得仁，又何怨？"、"仁远乎哉？我欲仁，斯仁至矣"。孟子继承了孔子人性论观点，也认为人的本质属性不是已成的，仍然还是待成的，即人是具有"仁、义、礼、智"四种善端，但现实中却并不必然人人都会表现为善，这还取决于其是否"修己"才能"向善"以成全自己存在的道德属性。儒家人性论无论是性善论还是性恶论，有一点认识是基本一致的，就是人并不必然表现出善的道德属性，而人性的本质在于可塑性。显然，这与现实中如果没有相应的对人行为予以激励与约束的机制，人往往就会表现出较普遍的机会主义行为现象是一致的。

制度上的缺陷用正确的价值观来进行解释，是成本最低也最廉价的一种掩盖方式，在我们这个还未发展成熟的社会文化环境中，这样精致的粉饰还是越少越好。由此，这就需要有一个对人的机会主义行为予以防范与治理的机制，以维护相应的社会等级秩序及其行为规范，无疑，通过对人的行为予以激励与约束，以引导与促使其行为日益符合行为规范是当时亟待解决的关键社会问题，也是儒家及其他各学派先贤们尤其关注的问题。阿里巴巴意识到作为国内最大的电商公司，旗下的"淘宝""天猫"每天都要处理海量的交易，如果负责系统安全的员工为了几盒月饼就动用技术手段作弊，那对公司和用户而言显然是"细思恐极"。

孔子曰："苟正其身矣，于从政乎何有？不能正其身，如正人何？""其身正，不令而行；其身不正，虽令不从。"由此，管理实质上就是要树立标杆，做事先做人，只有管理者自身先把人做好了，才可以"安人"，才谈得上管理效果。因此，此次月饼门事件发生后，在阿里巴巴看来，这是安全部的员工本应是平台规则的捍卫者，相反却使用工具作弊触及了诚信红线，而对于阿里巴巴来说诚信是有多么的重要呢？显然，这是阿里巴巴最基本的价值观，而在价值观方面没有任何事情是小事，诚信更是不能触碰的底线，由此，阿里巴巴毅然做出"挥泪斩马谡"的处理决定，同时，阿里巴巴认为，这一处理决定眼下失去的是几位技术人才，但是，其将来必定会赢得公司全体员工对制度、规则的敬畏和社会对企业的信任。可见，阿里巴巴对此次"月饼门"事件的处理，正是遵循了儒家用人理念的典型体现。

第六章　儒家留人观

无疑，英明的君主都知道人才对于其治国理政以致平天下来说是宝贵的财富，"故明主急得其人……急得其人，则身佚而国治，功大而名美，上可以王，下可以霸；不急得其人，而急得其势，则身劳而国乱，功废而名辱，社稷必危。"①《尚书》上也说："惟文王敬忌，一人以择。"要想想文王对待选择人才的恭敬戒惧，以致亲自去选择人才。由此可见，获取优秀人才的重要性了，然而，人才吸引过来后，如何提高人才的忠诚度，让他们能够安安心心地留下来而不轻易流失，则是许多组织与管理者面临的极大挑战，对于古代君主亦是如此，人才的去留对是否能够成就其霸业具有重要的影响，有时甚至是生死存亡的影响。正如孔子曰："其人存，则其政举；其人亡，则其政息。"② 由此，在中国古代长期的管理实践中，形成了众多诸如"贵德而尊士"等先进的人才任用理念，积累了丰富的厚待人才、尊重人才等激励人才之道，为提高人才忠诚度而留住人才积累了丰富的经验，也对我国当代的组织在人力资源管理中如何借鉴其先进经验以提升员工忠诚度具有重要的意义。

第一节　儒家留人概述

综观儒家经典可以发现，儒家经典中没有直接对"留人"这一概念进行

---

① 《荀子·君道第十二》。
② 《中庸》。

阐述，其主要是对如何选人、用人、育人等进行了大量直接的论述，但是这并不影响我们从中对其隐含的儒家留人思想及其留人之道进行挖掘与探析，因为，在儒家对选人、用人、育人等论述中有着大量的应尊重人才、厚待人才等对人才进行激励的论述，由此，从这些论述中即可深入挖掘与探究儒家在人才管理过程中对人才激励机制是如何考虑的，以及在儒家管理实践中又是如何去做的，为现代组织人力资源管理的留人提供理论依据与历史镜鉴。

一、儒家留人的根本："民为贵，君为轻"的人本思想

儒家管理思想从产生以来就一直强调要以人为本，要重视人，由此，可以说，人本思想的提出可以上溯到孔孟，如今人本思想已经发展成为被全世界所普遍认同与接受的普世价值观之一。人本思想的提出对回答"我们是如何看待人？"的这一问题具有重要的意义，自此中国人对人的力量与人在社会和宇宙中的地位作了一次彻底的反省，打破了"天"的权威，从此对人类社会发展等问题的探求不再盯着外在的神秘力量——"天"，而是将目光聚焦到了"人"自身上，从"人"自身的角度来寻求社会变化的原因，在此过程中人本思想得以萌发、产生并日益发展起来，许多人本思想经典精华被提出，诸如"大道之行也，天下为公。"①"民可近不可下，民惟邦本，本固邦宁。"②"天之生民，非为君也；天之立君，以为民也。"③ 等等。显然，对于要解决如何留住人才这一问题而言，其根本是要能留住人才的心，也就是说留住人才不仅是要留住他的人，更要留住人才的心，这就需要君主（或管理者）在人才任用中要真正地做到"以人为本"，要让人才感受到受尊重、有尊严，拥有充分施展其才能、实现其抱负的平台与机会，同时，还要满足人才对于物质欲望与利益的追求等，这样人才才会有可能死心塌地留下来为组织所用。所以，本书认为留人的根本问题实质上就是如何看待人的问题，就如在20世纪初，科学管理理论形成的前后一段时间里，盛行于资本主义社会初期的"工具人"假设理论，是在工厂制度中，资本家将工人看作是机器设备一样，仅仅是一种会

---

① 《礼记·礼运》。
② 《尚书》。
③ 《荀子·大略第二十七》。

第六章 儒家留人观

说话的工具,由此对人的管理主要是采取强制性的手段。显然,以这样一种"工具人"假设的观点来看待人,必然导致人在生产活动中就与机器一样,只是一种工具,此时,作为管理者的人和作为被管理者的人是完全对立的,且前者是处于强势支配地位的,后者则是被动地完全按照管理者的指令操作以实现组织目标的一种活的生产工具而已。众所周知,人与人之间的关系是相互的,无疑,管理者在这样的管理思想指导下,必定促使被管理者对待管理者的态度也是"工具性"的,被管理者仅仅是把工作当作一种谋生的手段,且由于目前还没有找到其他更合适的去处,因此而不得不暂时留在组织里。

对此,在当代组织行为学研究中,由美国社会学家贝克(Becker)于 1960 年首先提出了组织承诺(Organizational Commitment)概念,用于反映雇员和组织之间的这一种心理契约。[1] 反映了员工随着其对组织投入的增加而不得不继续留在该组织中的一种心理现象,那到底员工留在组织中是基于一种什么样的心理呢?学者们对此进行了深入的研究,提出了多种不同的组织承诺结构维度模型,如贝克认为,员工对该组织投入越多,就越不愿离开组织,因为一旦离开,就会损失各种福利,从而不得不留在该组织里继续为该组织工作。布坎南(Buchanan,1974)、波特(Porter,1976)则认为,员工对组织的"组织承诺"绝非是经济上的原因,而是员工对组织的一种感情依赖。显然,这两种观点将员工留在组织中的心理原因分析归结为是"一种经济上的工具"或"感情上的依赖"的单维度结构,对此,加拿大学者梅耶与阿伦(Meyer & Allen,1984)对以前学者的研究成果进行了更全面的综合分析,提出了组织承诺的"感情承诺"与"继续承诺"两因素结构理论,[2] 后在 1990 年又提出了感情承诺、继续承诺与规范承诺三因素结构维度理论。[3] 然而,我国学者凌文辁、张治灿、方俐洛(2001)则认为,由于受到不同的组织文化和社会文化的影响,中国企业员工的组织承诺表现出了不同于西方的结构特点,由此,他们采用访谈、半

---

[1] Becker H S. Notes on the Concept of Commitment [J]. American Journal of Sociology, 1960 (66): 32-42.

[2] Meyer J P, Allen N J. Testing the "Side-bets Theory" of Organizational Commitment: Some Methodological Consideration [J]. Journal of Applied Psychology, 1984 (69): 372-378.

[3] Allen N J, Meyer J P. The Measurement and Antecedents of Affective, Continuance, and Normative Commitment to the Organization [J]. Journal of Occupational Psychology, 1990 (63): 1-18.

开放式问卷调查和结构化问卷调查等方法,对中国企业员工的组织承诺结构进行了研究,研究发现,中国员工组织承诺的结构模型中包含了五个因子:一是感情承诺。表达了员工对单位认同,感情深厚,愿意为单位的生存与发展做出奉献甚至不计较报酬,在任何诱惑下都不会离职跳槽。二是理想承诺。表达了员工重视个人的成长,追求理想的实现,关注个人的专长在该单位能否得到发挥,单位能否提供各项工作条件和学习提高及晋升的机会,以利实现理想。三是规范承诺。表达了员工对企业的态度和行为表现均以社会规范、职业道德为准则,对组织有责任感,对工作、对单位尽自己应尽的责任和义务。四是经济承诺。表达了员工是因为担心离开单位会蒙受经济损失,所以才留在该单位。五是机会承诺。表达了员工留在这个组织的根本原因是找不到其他更满意的单位,或因自己技术水平低,没有另找工作的机会。[①] 可见,组织承诺反映了员工对待组织的一种态度,它可以解释员工为什么要留在组织中,从上述中西方学者们对员工留在组织中的心理现象分析即组织承诺的结构维度研究结果可知,学者们普遍认可组织承诺的结构维度应该不是单维的,而应该是多维的结构,这也更能解释与符合现实中员工留在组织中的多种心理状态,从研究结果来看,虽然中外学者以不同的文化背景下的样本研究结果存在着差异,但我们可以发现其中也存在着共性的成分,尤其值得我们关注的有两点:其一,研究结果中由西方学者提出来的继续承诺与由中方学者提出来的经济承诺、机会承诺基本是类似的,继续承诺将其在组织中的工作看作为"一种经济上的工具",员工留在组织中的原因是担心失去养老金等福利经济损失,而不得不留在组织中。显然,这与上面论述的"经济承诺是员工因为担心离开单位会蒙受经济损失,所以才留在该单位,以及机会承诺是员工留在这个组织的根本原因是找不到其他更满意的单位,或因自己技术水平低,没有另找工作的机会等"所反映的员工心理内容基本上是一致的。其二,中西方学者提出的感情承诺、规范承诺是一致的,说明了员工基于对组织的认同以及深厚的感情而留在组织中,以及员工基于其所认同与接受的行为规范、职业道德准则等而留在组织中

[①] 凌文辁、张治灿、方俐洛:《中国职工组织承诺研究》,《中国社会科学》2001年第2期,第90-102页。

的这两种留在组织中的心理状态无论是中方员工还是西方国家员工都是一致的。

无疑，具有感情承诺、规范承诺的员工在工作中普遍工作努力程度是较高的，他们也更愿意向组织提出合理化建议，对组织都具有较高的忠诚度，显然，这是组织在考虑如何留住人才时要尤其关注的员工心理状态，那么，应该如何来提高员工的感情承诺与规范承诺呢？学者们的研究发现，一般来说，影响组织承诺的前因变量主要可以概括为个体变量、工作特征变量、组织特征变量等方面。在个体变量方面：学者们认为，影响组织承诺的因素主要有年龄、任职年限、婚姻状况、受教育程度、工作经历、动机和人格特征等。如研究发现年龄与组织承诺呈正相关（Sheldon，1971；Hrebiniak，1974；Steers，1977）；年长的员工更有可能对企业产生情感承诺（Meyer & Allen，1984）；国内学者崔勋（2003）的研究也发现员工的人口学特征变量如性别、年龄、学历、婚姻状况、户口等和职务相关变量如职位、连续工龄、离职次数、晋升概率、晋升次数等对员工的组织承诺都有显著影响。在工作特征变量方面，学者们认为，影响组织承诺的因素主要有工作的挑战性、工作满意度、工作场所、职位的明确程度和目标难度等。如研究发现组织承诺与工作满意度具有正相关关系（Wiener & Vardi，1980；Martin & O'Laughlin，1984；Kushman，1992）；Meyer 和 Allen 等的研究也发现，满意感、工作的挑战性等因素对感情承诺具有正向影响；国内学者凌文辁等（2001）也发现，工作满意感对组织承诺具有影响。在组织特征变量方面，学者们认为，影响组织承诺的因素主要有组织支持、组织可依赖性、公平性、团队精神和组织文化等。如 Eisenberger（1990）提出了互惠规范和交换理论，认为当员工感觉到组织对他关心、支持和认同时，员工就会有很好的表现。Shore 和 Wayne（1993）实证研究也发现，员工感知到来自组织的支持与情感承诺具有显著的正相关关系；刘小平、王重鸣（2002）的研究也发现，组织支持与组织承诺具有显著的相关关系；张勉等（2002）的研究也发现，员工感知分配公平性对情感承诺和规范承诺都具有显著的正向影响。

相反，具有经济承诺、机会承诺的员工在工作中努力程度则普遍不高，尤其是这些员工的离职意向都较高，尤其是机会承诺型员工离职意向最强，显然，管理者在面对留住人才这一难题时，尤其需要关注的就是如何避免员工产生这种经济承诺与机会承诺，也就是说要避免员工把其在组织中的工作仅仅看

| 儒家人才管理 |

作为一种经济上的工具,与组织及其管理者间没有丝毫的情感嵌入,仅仅是把组织当作一个临时的跳板,这样的心理状态的员工显然是很难长久地留在组织中的,有时即便是你强制性地将其留在组织中,却是很难留下人才的心的,正如俗话所说:"身在曹营心在汉。"

由此可见,留住人才的根本是要能真正留住人才的心,根据上述组织行为学理论对组织承诺的研究结论,也就是要大力提高员工对于组织的感情承诺、规范承诺以及理想承诺的水平,而尽可能地降低其经济承诺与机会承诺的水平。因此,从上述学者们对组织承诺影响因素的研究结论来看,主要有个体变量、工作特征变量、组织特征变量三个方面的影响因素,但作为管理者来说,个体特征变量对于组织中的员工来说基本是稳定不变的了,管理者很难在这些变量方面有所作为,显然,此时,工作特征变量与组织特征变量对组织承诺尤其是感情承诺的正向影响应是管理者应予以重点关注的影响机理,而工作特征变量主要包括工作的挑战性、工作满意度、工作场所、职位的明确程度和目标难度等,组织特征变量主要包括组织支持、组织可依赖性、公平性、团队精神和组织文化等,简单来说,工作特征与组织特征变量实质上包括两点:一是要让员工感知到其工作有价值;二是要让员工感知到组织及其管理者对其的尊重、关心与支持等。无疑,要做到这两点,管理者就必须要真正地"以人为本",要通过其管理制度、管理行为与实践让员工感知到在组织中受尊重、受重视、受到了厚待等,促使员工从内心深处真正地提升其对组织的情感依赖,进而心甘情愿地留在组织中为其效力。

庆幸的是,早在几千年以前的儒家管理思想中就蕴含着大量的人本主义思想,说明儒家先贤们早就认识到了留人的这一根本问题,并在管理实践中大力提倡"以人为本"的人本主义思想,无疑这是抓住了解决留人难问题的根本。我们从儒家管理思想对人的极为重视以及大量相关论述中即可看出,儒家认为万物之中人为贵,正如《尚书·泰誓》中说:"惟人为万物之灵。"《礼记·礼运》中说:"人者,天地之心也。"可见,儒家是把人放到了万物的这一核心位置来阐述其人本思想的各种观点的。对此,孔子曰:"为政以德,譬如北辰居其所而众星共之。"[①] 孟子也曰:"诸侯之宝三:土地、人民、政事。宝珠玉

---

① 《论语·为政篇第二》。

| 第六章　儒家留人观 |

者，殃必及身。"① 而在诸侯的这三件宝中，孟子认为民众又是最为重要的一件宝，孟子甚至得出结论说："民为贵，社稷次之，君为轻。是故得乎丘民而为天子。"② 在这里，孟子是明确地提出民众最为重要，土谷之神次之，君主为轻，所以深得民众的欢心的人便能做天子。显然，孟子提出的"民为贵，君为轻"是儒家最具代表性的人本管理思想观点之一，本书认为，树立了这一思想，无疑就是找到了解决留人难问题的根本。因为，君主树立了"民为贵，君为轻"的思想，实质上就解决了其"如何看待人"这一根本问题，为其治国理政及其管理人才的行为及实践就提供了最基本的指导思想。如果不树立"民贵君轻"的人本主义思想，一个君主就很容易使自己高高在上，不会尊重臣下及善待百姓，而是把他们仅仅当作自己实现目标的一种工具，显然，此时的臣下及其百姓必然就感知不到君主对其的重视与尊重，也感知不到君主对其的关心与爱护，而感知到的必然仅仅是君主"视其如犬马，视其如土芥"，自然民众对君主也就必定不会产生高水平的"感情承诺"，而更有可能产生的是"经济承诺"与"机会承诺"，民众也就会把其与君主的关系看作是一种"经济上的工具"，正如孟子曰："君之视臣如犬马，则臣视君如国人；君之视臣如土芥，则臣视君如寇仇。"③ 由此看来，这样的君主必然也就得不到臣下及其百姓的爱戴与拥护了，无疑，此时要想真正留住有贤能的人为其效力也就不可能了，至少是极其困难的了。

相反，只要一个君主树立了"民为贵，君为轻"的人本主义思想，他在治国理政的管理中就会把臣子及其百姓看得很重，这样的君主深知如何才能获得民心以及民众的忠诚拥护这一道理，只有你尊重臣下，善待百姓，关心他们的利益如同关心自己的利益一样，对待他们要求的事情能小心翼翼、严肃认真地予以处理，臣下及其百姓才会感恩于君主，才会越来越对君主具有较高的感情承诺，进而才会忠心耿耿地为君主效力。正如《论语·为政篇第二》中记载，季康子问："使民敬、忠以劝，如之何？"子曰："临之以庄，则敬；孝慈，则忠；举善而教不能，则劝。"在这里，孔子对如何使民众严肃认真、尽心竭力

---

① 《孟子·尽心章句下》。
② 《论语·为政篇第二》。
③ 《孟子·离娄章句下》。

| 儒家人才管理 |

与互相勉励等提出了相应的策略，其中很重要的一条就是要重视你的臣下及其百姓，他们也才会反过来对你竭尽全力地效忠了。所以，可以说，君主与臣下的关系是相互作用的，也正如孟子告齐宣王曰："君之视臣如手足，则臣视君如腹心。"① 由此，孟子还为君主如何践行"民为贵，君为轻"的人本思想提出了具体的对策，孟子曰："莫如贵德而尊士，贤者在位，能者在职……虽大国，必畏之矣。""尊贤使能，俊杰在位，则天下之士皆悦，而愿立于朝矣；关，廛而不征，法而不廛，则天下之商皆悦，而愿藏于其市矣；关，讥而不征，则天下之旅皆悦，而愿出于其路矣；耕者，助而不税，则天下之农皆悦，而愿耕于其野矣；廛，无夫里之布，则天下之民皆悦，而愿为之氓矣。信能行此五者，则邻国之民，仰之若父母矣。率其子弟，攻其父母，自有生民以来，未有能济者也。如此，则无敌于天下。无敌于天下者，天吏也。然而不王者，未之有也。"② 由此可见，只有君主真正地树立"民为贵，君为轻"的人本思想并在实践中践行之，则天下之士、商、旅、农、民等民众皆悦了，即便是邻国之民众也都会仰慕他、爱慕他就如同是对待自己的父母亲一样，像这样的君主要吸引人才与留住人才还会很难吗？显然，这就是抓住了留人的根本，并在治国理政的实践中将其融入到了对士、商、旅、农、民等人的所有管理制度与管理行为中，由此，所有民众感知到君主对他们的恩惠与尊重也就是很必然的了，自然民众也就会以忠诚来作为回报了。

同样，荀子对留人问题的观点也蕴含在其对君主治理之道的阐述中，即君主应如何通过治人来使臣子更加忠诚呢？荀子曰："故上好礼义，尚贤使能，无贪利之心，则下亦将綦辞让，致忠信，而谨于臣子矣。"③ 在这里，荀子实质上是认为儒家所遵从的礼义就应是君主待人与治人的原则，所以他说君主如果爱好礼义，尊重有贤德的人，任用有才能的人，自己没有贪图财利的思想，那么臣下也就会极其忠诚老实，而认认真真地做好一个臣子了。显然，这也充分说明了荀子亦是认同臣子与民众对待君主的态度是取决于君主自身的，君主好礼义，尊贤能，臣子自然就会"忠信"，君主是决定臣子行为与态度的主要

---

① 《孟子·离娄章句下》。
② 《孟子·公孙丑章句上》。
③ 《荀子·君道第十二》。

根源。正如荀子曰："君者，民之原也；原清则流清，原浊则流浊。故有社稷者而不能爱民、不能利民，而求民之亲爱己，不可得也。民不亲不爱，而求其为己用、为己死，不可得也。"①可见，君主如果没有遵从"民为贵，君为轻"的人本思想，其在管理实践中就不可能做到爱民、利民，而这样要想求得民众的亲爱就是不可能的了，民众不亲不爱那要想使民众为己用、为己死也就更不可能了。所以《荀子·王制第九》有传曰："君者，舟也；庶人者，水也。水则载舟，水则覆舟。"综上所述，由此，本书认为儒家留人的根本就是应遵从"民为贵，君为轻"的人本思想。

二、儒家留人的原则：以和为贵，和而不同

遵从"民贵君轻"的人本思想是儒家解决留人问题的根本，基于这一思想，君主在治国理政中对待臣下及其民众就会尊贤任能，崇尚礼义，践行"礼"制。从这一角度来看，这一治理的过程实际上也就是在对君臣关系、君民关系、臣臣关系、臣民关系、民民关系等的处理与协调过程，尤其是要解决留人问题，其中最关键的就是考虑如何来梳理与协调君臣之间的关系，由此，这也就涉及到了一个如何来处理人际关系的原则问题，显然，"和"是儒家"仁爱"思想的延伸，也是儒家所倡导的处理人际关系的基本原则，正如《论语·学而篇第一》中记载，有子曰："礼之用，和为贵。"这就明确指出了实行"礼"制的判断标准就是"和"，即遇事都要做得恰当为可贵，在人际关系的处理上就是要做到人际和谐，由此，本书认为，儒家在面对与处理留人问题时所遵循的最基本原则也应是"以和为贵，和而不同"。

"和"的观念产生很早，本义是调和食物，其含义由音乐之和，到人际关系之和，到国家政事之和，逐步深化，而第一个将"和"解释为事物之本和天地法则的人，是西周末周幽王的太史伯阳父，亦称史伯，史伯是中国思想史、哲学史上具有里程碑意义的大家，他提出了"和实生物，同则不继"②的著名论断。意思就是说只有"和"才能产生万物，而"同"则不能继续生存。

---

① 《荀子·君道第十二》。
② 《国语·郑语》。

| 儒家人才管理 |

如用一物匀适地融入另一物就叫作"和",因此而能丰富、发展,并使万物不脱离"和"的统一。然而,如果仅用相同的东西融入相同的东西中,那么这种东西就不能丰富、发展……同样,只有一种声音,单调得没办法听;只有一种物品,单调得没办法看;只有一种口味,单调得令人生厌;只有一种事物,就单调得无话可说。清代段玉裁在《说文解字注》中释"和"说:"相也,又和调也。"所谓"和"就是指"和谐"、"完美",指的是对立各方面的联结、调和、平衡、渗透等。

儒家思想主要从一开始就极为重视"和谐"的理念,包括宇宙自然的和谐、人与自然的和谐、人与社会的和谐、人与人之间的和谐以及人的身心和谐等。① 由此,"和"的思想贯穿于先秦儒家经典中,具有十分丰富的内涵。无疑,儒家文化在处理人际关系过程中也是强调应遵循"以和为贵"的基本原则,即以追求人与社会、人与人之间关系的和谐统一来处理人际关系,"和"就是大家需要共同遵守的原则。正如《中庸》中曰:"喜怒哀乐之未发,谓之中;发而皆中节,谓之和。中也者,天下之大本也;和也者,天下之达道也。致中和,天地位焉,万物育焉。"即喜怒哀乐没有表现出来的时候,叫作"中";表现出来以后符合节度,叫作"和"。"中",是人人都拥有的本性;"和",是需要大家遵循的原则。达到"中和"的境界,天地便各在其位了,万物便生长就繁育了。由此,在君主治国理政过程中,其处理君臣之间、君民之间的关系也就必须要遵循这个"达道",即要以是否有利于促进君臣之间、君民之间的关系"和谐"为行为准则,因为,在儒家管理思想中,"和"是管理活动的最佳境界,而管理实践中对"和"的遵循与运用主要表现在:一是要协调与处理统治者与各级管理者(即君主与臣子)的关系,以促使两者关系和谐;二是要协调与处理管理者与普遍民众(即官员与普通百姓)的关系,以促使两者关系和谐。显然,只有使君主与臣子之间、官员与普通百姓之间的关系和谐了,才可以使有贤能的臣子忠心耿耿地留下来为其效力,才可以使天下的百姓为之驯服。对"和"的重要性,孟子曰:"天时不如地利,地利不如人

---

① 史晓麟:《儒家"以民为本"与中国企业管理制度内在关联性研究》,河南大学学位论文,2008年。

和……域民不以封疆之界,固国不以山谿之险,威天下不以兵革之利。"① 可见,孟子认为在天时、地利、人和这三者之中,"人和"最重要,显然,孟子是把人的和谐提到了更加突出的地位上来,在孟子眼中,自然界的一切其他的关系诸如天时、地利等最终都会归结到人的关系上来,君主或管理者只有重视人并理顺了人的关系,使人的关系达到了"和"的状态,其他关系自然也就日益和谐。因为,达成了"人和",就能得天下英才而用之,得天下臣民而归服,此时,且天下英才与臣民都是发自内心地愿意跟从他,于是,限制人民都不必用国家的疆界,保护国家都不必靠山川的险阻,威行天下也不必凭兵器的锐利……这就是由"人和"必然会带来其他关系和谐的充分说明。因为实现了"人和",他就能得到越来越多人的帮助,全天下越来越多的人都愿意顺从他;相反,如果不能达到"人和",帮助他的人就会越来越少甚至连亲戚朋友都会反对他,要想留住优秀的人才必然也是不可能的了,自然最终的结局就有可能是众叛亲离,国家日益衰弱,必然就无法与实现了"人和"的国家相抗衡了。正如孟子曰:"得道者多助,失道者寡助。寡助之至,亲戚畔之;多助之至,天下顺之。以天下之所顺,攻亲戚之所畔;故君子有不战,战必胜矣。"②

可见,实现了"人和"就可以使组织中人与人之间的关系处于非常和谐的状态,由此,就能形成巨大的凝聚力与向心力,使组织中的成员上下同心,全体成员即可目标一致,心往一处想,力往一处使,从而形成一个有凝聚力、有向心力的集体或组织。正如荀子曰:"故义以分则和,和则一,一则多力,多力则强,强则胜物。"③ 那么,儒家所倡导的"和"是不是不讲求原则而只强调完全的一致,且不顾彼此的差异与个性的不同呢?或为和而和呢?显然,答案是否定的。孔子曰:"知和而和,不以礼节之,亦不可行也。"④ 从这里,其实可以看出孔子所主张的"和"并不是"和稀泥"、"做好好先生"地一味追求无原则的完全一致,而是要用一定的规矩来加以节制。所以,儒家强调"以和为贵",但同时又强调了"和"并不是"同",儒家认为"和"是指和谐,协调一致的意思,而"同"则是指盲目强求一致的意思,所以要将"和"

---

①② 《孟子·公孙丑章句下》。
③ 《荀子·王制第九》。
④ 《论语·学而篇第一》。

与"同"严格区分开来,要承认与允许个体间的差异,正如孔子曰:"君子和而不同,小人同而不和。"① 因为,在一个组织中,每一个人处在不同的职位上,扮演着不同的角色,承担着不同的职责,尤其是每个人的个体特征都或多或少地存在着差异,由此,其思维方式、言行举止、行事风格等也就不可能完全相同了,所以,儒家思想在对待处理人际关系问题上其根本原则是在明确提出"以和为贵"的前提下又主张要做到"和而不同"。

那么,既然承认人与人之间有不同那如何能够做到"和"呢?对此,儒家也进行了较充分的论述,以说明人与人之间如何达成"和"的状态。孔子认为,只要人人都能够以诚信之心、真诚之心待人,人人都能够恪守本分,以信立人,求同存异,进而在彼此"不同"中实现和睦相处以及关系的和谐。正如《论语·颜渊篇第十二》中记载,子贡问政。子曰:"足食,足兵,民信之矣。"子贡曰:"必不得已而去,于斯三者何先?"曰:"去兵。"子贡曰:"必不得已而去,于斯二者何先?"曰:"去食。自古皆有死,民无信不立。"可见,在孔子看来,治理好一个国家需要具备食、兵、信三个基本条件,但其中"信"却是最重要的条件,孔子甚至说没有粮食不过死亡而已,但人生自古以来谁都免不了一死,因此,宁愿一死也不能没有"信",这是构建和谐人际关系的基础。有了"信"这一基础之后,人与人之间又应如何相处呢?进而,孔子曰:"躬自厚而薄责于人,则远怨矣。"② 即孔子认为每一个人在与人相处时,都应严于律己,宽以待人,有问题时要对自己重责备,而对别人轻责备,这样一来人与人之间的怨恨自然就不会产生了。同时,还要做到"己所不欲,勿施于人。"③ 对人要将心比心,推己及人,自己不喜欢的东西,就不应强加于别人身上,这样就可以避免产生怨恨,以促进人际关系的和谐。荀子则认为,要使组织中人与人之间的关系达到"和"的状态则要通过"礼义",荀子曰:"故制礼义以分之,以养人之欲、给人之求,使欲必不穷乎物,物必不屈于欲,两者相持而长。""故礼者,养也。"④ 可见,荀子是认为要通过礼

---

① 《论语·子路篇第十三》。
② 《论语·卫灵公篇第十五》。
③ 《论语·颜渊篇第十二》。
④ 《荀子·礼论第十九》。

义来划分人的等级界限,通过等级界限对应的"礼"来制约人的欲望与物质资源的矛盾,通过等级界限使人与人之间相处也上下有别、长幼有序,以及贵贱尊卑均有明确的界定,进而使人与人之间的关系也就井然有序、和谐相处了。正如荀子曰:"贵贱有等,长幼有差,贫富轻重皆有称者也。"① "故尚贤使能,等贵贱,分亲疏,序长幼,此先王之道也。故尚贤使能,则主尊下安;贵贱有等,则令行而不流;亲疏有分,则施行而不悖;长幼有序,则事业捷成而有所休。"② 从这里即可看出,荀子主要是倡导要求全社会都应遵守"礼义",做任何事都要符合"礼义",要使"礼义"制度化,通过"礼义"来规范社会中的一切关系,由此,即可促使整个社会关系呈现出一种井然有序的状态。

由此可见,通过剖析荀子的思想精粹可以发现,其实际蕴含着一个很清晰的关于如何留人的逻辑思路链条,在这一链条中,显然,目的是要让有贤能的人留下来,那如何才能让人才留下来呢,荀子认为,只有组织中营造了一种人与人之间极为和谐的关系氛围,每个人都能各得其所,各得其乐,这样组织才能使有贤能的人真正心甘情愿地留下来,显然,如何构建"和"的人际关系状态是留人的关键,是组织在制定待人政策与实施相应的治理行为措施时需要考虑的最重要的判别标准,从这一角度来看,可以说"以和为贵"是组织留人的根本原则。那如何能够达成这种"和"的状态呢?在荀子看来,首先,就是要定名分,即要划分出整个社会各阶层人员的不同等级职分。由此,每一个人都能明确自己所处的等级职分,这样就初步构建了一个等级秩序井然的"名分"管理体系。荀子就说:"君君、臣臣、父父、子子、兄兄、弟弟,一也;农农、士士、工工、商商,一也。"③ 其次,要让处于不同社会等级阶层上的人以其"名分"对应的"礼"来约束与规范自己,进而,认真履行其所应承担的职位职责,做到安分守己,即"则农以力尽田,贾以察尽财,百工以巧尽械器,士大夫以上至于公侯莫不以仁厚知能尽官职。"④ 最后,社会各

---

① 《荀子·礼论第十九》。
② 《荀子·君子第二十四》。
③ 《荀子·王制第九》。
④ 《荀子·荣辱第四》。

阶层都能各得其所、各得其乐，进而和谐相处而达成"和"的状态。荀子认为，应当尊重和满足人的欲望，但人的欲望又是无限的，因此，满足人的欲望必须：一要与其所对应的社会等级"名分"相匹配，二要符合该"名分"对应的"礼"的规定。这样通过"名分"与"礼"的调节，就可使社会各阶层民众都能够获得与其地位、身份和能力等相对称的社会资源与财富，此时，即便是有些人所分配到的社会资源与财富有差距，但由于有"礼"的调节与约束，人们一般也就都能满意地接受。正如荀子曰："故或禄天下，而不自以为多；或监门、御旅、抱关、击柝，而不自以为寡。故曰：斩而齐，枉而顺，不同而一。"[①] 从而，使整个社会处于各阶层的民众就都能各得其所，使"其耕者乐田，其战士安难，其百吏好法，其朝廷隆礼，其卿相调议"，[②] 于是，人们普遍各得其乐，进而，逐步构建了一个社会秩序井然与关系和谐的状态。

三、儒家留人的目标：仁者爱人，爱人能仁

儒家最著名的经典之一《礼记·礼运篇》中记载着这样一段话："大道之行也，天下为公。选贤与能，讲信修睦。故人不独亲其亲，不独子其子，使老有所终，壮有所用，幼有所长，矜、寡、孤、独、废疾者皆有所养，男有分，女有归。货恶其弃于地也，不必藏于己；力恶其不出于身也，不必为己。是故谋闭而不兴，盗窃乱贼而不作，故外户而不闭，是谓大同。"在这里，儒家对他们所追求的理想社会进行了详细的描述：在这个社会里，人们不再是单单只奉养自己的父母，不单单只抚育自己的子女，还要使老年人都能终其天年，中年人都能为社会效力，幼童都能顺利地成长，要使老而无妻的人、老而无夫的人、幼年丧父的孩子、老而无子的人、残疾人都能得到供养。男子都有职务，女子都有归宿。对于财货，人们憎恨把它扔在地上的行为，却不一定要自己私藏；人们都愿意为公众之事竭尽全力，而不一定要为自己谋私利。因此奸邪之谋不会发生，盗窃、造反和害人的事情不发生。简单来说，儒家实质上是要追求构建一个"爱人"的理想社会，即"大同"。那如何来构建呢？在这里儒家

---

① 《荀子·荣辱第四》。
② 《荀子·富国第十》。

认为这就要求：要让道德品德高尚、真正有贤能的人来治理国家，要倡导诚信的风气，培养和睦的氛围，让真正的君子、真正的仁者在组织中上位，充分调动这些人的积极性，让他们能够忠心耿耿地为组织效力，就可逐步推行与实现"爱人"的理想社会。正如孟子曰："君子所以异于人者，以其存心也。君子以仁存心，以礼存心。仁者爱人，有礼者敬人。"① 显然，孟子就认为君子是与一般人不一样的，君子居心不一样，他们居心于仁，居心于礼，而仁者就会爱别人，尚礼的人就会恭敬别人。由此，正是从这一视角与思路来分析，本书认为，儒家留人的目标首先就是要通过尽力将有贤能的人，也可以说是君子、仁者留在组织中效力，进而实现"爱人"，即儒家留人的目标首先就是"仁者爱人"。

孟子又曰："爱人者，人恒爱之；敬人者，人恒敬之。"② 可见，爱与被爱是相互的，爱别人的人，别人也就会经常爱他，恭敬别人的人，别人也就会经常恭敬他。所以，组织中如果构建了一个"爱人"的环境，在这种环境的影响下，人们始终以"爱"待人，也就会更加追求"仁"了。对此，孟子曰："有人于此，其待我横逆，则君子必自反也：我必不仁也，必无礼也，此物奚宜至哉？其自反而仁矣，自反而有礼矣，其横逆由是也，君子必自反也，我必不忠。自反而忠矣，其横逆由是也，君子曰：'此亦妄人也已矣。如此，则与禽兽奚择哉？于禽兽又何难焉？'"③ 显然，"爱人"的君子、仁人即便是遇到了蛮横无理的人，君子也一定是反躬自问，我一定是不仁，一定是无礼，不然，这态度怎么会来呢？反躬自问后，觉得我实在仁，实在有礼，那人的蛮横无理却仍然不改，君子一定又反躬自问，我一定是不忠，反躬自问以后，我实在是忠心耿耿，那人的蛮横无理仍然如此，君子就会说："这个人不过是个狂人罢了，既如此那同禽兽又有什么区别呢？对于禽兽又能责备什么呢？"可见，这就是"爱人"对"仁"的反作用，"爱人"的君子必定会不断地检讨与思索自己的行为是否有"仁"、是否有"礼"，由此，不断规范与完善自己的行为，也就愈益"仁"了，这就形成了一个"爱人"与"仁"的良性循环。所以，本书认为，儒家留人的目标就是"仁者爱人，爱人能仁"。

---

①②③ 《孟子·离娄章句下》。

| 儒家人才管理 |

据统计,在《论语》中"仁"出现了109次,说明"仁"是孔子在反复强调的一个核心内容,以及孔子对宣扬"仁"的思想的重视。究其含义,根据不同的语境,"仁"有着不同的含义,但其中在《论语·颜渊篇第十二》中有樊迟问仁。子曰:"爱人。"显然,这里将"仁"解释为"爱人"可以说是对儒家"仁"学体系本质的最好概括,从这里亦可看出其实儒家管理思想最终的目标还是落脚在"人"上,儒家认为管理的一切最终都是为了"爱人",而且儒家所倡导的"爱人"不仅仅只是爱家人,而是强调了一个要从亲到疏、从近到远以及从小到大的"爱"的推广过程,正如孔子曰:"弟子,入则孝,出则悌,谨而信,泛爱众,而亲仁。"① 即孔子认为,"爱人"是先从家庭中最基本的"爱人"——"孝"开始,向外拓展到与师长相处要遵守"悌"道,再向外推广到对陌生人要严谨而诚信,进而发展到"泛爱众",由此,在推己及人中实现了儒家"爱人"的理想目标。随着儒家"仁"学思想的不断发展,儒家开始以"生理"来诠释"仁",借用了农耕文明中人们所熟知的最基本的"种子"来隐喻"仁",以此强调"仁"就像"种子"一样是一切"爱"的根源,如程颐认为"仁"就是天生的生理:"心譬如谷种,生人之理便是仁也。"② 王阳明也说:"仁是造化生生不息之理,虽弥漫周遍,无处不是,然其流行发生,亦自有渐。惟其有渐,所以必有发端处。惟有发端处,所以生生不息。譬之木,其始抽芽,便是木之生意发端处;抽芽然后发干,发干然后生枝生叶,然后是生生不息。若无芽,何以有干有枝叶?能抽芽,必是下面有个根在。有根方生,无根便死。无根何从抽芽?父子兄弟之爱,便是人心生意发端处,如木之抽芽。自此而仁民,而爱物,便是发干生枝生叶。"③ 由此,儒家用植物种子来隐喻"仁"便是"爱"之根,由父子兄弟之爱始,譬如木之抽芽、发干、生枝生叶,而后生生不息,将父子兄弟之爱也抽芽、发干、生枝生叶,推己及人爱民、爱物,进而博爱天下。

显然,儒家对"爱人"的这一实现过程特别强调了"仁"是发端处、是根本,只有"仁者"才有"爱人"。由此,也说明组织留住有贤能的人其目标

---

① 《论语·学而篇第一》。
② (北宋)程颢、程颐:《二程集》,中华书局,1981年。
③ (明)王阳明:《王阳明全集》,上海古籍出版社,1992年。

实质上就是要通过留住这些"仁者"来"爱人"。因为,这些"仁者"就是"爱人"的"种子",在孔子的诸多论述中是用了"君子"来代替"仁者"作为道德榜样的,正如子曰:"君子求诸己,小人求诸人。"① "君子喻于义,小人喻于利。""见贤思齐焉,见不贤而内自省也。""君子怀德,小人怀土;君子怀刑,小人怀惠。"② 由此,也充分说明了组织为什么要留住有贤能的人呢?因为,君子与小人不一样:君子严格要求自己,而小人则是严格要求别人;君子懂得的是义,小人懂得的是利;君子看见了贤人就努力向他看齐,看见了不贤的人,就积极反省自己是否也有同他类似的毛病。而且,在面对困难时君子与小人的反应也是不一样的,子路愠见曰:"君子亦有穷乎?"子曰:"君子固穷,小人穷斯滥矣。"③ 孔子认为君子虽然穷,但还是能坚持着,但小人一穷便无所不为了。对此,孔子举例说:"贤哉,回也!一箪食,一瓢饮,在陋巷,人不堪其忧,回也不改其乐。贤哉,回也!"④ 可见,君子特别注重对于自身欲望的抑制,使自身言语与行为符合礼,显然,这说明了君子是具有内在心理上对于"仁"的自觉追求,正如《论语·颜渊篇第十二》中记载,颜渊问仁。子曰:"克己复礼为仁。一日克己复礼,天下归仁焉。为仁由己,而由人乎哉?"有了内在心理上对于"仁"的追求,君子就始终是"爱人"的"种子"、"爱人"的发端处。

那君子是如何"爱人"的呢?孔子对此也进行了具体的阐释,正如《论语·宪问篇第十四》中记载,子路问君子。子曰:"修己以敬。"曰:"如斯而已乎?"曰:"修己以安人。"曰:"如斯而已乎?"曰:"修己以安百姓。修己以安百姓,尧舜其犹病诸。" 在这里,子路请教孔子怎样才能算是一个君子,孔子说修养自己来严肃认真地对待工作,子路问这样就够了吗?孔子又说修养自己来使上层人物安乐,子路又问这样就够了吗?孔子又说修养自己来使所有老百姓安乐。修养自己来使所有老百姓安乐,连尧舜大概也没有完全做到啊!显然,在这里,孔子认为对君子来说,就是要通过修养自己即"修身"来实现"安人",这也与前面分析的君子有内在的对于"仁"的追求是一致的,于

---

①③ 《论语·卫灵公篇第十五》。
② 《论语·里仁篇第四》。
④ 《论语·雍也篇第六》。

是，孔子就将君子的"修己"外化到"安人"这一更大的目标上来的。而如何"安人"呢？孔子认为"安人"就是要行忠恕之道，要推己及人，子曰："参乎！吾道一以贯之。"其他弟子不明白这是什么意思就问曾参，曾子曰："夫子之道，忠恕而已。"① 什么是忠恕呢？忠恕的内涵就在于"其恕乎！己所不欲，勿施于人"、②"己欲立而立人，己欲达而达人"，③ 显然，行忠恕的具体做法就是要"推己及人"。对此，冯友兰也说："行忠恕就是行仁。"④ 朱熹则曰："尽己之谓忠，推己之谓恕。"因此，"推己及人"实际上是分为两个过程：首先是"推己"，是"忠"的做法，"忠"即"尽己"，是发自内心的感受，按自己真实的、道德的想法来看待问题，不受外在因素的影响；其次是"及人"，是"恕"的做法。由此，推己及人就将道德观念转化为了道德行为。⑤ 如果组织中人人都能如此行"忠恕"，首先通过在自己的亲人中实现"忠恕"，再由内向外、由亲及疏推广到他人身上，进而逐步扩展到全社会的"爱人"，由此，这就实现了儒家所追求的要构建一个"爱人"的理想社会。

总之，从上述分析可以看出，儒家留人的目标就是要通过让有贤能的人留在组织中尽忠效力，因为有贤能的君子具有内在的对于自身"仁"的修炼，仁者爱人，爱人能仁，由此，"仁"与"爱人"就能在组织中形成一个良性的循环，进而，通过留人就能最终实现儒家"爱人"的理想目标。

第二节

儒家留人之法

正如上文已经阐述，留住有贤能的人，就要以人为本，尊重人才，善待人才，进而，以优秀的人才来推行"仁政"，从而实现儒家追求构建"爱人"的

---

① 《论语·里仁篇第四》。
② 《论语·卫灵公篇第十五》。
③ 《论语·雍也篇第六》。
④ 冯友兰：《中国哲学简史》，北京大学出版社，1985年。
⑤ 朱绪健：《先秦儒家管理思想研究》，山东大学学位论文，2012年。

理想社会的目标。显然，留人是一项复杂的系统性工作，我们不仅仅是要留住人，更是要留住人的心，这就涉及到了如何对人才进行有效的激励问题，然而，处于不同等级层次的人才其个性需求显然又是不同的，按照现代组织行为学马斯洛需求层次理论观点表明，人的需求可分为生理需求（Physiological Needs）、安全需求（Safety Needs）、爱和归属需求（Love and Belonging Needs）、尊重需求（Esteem Needs）和自我实现需求（Self-actualization Needs）五类，依次由低层次到较高层次排列。如何考虑与满足人的不同层次需要是激励的起点，也是决定激励是否有效的关键，从而也是决定组织能否留住人才的关键。综述儒家管理经典，我们发现儒家管理思想在面对如何留人问题时，就已充分考虑了人的不同层次需求的差异，从而形成了诸多有效的留人之法，在这里，本书拟将其归纳为待遇留人、情感留人与事业留人三个方面来对儒家留人之法予以阐述。

一、待遇留人是基础：惠则足以使人

毫无疑问，儒家尤其崇尚"节俭"的思想，甚至在面对其特别重视的"礼"时，儒家也极力主张应节俭，正如子曰："礼，与其奢也，宁俭；丧，与其易也，宁戚。"孔子认为就一般礼仪来说，与其铺张浪费，宁可朴素俭约。因此，孔子对一些俭朴的生活方式予以了大加赞赏，如孔子对他的弟子颜回生活之节俭就赞叹道："贤哉，回也！一箪食，一瓢饮，在陋巷，人不堪其忧，回也不改其乐。贤哉，回也！"[1]可见，孔子是倡导应节俭，即便是过着很俭朴的生活也会乐在其中，正如子曰："饭疏食饮水，曲肱而枕之，乐亦在其中矣。不义而富且贵，于我如浮云。"[2]吃着粗粮，喝着冷水，弯着胳膊做枕头，也有乐趣。通过做不正当的事而得来的富贵，在我看来就好像是浮云。

然而，即便如此，儒家在对人的激励方面也并不否定人对于物质欲望的追求，儒家甚至认为抑制人的物质欲望是不人道的，因此，要尊重人们对于物质利益的追求，孔子就把"足食"看作是治理政事需要解决的三个重大问题之

---

[1]《论语·雍也篇第六》。
[2]《论语·述而篇第七》。

| 儒家人才管理 |

一，他认为只有满足了人们的物质利益需要，才能调动人的工作积极性。正如子曰："恭则不侮，宽则得众，信则人任焉，敏则有功，惠则足以使人。"① 在这里，孔子认为只有满足了人的物质利益需要，才能调动人的工作积极性，显然，这也是一个组织能够吸引人才、留住人才的基础，作为优秀的管理者首先就应尊重人的物质利益需要，要尽可能给予下属更好的福利待遇，正如《论语·雍也篇第六》中记载，子贡曰："如有博施于民而济众，何如？可谓仁乎？"子曰："何事于仁！必也圣乎！尧舜其犹病诸！"可见，孔子认为如果管理者能够广泛地给予人们更多的好处，帮助大家生活得更好，其行为不仅仅是实行仁道了，且一定是圣德了！连尧舜或者都难以做到哩！

由此可以看出，孔子对于人性的认识还是比较准确的，孔子认为"好富恶贫"是人的共同心理，所以孔子并不反对人们对于利益的追求，但认为对富贵的追求要用正当的方法，正如孔子曰："富与贵，是人之所欲也；不以其道得之，不处也。贫与贱，是人之所恶也；不以其道得之，不去也。"② 在这里，孔子明确提出无论是对于富与贵的追求，还是想摆脱穷困与下贱，都应当采用正当的方法，只要是追求富贵的方法不违背"义"，遵循儒家"君子喻于义，小人喻于利"，③ "君子义以为上"④等义利观，就可以大胆地寻求。对此，孔子甚至认为，如果可以去求得财富，即使是去干给人提马鞭的差事，他也会没有二话去干，如子曰："富而可求也，虽执鞭之士，吾亦为之。"⑤

孟子继承了孔子的这一观点，也充分肯定了人性对于利益的追求，由此，孟子认为，只有纵横各一百里的小国也可通过施行仁政而使天下归服，称王于天下，而施行仁政就是要对百姓减轻刑罚、减免税赋等，即孟子曰："地方百里而可以王。王如施仁政于民，省刑罚，薄税敛，深耕易耨。"⑥ 显然，这也是充分承认与肯定了民众对于经济利益的追求，因此，要想天下的臣民都来归服，天下的贤德之人为之臣服，其首要的条件即是要满足人们对于物质利益的追求，对此，孟子甚至认为尊重人们对于物质利益的追求是施行仁政的根本，

---

①④ 《论语·阳货篇第十七》。
②③ 《论语·里仁篇第四》。
⑤ 《论语·述而篇第七》。
⑥ 《孟子·梁惠王章句上》。

如孟子曰:"王欲行之,则盍反其本矣:五亩之宅,树之以桑,五十者可以衣帛矣。鸡豚狗彘之畜,无失其时,七十者可以食肉矣。百亩之田,勿夺其时,八口之家可以无饥矣。谨庠序之教,申之以孝悌之义,颁白者不负戴于道路矣。老者衣帛食肉,黎民不饥不寒,然而不王者,未之有也。"① 在这里,孟子认为君主施行仁政的根本就是要满足人们对于经济利益的追求,如每家给5亩土地的住宅,四周种植着桑树,那么,50岁以上的人都可以有丝绵袄穿了,让老百姓有力量和工夫去饲养鸡狗猪等家畜,那么,70岁以上的人就都有肉可吃了。一家给100亩田地,并且不妨碍他们的生产,八口人的家庭就可以吃得饱了。学校反复地用孝顺父母、敬爱兄长的大道理来对民众进行教育与开导,那么,须发花白的人也就不会头顶着、背负着物件在路上行走了。老年人个个穿绵吃肉,一般人不冻不饿,这样还不能使天下归服的,那是从来没有的事。可见,对于组织如何能够将优秀的人才留下来,其留人的基础就是要以待遇留人,即如上面所阐述的,君主要大力施行仁政,要满足人们的经济利益需求,按照现代组织行为学的需要层次理论观点,满足人们的生理需要是其他一切需要的基础,也是对人进行激励的基础,因此,组织以待遇留人也应是留人的基础。由此,孟子认为君主如果大力施行仁政,保障臣民能够得到其对于经济利益的诉求,就可以使天下有贤德的人都愿意到他手下来做官,其他民众也愿意归服了,于是,组织留人也就轻而易举了。正如孟子曰:"今王发政施仁,使天下仕者皆欲立于王之朝,耕者皆欲耕于王之野,商贾皆欲藏于王之市,行旅皆欲出于王之涂,天下之欲疾其君者皆欲赴愬于王。"②

荀子也继承与发展了孔孟的义利观,他肯定了人们追求物质利益是正当的行为,如从荀子以君主如果想要得到"善于射箭的人"与"善于驾驭车马的人",应采取的策略这一例子中即可看出,荀子曰:"人主欲得善射——射远中微者,县贵爵重赏以招致之……欲得善驭——及速致远者,一日而千里,县贵爵重赏以招致之。"③ 可见,荀子在这里明确地提出,要想得到真正的人才,就必须要委以重任,要拿出高贵的爵位、丰厚的奖赏来招引他们,由此可见,

---

①② 《孟子·梁惠王章句上》。
③ 《荀子·君道第十二》。

荀子对人们对于"利"的追求的重视与充分肯定。但荀子也强调，在注重于"利"的同时也必须要对其进行上位者的引导，荀子曰："义与利者，人之所两有也。虽尧、舜不能去民之欲利，然而能使其欲利不克其好义也。"① 可见，荀子认为道义与私利是每一个人所固有的两种东西，即使是尧、舜这样的明君也不能去除民众追求私利的欲望，而只能是使人们对于私利的追求不超过对于道义的爱好。由此，言下之意对待人才无疑也应首先是要满足人才对于物质利益的追求，只要引导其对利益的追求不违背道义，唯有如此的留人之道才符合人性，也只有人对于经济利益的追求得到了满足才能安下心来。所以，荀子极力主张要让官员能够获得其应得的合理报酬，要使官员的名位同他的俸禄相称，使官员的俸禄还要同他的作用相称，正如荀子曰："德必称位，位必称禄，禄必称用。"惟有如此，才能使人才对于其报酬待遇的心理契约不会被违背，显然，也只有满足了人才对于其待遇的心理期望，其才会有可能在组织中"安"下心来。

对此，董仲舒就明确提出："天之生人也，使人生义与利。利以养其体，义以养其心。心不得义，不能乐；体不得利，不能安。义者，心之养也；利者，体之养也。"② 可见，董仲舒特别强调了义与利对于人的根本作用，其中，董仲舒认为如果"体不得利"就不能使人"安"，那么，此时要想留人也就很难了。因此，组织要想留人，就必须首先要"安"人，而要"安"人就要使"体得利"，因为"利者，体之养也"，由此也说明，待遇留人是基础，惠则足以使人。

二、情感留人是根本：君使臣以礼，臣事君以忠

显然，待遇留人是满足人性对于经济利益追求的一种有效的办法，是有效激励人才与留住人才的基础，然而，仅仅只做到了这一点是远远不够的。因为，人是有感情的一种高级动物，对于人的任用与激励是一项复杂的系统性工程，远非唯一的待遇留人之法便可以解决的。根据现代组织行为学理论的人际

---

① 《荀子·大略第二十七》。
② 《春秋繁露·身之养重于义》。

第六章 儒家留人观

关系学说观点认为,人非"经济人",因此,对于人的激励,金钱报酬不是提高人们积极性的唯一动力,人是"社会人",即人不仅有经济与物质方面的需求需要得到满足,更重要的是人还有社会与心理方面的需求需要得到满足。换句话说,人是有感情的,是有精神需求的,由此,对人的激励要在给予合理的薪酬待遇基础上,更应关注员工的心理,要尊重员工以提高员工的满意度,唯有如此才能真正有效地激励员工,使员工从情感上更加愿意留在组织中,显然,也只有员工从情感上真正愿意留在组织中时,组织才能够实现其留住员工之"心"的目标,而不仅仅只是留住了员工的"身"。从这一角度来说,情感留人应是留人的根本,对此,孔子就君主应如何通过情感嵌入来促使臣子对其尽忠进行了阐述,子曰:"君使臣以礼,臣事君以忠。"①

可见,儒家认为对人的激励除了物质、地位上的激励外,情感激励也是非常重要的一种手段,君主尊重臣子,以礼贤下士的方法任用、礼待臣子有时甚至比用高官厚禄更能吸引人才与留住人才,正如孔子认为,君主遵循"礼"来任用臣子,臣子就会以忠心来回报君主。由此,古代帝王为吸引人才,调动人才的积极性,想尽了办法以期望从情感上去打动人才,留下了众多经典的留人实例,如《史记·鲁周公世家》中记载:"然我一沐三捉发,一饭三吐哺,起以待士,犹恐失天下之贤人。"是说周公惟恐失去天下贤人,洗一次头时,曾多回握着尚未梳理的头发;吃一顿饭时,亦数次吐出口中食物,迫不及待地去接待贤士。由此可见,周公对待人才的尊重程度,以及如何通过礼贤下士以"情感"嵌入来赢得人才的"心"了。《资治通鉴·魏文侯书》中则记载,文侯与虞人期猎。是日,饮酒乐,天雨。文侯将出,左右曰:"今日饮酒乐,天又雨,公将焉之?"文侯曰:"吾与虞人期猎,虽乐,岂可不一会期哉?"乃往,身自罢之。在这里,记载了魏文侯即便是下着大雨也坚持去赶赴负责打猎的一个小官之约,以其诚实守信赢得了大臣与百姓的信任,从而,使天下豪杰贤士均闻风来归,由此,拥有与留住众多的贤士也便是很简单的事了。

显然,君与臣之间的关系就是一种相互作用、互为因果的关系,在孔子看来,这种关系的良好状态就是要实现"礼"与"忠"的平衡,即以君是否合

---

① 《论语·八佾篇第三》。

| 儒家人才管理 |

"礼"与臣是否尽"忠"来作为衡量君臣关系的基本标准，显然，君主要想真正地以情感打动臣下，就必须要待臣以"礼"，作为回报，臣子就会对君主以尽"忠"来事君，由此，君主也就真正留住与赢得了臣子的"心"。由此可见，情感留人是解决如何留住人的"心"这一根本问题有效方法。无疑，君与臣之间这一"礼"与"忠"的平衡关系缺少了其中的任何一项，君臣之间和谐关系也就随之破裂。对君臣之间情感的这种互为影响、互为作用的关系，孟子也进行了更为具体的阐述，孟子曰："君之视臣如手足，则臣视君如腹心；君之视臣如犬马，则臣视君如国人；君之视臣如土芥，则臣视君如寇仇。"① 显然，在这里，孟子认为，是否能够获得臣子对君主的忠心，则取决于君主是否对臣下进行了情感投入，如果君主重视臣下，将其看作为自己的手脚一样重要，那么，臣下就会把君主也看作为自己的腹心，无疑，此时两者间就形成了一种较深厚的情感相互依赖关系，臣下也就会死心塌地地为君主尽忠效力，显然，这就是以情感留人之法留住并赢得了人才的"心"。相反，如果君主不注重对臣下的情感投入，而把臣下看作为狗马，那么，臣下也就会把君主看作为一般人了，甚至有的君主还会把臣下看作泥土草芥，那么，臣下更是会把君主看作为仇敌了，无疑，君臣之间在这一关系下，相互之间没有丝毫的情感依赖关系可言，有的或许也就只有相互利用或互为工具关系而已，此时，要想其为君主死心塌地地尽忠效力几乎是不可能的了，于是，即便是能够将其强留在组织中，结果也可能只是"身在曹营心在汉"了。

因此，儒家虽然也会将"名、位、利"等都作为对人才进行激励的重要手段，然而，在儒家看来，这些激励手段与其最为推崇的激励手段相比又仅占次要地位，儒家认为对人进行激励最为重要的手段就是推行"仁政"，因为"仁者爱人"，"爱人"是儒家仁学思想的基本核心。而"爱"是对人进行激励最为有效的力量，管理者只有以"爱"去感化被管理者，让被管理者感知到管理者对其"爱"的情感投入，由此，才会激起被管理者对管理者情感回报，从而使双方的情感依赖愈益增强，进而以情感投入来留住与赢得人才的"心"才是解决了留人之根本。所以，在君臣关系的维护中，儒家尤其主张君

---

① 《孟子·离娄章句下》。

主应实行"仁政",孟子曰:"君仁,莫不仁。君义,莫不义。"① 在这里,孟子就认为,君主若仁,便没有人不仁,君主若义,便没有人不义了。这也说明了,首先君主要以"仁"对待臣子,要让臣子感受到君主对其的"爱",那么,臣子也就都"仁",进而也就会对君主尽忠了。在君主对待臣民的态度上,孟子甚至提出了"民为贵,社稷次之,君为轻"的"以民为本"的思想,这也从留人的理念上确立了君主应遵循的最为基本的待人原则,即君主对待臣子要以"民贵君轻"的思想为指导来尊重人才、厚待人才,进而感化人才并激起人才对君主的情感承诺。荀子对仁学思想的阐述主要是"以礼释仁",荀子强调仁者就是要尊重礼数,而注重"礼"就是"仁"的表现,要在礼节中找到"节"和"忠",由此,言下之意也就是君主要尊重"礼数",要以"礼"待人,以"礼"来赢得臣下对其"忠"的回报,这一观点显然也与孔子的"君使臣以礼,臣事君以忠"不谋而合,也进一步说明了,儒家在留住人才问题上强调要以情感投入来获得人才之心的观点是一致的。相反,正如荀子曰:"无爱人之心,无利人之事,而日为乱人之道,百姓讙敖,则从而执缚之,刑灼之,不和人心。如是,下比周贲溃以离上矣,倾覆灭亡,可立而待也。"② 即如果一个君主对待臣民不尊重"礼数",由此对民众没有"爱"人之心,不做对人才有利的事,而是天天搞那些扰乱人民的歪门邪道,对待民众不是以"爱"来调解民心、以"爱"来感化他们,而是采取暴力手段来强力制服他们,其结果必将是臣民结伙逃散而离开君主了,国家灭亡也就为期不远了。

由此,儒家主张君主应推行仁政,核心就是要"爱人",并且应将"爱人"推己及人,从爱家人要推进到爱周围的人,进而推进到要爱天下所有人,所以孟子曰:"老吾老,以及人之老;幼吾幼,以及人之幼。天下可运于掌。"③ 统治者要以同情、仁爱的态度来予以国家治理,要真正地以尊重人、关爱人为核心来推行仁政,天下才能得以大治,对此,孟子曰:"先王有不忍人之心,斯有

---

① 《孟子·离娄章句下》。
② 《荀子·强国第十六》。
③ 《孟子·梁惠王章句上》。

不忍人之政矣。以不忍人之心，行不忍人之政，治天下可运于掌上。"① 显然，在这里，"不忍人之心"就是一种同情仁爱之心，君主有了怜恤关爱人的心情就会实施怜恤关爱别人的政治。儒家认为这样的君主才值得臣下去尽忠，因为，儒家认为臣下对君主忠诚的最终目的也就是要有利于整个社会稳定，民众能够安居乐业，由此，儒家主张臣下对君主尽忠应遵循"道"，而不应是无原则地绝对的"愚忠"，要看对君主的"忠"是否有利于国家的根本利益。所以，孔子曰："所谓大臣者，以道事君，不可则止。"② 荀子更是明确提出不能对君王愚忠，要"从道不从君"。③ 对应该如何尽忠于君王，荀子进行了详细的阐述，荀子曰："从命而利君谓之顺，从命而不利君谓之谄；逆命而利君谓之忠，逆命而不利君谓之篡。"荀子认为，服从君王的命令而有利于整个国家及其君王的利益，就是顺从，服从君王的命令而不利于整个国家及其君王的利益，就是谄媚；违抗君王的命令却有利于整个国家及其君王的利益，才是真正的忠，而违抗君王的命令却不利于整个国家及其君王的利益，则是篡夺。由此可见，荀子主张忠于君王应遵循"道"，即要判别自己的"忠"是否有利于整个国家及其君王的利益，当从君与从道发生冲突时，要毫不犹豫地选择舍君而从道。对此，孟子曰："君有过则谏，反覆之而不听，则去。""君有大过则谏；反覆之而不听，则易位。"④ 显然，孟子也认为臣下在辅佐君王时，君王有错误，便应予以劝阻，反复劝阻还是不听从的话，就自己离职，如果君王犯有重大错误，反复劝阻还不听从的，甚至可以考虑将其废弃而改立别人。由此，孟子就非常认同百里奚的做法，百里奚是虞国人，当时晋人用垂棘的美玉和屈地所产的良马向虞国借路以攻打虢国，"宫之奇谏，百里奚不谏。"⑤ 是说当时虞国大臣宫之奇谏阻虞公，力劝虞公不要允许，但是百里奚却不去劝阻。对此，孟子曰："不可谏而不谏，可谓不智乎？知虞公之将亡而先去之，不可谓不智也。时举于秦，知穆公之可与有行也而相之，可谓不智乎？相秦而显其

---

① 《孟子·公孙丑章句上》。
② 《论语·先进篇第十一》。
③ 《荀子·臣道第十三》。
④ 《孟子·万章章句下》。
⑤ 《孟子·万章章句上》。

君于天下,可传于后世,不贤而能之乎?自鬻以成其君,乡党自好者不为,而谓贤者为之乎?"① 可见,儒家是认为臣下事君主以"忠"要视君主情况而定的,如果君主属不可劝阻的,那就不去劝阻,如果预见到君主即将要灭亡,那就早早地离开,就像百里奚一样这都属于明智之举。必要时甚至可以易人而事,去辅佐更有"仁爱"、更有作为的君主也是聪明的做法,如百里奚预知到秦穆公是一位可以更有作为的君主就去辅佐他,作为秦国的卿相,使穆公在天下有显赫的名望而足以流传于后代,这都是贤者聪明的做法,而非不"忠"也。正如荀子就对"桀、纣有天下,汤、武篡而夺之"的说法予以了批判,荀子就认为君王的位置并不必然就是"天子唯其人"而不可以更换的,关键是要看君王是否仁义,是否爱人,如果一个君王没有丝毫德行,不遵从礼法,行为如同禽兽,使天下民众处于水深火热之中,那么就像汤、武推翻桀、纣一样去推翻该君王都不是臣下篡权,即"汤、武非取天下也",而是"修其道,行其义,兴天下之同利,除天下之同害,而天下归之也"。②

可见,儒家一方面强调了臣下要"臣事君以忠",但同时又明确地提出了臣下对君王不能"愚忠"。儒家认为君主这个位置是高尚的,但处在这一高尚位置上的君主这个人并不必然是神圣不可侵犯的,这就要看臣下所效忠的君王这个人是否具有"爱人"之心,效忠于他是否有利于整个国家及其百姓。因此,根据儒家这一臣子尽忠之道的理论观点,从君主的这一角度来看就尤其值得君主对此予以高度重视,对此,儒家明确告诉君王应崇尚礼法,推行仁政,要"爱人",要"君使臣以礼",唯有如此,有贤能的人才会愿意留下来为其尽忠效力,天下人也都会来归顺于他;相反,有贤能的人就都会离他而去,天下人也就都会抛弃他,正如荀子曰:"天下归之之谓王,天下去之之为亡。"③

三、事业留人是关键:故由天子至于庶人也,莫不骋其能、得其志、安乐其事

美国哈佛大学教授戴维·麦克利兰(David McClelland)通过对人的需求

---

① 《孟子·万章章句上》。
②③ 《荀子·正论第十八》。

和动机进行研究,于50年代提出了成就激励理论。麦克利兰认为,在人的生存需要基本得到满足的前提下,人们会进一步对成就需要、权力需要和亲和需要等高层次需求具有更多的追求,该理论认为成就需要是指人们根据适当的目标追求卓越、争取成功,以实现个人自身价值最大化的一种内驱力。麦克利兰还认为,具有强烈的成就需求的人并不特别看重成功所带来的物质奖励,而是渴望将事情做得更加完美,提高工作效率,获得更大的成功,他们追求的是在争取成功的过程中克服困难、解决难题、努力奋斗的乐趣,以及成功之后的个人的成就感。

显然,根据这一理论,对人才的激励仅仅关注经济刺激是不够的,尤其是对那些具有强烈成就欲的人,薪酬待遇激励有时仅仅只是起着保健的作用,因此,对人才的激励应该是物质激励与精神激励并重,以满足人才对不同层次需要的追求,进而最大限度地调动人才的积极性。对此,荀子曰:"古者明王之举大事、立大功也,大事已博,大功已立,则君享其成,君臣享其功,士大夫益爵,官人益秩,庶人益禄。是以为善者劝,为不善者沮,上下一心,三军同力,是以百事成而功名大也。"① 在这里,儒家以古代英明的帝王如何对臣下业绩予以充分的肯定,采取相应的激励措施以最大限度地优化君臣关系及调动臣下积极性为例,来阐述了其主张对待臣下应物质激励与精神激励并重的观点,要在运用物质激励满足臣下对经济利益追求的基础上,给予臣下足够的权力与自主性,以提供给臣下一个充分施展其才华的平台,进而使臣下拥有一个能够为之奋斗而实现其个人价值最大化的事业,并在这一事业目标的追求过程中满足其强烈的成就欲,由此,使人才心甘情愿地留在组织中并为此事业而奋斗,显然,从这一角度来看,运用事业留人之法是留人的关键。

为什么人才一般都具有强烈的成就欲,都有着极力通过对某一事业目标的追求而实现其个人价值最大化的欲望呢?现代组织行为学的激励理论对此进行了较为充分的阐述,然而,儒家经典思想更是早就对此进行了明确的论述,正如荀子曰:"故由天子至于庶人也,莫不骋其能、得其志、安乐其事,是所同也。"显然,荀子认为,从天子到普通百姓,没有谁不想充分施展自己才能

---

① 《荀子·强国第十六》。

的，没有谁不想着实现自己的志向，也没有谁不想安逸愉快地从事自己的工作，这是每个人都具有的共同特点。由此可以看出，荀子认为，人们期望通过对事业目标的追求而实现其人生价值的最大化是从天子到普通百姓所有人的共同追求，于是，要满足人的这一成就需要特点，君主要想留住与赢得人才的忠心，除要运用待遇留人、情感留人策略之外，还应考虑如何满足人才对于其事业目标及其实现个人价值最大化目标的追求，由此，君主任用人才就应遵循任贤使能的原则，尤其是任用之后要能够做到放手使用，要予以充分的信任，授予其充分的权力及其必要的资源，给人才提供一个充分施展其才华的平台，这才是对人才最大的一种激励。就如儒家非常推崇齐桓公对管仲的任用与激励之法，如荀子就认为齐桓公发现管仲的才能就将国家托付给他，并且忘掉管仲曾经对他的仇恨，并尊称他为仲父而予以重用，这是天下最大的明智与最大的决断，正如荀子曰："夫齐桓公有天下之大节焉，夫孰能亡之？倓然见管仲之能足以托国也，是天下之大知也。安忘其怒，出忘其雠，遂立以为仲父，是天下之大决也。"① 值得称道的是，齐桓公任用管仲后对其深信不疑，给予了管仲充分发挥其才能的平台，由此，齐桓公也在管仲辅佐下成为了春秋时期的首个霸主，成就了其"一匡诸侯"的霸业。显然，管仲以其毕生的才华尽忠于齐桓公，是与齐桓公对管仲给予了充分的物质与精神激励分不开的，荀子曰："立以为仲父，而贵戚莫之敢妒也；与之高、国之位，而本朝之臣莫之敢恶也；与之书社三百，而富人莫之敢距也；贵贱长少，秩秩焉，莫不从桓公而贵敬之。"② 由此可见，齐桓公不仅给予了管仲足够的物质利益，还给予了管仲充分的精神激励，尊称管仲为仲父以示对管仲的尊敬，并使皇亲国戚、朝野大臣、平民百姓等无不顺从桓公而都去尊敬他，不仅如此，齐桓公还特许管仲可以享受与国君一样的礼遇，在大门口设立照壁，在堂上设置了在国君设宴招待外国君主时放置酒杯的设备，可见齐桓公对管仲的礼待程度有多高，以致孔子都批评管仲接受桓公的礼待级别太高，竟然享受了与君主一样的礼待，是太不懂得礼节了，正如《论语·八佾篇第三》中记载，"然则管仲知礼乎？"曰："邦君树塞门，管氏亦树塞门。邦君为两君之好，有反坫，管氏亦有反坫。管

---

①② 《荀子·仲尼第七》。

氏而知礼，孰不知礼？"孔子批评管仲说，假若说管仲懂得礼节，那还有谁不懂得礼节呢？言下之意，是说管仲几乎就是最不懂得礼节的人了。但从另一个角度来看，也就说明了齐桓公为了肯定与奖励管仲的贡献和功劳，为了笼络管仲并使其死心塌地尽忠于自己是多么的用心与用力了。显然，对于管仲而言，从齐桓公这里，他不仅获得了极高的物质待遇，而且还受到桓公尊称为仲父的尊敬，以及王公大臣、普通民众等几乎从上到下所有人的尊敬，更为难得的是桓公给予了他尽情施展其个人才华的平台与机会，使其在辅佐桓公实现称霸于各诸侯的事业目标过程中，也将其个人的人生价值实现了最大化。显然，在这里，齐桓公对管仲不仅给予了优厚的待遇激励以及情感激励，更为关键的是提供给了管仲一个让其愿意为之而奋斗终生的事业，以让管仲在追求事业目标及其实现目标的同时满足了其强烈的成就欲，进而使其心甘情愿地为之尽忠效力，无疑这一事业留人之法是留人的关键。

作为臣子，受到君王如此厚待，就连很看不起管仲的曾西在讲到齐桓公对管仲的礼待时都不由自主地流露出羡慕的神态。对此，《孟子·公孙丑章句上》中就有记载，曾经有人问曾西"然则吾子与管仲孰贤？"曾西艴然不悦，曰："尔何曾比予于管仲？管仲得君如彼其专也，行乎国政如彼其久也，功烈如彼其卑也；尔何曾比予于是？"由此可见，在曾西看来，管仲受到齐桓公的信赖是那样的专一，行使国家的政权是那样的长久，其取得的功绩却是那样的卑小，那还有什么理由不死心塌地地为其君主尽忠效力呢？对此，孟子也说："尊贤使能，俊杰在位，则天下之士皆悦，而愿立于其朝矣。"[1] 显然，在孟子看来，对于有贤能的人要给予足够的尊敬，要将这些有贤能的人都提拔到相应的官职上来，给他们提供一个让其充分施展其才华的平台，让这些人才在对事业目标的追求与实现中满足其强烈的成就欲，这样就可使天下的士子都会为之而高兴，由此，天下的士子也就都愿意来到这个朝廷为其效力了，可见，提供给有贤能的士子一个事业平台及其目标，从而使其心甘情愿地留下来，这才是留人的关键。

---

[1] 《孟子·公孙丑章句上》。

第三节
儒家留人实践及其应用

一、海底捞发展概况

成立于1994年3月20日的四川海底捞餐饮股份有限公司是一家以经营川味火锅为主,融汇各地火锅特色于一体的大型直营连锁企业,全称是四川海底捞餐饮股份有限公司,创始人张勇。

(一)海底捞发展历程

1994年3月25日,海底捞火锅城正式在四川省简阳市开业。1999年4月,于西安市雁塔区大雁塔北广场开设了西安首家店。随后,西安建国路店于2002年9月开业;11月,郑州经八路店营业。2003年6月,西安东五路店营业;同年11月,郑州红专路店营业。

2004年3月,陕西省消费者协会将海底捞西安分店评为"诚信单位";同年7月,北京市海淀区大慧寺路2号开设了北京首家店。2005年2月,海底捞郑州淮河路店开业;同年3月,陕西省消费者协会将西安分公司评选为"诚信单位";4月,西安西关店开始营业;7月,北京牡丹园店正式营业。2006年3月,陕西省消费者协会再次将海底捞西安分公司评选为"诚信单位";四川省简阳市海底捞餐饮有限责任公司于同年10月成为四川烹饪协会理事会成员单位;同年11月,四川省简阳市海底捞餐饮有限责任公司正式被宣布其为中国烹饪协会会员单位以及正式将成都分公司西河生产基地鸡精生产线投入生产;12月,上海首家店(吴中路店)于上海市闵行区吴中路1100号正式营业,并且,西安市卫生局将西安市海底捞火锅城西关正街分店评选为"A级免检单位"。2007年2月,海底捞在郑州成立了第四分公司(西大街店);并且,参与了由"陕西省慈善协会"发起的针对贫困山区失学儿童的救助工作,同时为进行义卖投资了5万元;同年3月15日,陕西省消费者协会将西安分公司评为"好吃不贵"奖;随后,海底捞于4月13日完成了港澳台的商标注册工作；5月，海底捞成都分公司获HACCP证书和质量管理体系认证证书；6月，海底捞北京牡丹园店举行了著名餐饮"百胜集团"上半年度"区域经理大会"，全体200余人光临；随后，海底捞董事长张勇被邀成为著名餐饮"百胜集团"2007年度上半年"区域经理大会"的特别嘉宾；12月，川菜产业20年发展成就表彰大会上，海底捞被评为"川菜发展最具发展潜力品牌"；同月，河南省法律协会授予郑州分公司"河南省法律维权重点保护单位"称号；随后，北京红庙店正式开始营业。2008年1月，海底捞获得"大众点评网"2007~2008年度"最受欢迎10佳火锅店"和"2007年最受欢迎20佳餐馆"；2月，西安经开店开业；4月21日，海底捞荣获四川省质量技术监督宣传服务中心授予的2008年"3·15"质量信誉同盟企业称号；5月，海底捞荣获中国烹饪协会授予的"中华名火锅"称号；8月6日，西安立丰国际店正式开业；9月，在由《当代经理人》杂志主办的"中国餐饮连锁业成长十强"中，海底捞获得第一名；9月，上海长寿路店正式投入营业；10月18日，在《首批全国餐饮行业企业信用等级评价》中，海底捞荣获"企业信用评价AAA级信用企业"；同年11月，西安解放路店正式营业，并且，在第二届《美食风暴》评选活动中，海底捞又荣获"2008年度的京城餐十佳火锅餐厅"称号。2009年4月，天津2店、天津3店正式营业；同年5月，北京石景山店正式营业；6月1日，南京中山南路店正式营业；同年7月，海底捞西安雁南路店开始正式营业；之后，于9月、11月，海底捞北京紫竹桥店、天津4店分别投入运营。2010年1月22日，在长江年度论坛暨长江年度人物颁奖典礼上，海底捞董事长张勇荣获"2010年度长江年度人物"称号；同年2月，沈阳首家店（潮汇店）正式营业；5月，沈阳大悦城店、北京公主坟店先后正式营业；6月，海底捞正式开展"火锅外卖"的业务，上海北京西路店、南京龙园西路店、天津河东万达广场店以及天津新开路店等正式营业。2011年3月，海底捞成立员工呼叫中心；5月，中国烹饪协会授予张勇董事长"2010年度中国餐饮业十大人物"，并且海底捞在"2010年度中国餐饮企业百强"中，位居第20名；同年5月，经国家工商总局商标局认定"海底捞"商标列为"中国驰名商标"。2012年3月，海底捞进一步促进了品牌形象的统一化和专业化；6月，随着海底捞党支部成立，海底捞也走向了更加正规化的道路。之后，随着海底捞相关业务的不断丰富和发展，海底捞进一步对相应的服务、品牌形象等的发展进行了不断地创新和完善，直至现在，海底捞仍然保持着稳定的发展，在服务行业树立了企业良好的形象。

（二）主要业绩

20余年来，海底捞在北京、上海、西安、郑州、天津、南京、杭州、深圳、厦门、广州、武汉、成都、昆明等44个城市有152家直营餐厅，以及在中国台湾也开设直营餐厅；在国外，海底捞遍布新加坡、美国、韩国和日本等国家。目前，海底捞七个大型现代化物流配送基地、一个底料生产基地，其中北京、上海、西安、郑州、成都、武汉和东莞为其7个大型物流配送基地，其基于"采购规模化、生产机械化、仓储标准化、配送现代化"的宗旨，形成了集采购、加工、仓储、配送为一体的大型物流供应体系；同时位于郑州的底料、调料生产基地具有出口企业备案资质，已通过了ISO9001：2008质量管理体系认证，同时产品也通过了HACCP认证。海底捞曾先后在四川、陕西、河南等省荣获"先进企业"、"消费者满意单位"、"名优火锅"等十几项称号和荣誉，创新的特色服务赢得了"五星级"火锅店的美名；曾在2008~2012年连续5年荣获大众点评网"最受欢迎10佳火锅店"，同时，在2008~2014年连续7年获"中国餐饮百强企业"荣誉称号，到2011年5月27日，"海底捞"公司商标荣获"中国驰名商标"，海底捞公司发展至今，俨然已成为了海内外瞩目的品牌企业。并且，国内国外众多电视媒体对海底捞进行了相应报道，例如中央电视台二套《财富故事会》和《商道》曾两次对"海底捞"进行专题报道；湖南卫视、北京卫视、上海东方卫视、深圳卫视等电视媒体多次进行报道；美国、英国、日本、韩国、德国、西班牙等多国主流媒体亦有相关报道。海底捞历经20余年来市场和顾客的检验，已成功地打造出信誉度高，颇具四川火锅特色，同时融会巴蜀餐饮文化"蜀地、蜀风"浓郁的优质火锅品牌。作为一家餐饮服务业，海底捞公司始终秉承"服务至上、顾客至上"的理念，同时坚持以创新为核心，不断突破传统标准化、单一化的服务，积极倡导个性化的特色服务，以致力于为顾客提供愉悦的用餐服务；并且在管理上，海底捞始终倡导双手改变命运的价值观，致力于为企业员工创建公平公正的工作环境，以及实施人性化和亲情化的管理模式，进一步提升员工价值。

二、海底捞留人概述

海底捞模式的核心在于践行"双手改变命运"的理念,给长期身处社会底层的人们带来了尊严、转机和希望,因此,可以说,迎合了新生代农民工的心理诉求。然而,事实上,这本并无多大创新,其与许多企业倡导的"今天的付出决定你明天的命运"、"你的命运你做主"等理念大同小异,但海底捞通过长期的一致性言传践行让员工产生了潜移默化的心理共鸣,并让员工发自心底地相信了"双手能改变命运",而这种信念的力量才是海底捞成功的关键,同时也正是其他企业模仿的"瓶颈"。作为教育程度不高、经济基础不好的农民工,他们很少能够"舍弃今天",为了明天,也很难真正相信"狡猾的老板",甚至有点"不见兔子不撒鹰"的死心眼,但他们懂得将心比心、知恩图报。正是海底捞员工平时所感受到的点点滴滴以及发生在他们身边的杨小丽、袁华强、林忆等人的鲜活故事让这些朴实的农民工对张勇、对海底捞产生了信任和心理共鸣,显然,其他企业要做到这一点非常不容易。在海底捞,不难发现,员工只要发现顾客有需求,任何人都会及时予以响应,无论工作是否超出了他们的岗位职责,而这在组织行为学中,就是所谓的"组织公民行为",它实现了海底捞服务角落的无缝对接。与同行翻台率相比,海底捞火锅店的翻台率要高一到两倍,因此,相比其他企业员工的劳动强度,海底捞的员工劳动强度自然更高。例如海底捞没有脚上不起泡的传菜员,手没有不烂的后堂刷碗工,嗓子没有不哑的前台服务员等,但即使这样,他们仍面带微笑,充满自信和阳光地面对顾客,而且是发自内心的微笑。当被问及"你们这么热情,为的是什么?"时,几个服务员都说,"为了你能再来我们海底捞"。他们都非常坚信着海底捞的生意好了,他们也就好了。可见,海底捞的员工事实上已经将海底捞视为自己真正的家,将海底捞的事当作自己的事,并且是发自内心的,不懂"互惠"内涵的他们已经在用实际行动在实践着"利益共同体"的朴素道理,而这都与海底捞提供的组织支持迎合了雇员内在需求分不开,双方经过长期磨合产生了心理共鸣,进而激发强烈的组织承诺,更多的是情感承诺。同时,这种情感承诺在雇员流动方面得到进一步的呈现,拥有1万多名员工的海底捞流动率一直保持在10%左右的低水平,而中国餐饮业的平均流动率高达28.6%。在员工流失率极高餐饮业，海底捞能做到一直保持较低的流动率，必定是与海底捞的留人举措分不开的，这对中国其他餐饮企业如何做好人力资源管理工作将具有积极的借鉴意义。

（一）规范化的薪酬与福利制度

海底捞在发展过程中，始终把尊重与善待员工放在首位，具体体现在以下三个方面：

1. 提供具有竞争力的薪酬和福利来吸引、留住员工，建立长久的劳工关系

主要体现在：

（1）上班就吃饭，比上班点到要好。海底捞的早饭是在9点上班以后吃的，下午饭是在4点上班以后就吃的，所以他们早上、下午上班以后都是直接吃饭。如果上班就点到，必然需要维持秩序，需要让大家站好，需要批评迟到的人，结果想调动员工的情绪就难以做到，因为还没开始干活就批评人了。但是一上班就吃饭却不一样，因为不用点到，人人见面以后相互问候："吃了没有"。加上伙食很好，所以员工不会迟到——吃饭的事，谁也不想落在别人后头。心理上对上班这件事不会很抵触，因为上班就意味着直接吃饭。即使吃饭以后的例会上也会有对不好现象的批评，但是这时说几句重一点的话就没有关系了，因为上班吃饭已经施"恩"了，再施些"威"并不会引起抵触。我不知道这种时间与模式是不是他们刻意安排的，但是可以肯定，这是符合中国人思维的。中国人向来喜欢"先礼后兵"，还喜欢先吃饭，吃饱了饭再干活。所以觉得海底捞的吃饭制度实在是很有意思。需要说明的是，海底捞没有"后勤经理"这样的职位，店长全面负责这些吃喝拉撒的事情。并且，每个领导都是员工的"后勤经理"，生活上不方便的事情可以随时找领导，马上能够得到解决。

（2）薪金构成。海底捞的薪金构成是建立在他们的"员工发展途径"之上的。普通员工可以通过升职提高工资，如果不能升职也可以通过评级提高工资。例如，某家店员工大概在170~180名，有1名店长、1名实习店长（从后堂经理提升）、1位大堂经理、1位后堂经理、9名领班。不同级别人员基本工资和分红不同。所有做满1个月的普通员工都参与评级，领班以上则不参加。全店有1名功勋员工、2名劳模员工、2名标兵员工、27名先进员工。不同岗

位的基本工资不一样，但是高出来或者低出来的那部分完全会被级别的不同拉平，甚至高变低，低变高。例如，功勋员工的总收入就在大堂、后堂经理之上，更是比自己的领班高出很多。并且功勋员工享受到更多的福利待遇，受到更多的尊敬。除普通员工的收入可以超过经理这一特色之外，海底捞员工工资中还用了一个很有特色的制度：分红。其实"分红"与"奖金"并不一定有本质上的差别，都是从利润里拿出一部分来奖励给员工；而且"分红"不一定比"奖金"高到哪里去——可能会高一些吧，也可能不会高，谁知道呢？但是，"分红"这个词绝对比"奖金"更有魅力。因为很多单位都给普通员工奖金，而只有他们海底捞给普通员工分红；绝大多数企业都只给股东分红，而只有他们海底捞给普通员工分红。换句话说，"奖金"的激励效果已经退化了甚至快要沦落到和基本工资一个地位；不给奖金员工肯定不满意，给多一点奖金也不会提高多少员工满意度。但"分红"还是一个"新事物"，激励效果还很大，员工说起他们有"分红"的时候都特别自豪，因为他们感觉到了和别人不一样的待遇。容易的事情，人人都会做，都能做。所以，只做这种很容易的事情的人，不足以委以重任；只做这种很容易的事情的企业，不能在竞争中求得生存。海底捞这个企业做到了别的餐饮企业不容易做到的事情，所以他们现在能够蓬勃发展；海底捞的领导和员工做到了别的餐饮企业员工不容易做到的事情，所以他们享受高出别人的待遇完全正常，也完全应该。

　　(3) 海底捞采用宽带薪酬。海底捞的员工90%以上来自农村，打工的最初目的是为了养家糊口，让家人过上好生活，为此，海底捞的薪酬属于宽带薪酬，员工大致通过3条晋升路线升职，使基本工资升高。如果不升职，也可以通过在自己的岗位上努力工作，获得较高的级别，使基本工资升高。只有普通员工才可以参加先进、标兵、劳模、功勋员工的评比，领班以上的则不允许参加。这样就可以实现做得好，同样可以拿到低岗高薪，做到了宽带薪酬，同时，海底捞给员工的薪水属于行业中等偏上。而且，所有岗位除了基本工资，还有浮动工资与奖金，作为对员工良好工作表现的鼓励。

　　2. 实行员工奖励计划

　　从2003年7月起，给优秀员工配股，以西安东五路店作为第一个试点分店，规定一级以上员工享受纯利润为3.5%的红利。2005年3月，又推出第二期"员工奖励计划",以郑州三店作为员工奖励店给优秀员工配股,并经公司董事会全体董事一致同意,从郑州三店开始计算,公司每开办的第三家分店均作为员工奖励计划店。同时,补助方面。例如,只要是店长以上级别,如果把孩子带到北京念书的话,就可以每年在公司报销1.2万元以内的学费。这就让店长们可以顺利地将家迁到北京了。还有,经理以上级别的员工的父母每月发给200元补助,这对农村的老人来说就差不多够花了,而且这还使经理们产生自己能够供养家庭、赡养老人的自豪感。还有,海底捞给予员工所有福利中最有意思的是他们的员工餐,不排队也秩序井然,没有人会着急打饭,谁都不会担心少了自己那份。

3. 员工宿舍家庭式管理

管理人员与员工都住在统一的员工宿舍。并且规定,必须给所有员工租正式小区或公寓中的两三居室,不能是地下室,所有房间配备空调、电视、电脑,步行20分钟能够到达工作地点。宿舍有专人管理、保洁。员工的工作服、被罩等也统一清洗。若是某位员工生病,宿舍管理员会陪同他看病、照顾他的饮食起居。海底捞的一位总部领导曾经对包头海鲜店的领导说:"一定要关心每一位员工。你可以不用他,但是不能不爱他,不能不关心他。"这句话说出了感动员工的真正方法:关爱是感动之源,只有付出我们的关爱,员工才能被感动。

(二)独特的激励方式

海底捞除给予员工基本工资、福利等较普遍的报酬之外,更重要的还有其独特的激励方式,如海底捞的鼓励工作就做得非常出色,在海底捞,即使员工到店里的时间不长,但都能感受到无处不在的鼓励。首先,领导在店里面和员工在一起工作本身就是一种莫大的鼓励。领导们开会相当有煽动性,不受鼓舞都不行。虽然他们的内容和风格会各不相同,但是都从不同的方面鼓励你。其次,因为领导时刻都在员工身边,所以他们能够看到员工做得好的地方,能够做到随时鼓励员工。鼓励有时候是当时的口头奖励,也有时是第二天例会上的实物或者现金奖励。对于当天表现优秀的员工,在快下班的时候后堂经理会找到他,然后鞠一躬,说:"谢谢你,你今天卫生保持得很好。"每天例会上都有人受到表扬,小会上也有表扬。第一天新员工入职的例会上,最早自我介绍的奖励一瓶雪碧,唱歌的奖励一瓶酷儿。晚上新员工小会上后堂经理又给每人奖励一个橙子，原因是大家做得都很好。第二天你可能又得到一个苹果的奖励，原因是礼貌用语用得好。第三天早上小会可能又得到一个苹果，原因是请店长吃了一根从地上捡起来的油条，店长说节约意识强，交代领班一定奖励一个苹果。再次，表扬的权力放得很低，批评的权力却很高，甚至可以说很少有批评。例如，在部门小会上，领班就可以奖励苹果，直接从水果房拿苹果就行了；店里有一个公告栏，谁都可以写一封表扬稿放到那里，所以表扬稿的落款五花八门，有的是店长，有的是领班，有的是某位基层员工。又次，海底捞要求对待同事要跟对待顾客一样礼貌，还有很多相互问好的具体要求。例如，同事照面要把右手放胸口，弯腰鞠躬（跟客人打招呼也是这种姿势）说"你好，辛苦了！"送脏餐具回洗碗间要说"你好，辛苦了，请回收！"洗碗阿姨要说"收到，谢谢！"下单到上菜房要说"你好，辛苦了，请上菜！"师傅们也要回答"收到，谢谢！"上菜房出了配好一托盘菜后要说"你好，辛苦了，请走菜！"传菜员要说"收到，谢谢！"这些都是相互的鼓励。最后，榜样的鼓励。从入职培训的时候开始，培训师要自我介绍，这时候她就会把自己作为榜样，让新员工学习朝她的方向努力。到店以后，从店长到经理，都会在自我介绍的时候把自己作为榜样，鼓励新员工学习他们，超过他们。也会列举店里其他优秀员工的例子，供新员工学习。海底捞的店长、经理都是从普通服务员走过来的，他们都改变了自己的命运，并且也还能继续改变自己的命运，所以他们也希望更多的人改变自己的命运。这些身边的例子不得不使新员工相信，在海底捞可以改变自己的命运。感动一个人其实很容易，给予他足够的关爱就可以了。在海底捞，他们认为"关心员工"不是一项独立的考核标准，而是所有工作的根本。例如，店长会这样问后堂经理："你的员工上个月流失率那么大，你是怎么关心你的员工的？"经理会这样问领班："你的员工今天情绪这么差，你是怎么关心你的员工的？"他们甚至给员工发足光粉，泡脚，以解脚臭。

海底捞每家店的办公室都很小，只有财务人员才在办公室，才坐在椅子上工作。店长、经理们在上班时间和普通员工一样，是不会坐的，也不会时不时就往办公室跑。再加上他们还要考核员工，安排员工生活等一些事情，海底捞的店长、经理们在体力上就要比普通员工辛苦得多。但是没有人露出疲倦的样子，即使眼睛里充满血丝，也会闪烁光芒，被看到的人会感受到赞赏与鼓励，很受振奋。但是，人毕竟都不是铁打的，海底捞的店长、经理们这么玩命地工作，如果没有人激励他们，他们也撑不住。员工的激励来自店长、经理，而店长、经理的激励则来自他们的前任、上级，还有创始人张勇董事长。作为公司的创始人，张勇极力推行一种信任平等的价值观，"每一个工会会员都必须明白一个基本道理，我们不是在执行公司命令去关心员工，而是真正意识到我们都是人，每个人都需要关心与被关心，而这个关心基于一种信念，那就是'人生而平等'。这些平等意识将激发员工更大的工作热情，把海底捞当作自己的事业来做"。

海底捞给予普通员工除了物质回报外，还给他们信任与授权，让他们收获幸福感和成就感。信任不是说出来的，而是做出来的。海底捞的一线员工即服务员，有给客人自行打折和免单的权力。这等于给了海底捞服务员在其他所有餐馆只有经理级别才可以拥有的权力。

（三）规范的分工和协作制度

1. 员工与员工之间

海底捞始终认为协作比分工更重要，因此，非常重视部门员工之间互帮互助关系的建立和维护。海底捞不同部门员工的上班时间都是一致的，只分早班、正常班、晚班。同一班次所有人都一起上班，一起下班。那么肯定会有人有时工作量太小而有时工作量又太大。于是，调派清闲的人去忙的部门帮忙就是领班和经理们的重要日常工作之一。他们总结出了从不同部门调派人手的规律，如早饭之后调派洗碗间阿姨们到上菜房帮忙摘菜、洗菜，11点半以后调回；随即调派几名传菜员到上菜房帮忙配菜，1点左右调回，调出几名上菜师傅出来帮忙传菜；14点钟则会调派很多不忙的人到洗碗间洗碗、擦盘子。往往在同一个区域服务的会是很多不同部门的人。例如，送锅底的是配料房的人，给客人进行桌上服务、发毛巾的是服务组的人，收台、撤餐具、加豆浆的是传菜组的人，拖地的是保洁组的人，传菜过来的很可能是上菜房的人。由于入职培训是全面的培训，进店以后也会轮岗，年轻人一般都会所有的前、后堂程序，而年长一些的人也差不多会后堂大多数程序，所以协作起来一点都不困难，也不会出现责任不明确的问题。对传菜员有一个很基本的要求，就是来回不能空手。其实这也是对每一个人的要求。店长如果从前堂到后堂去,也不会空手跑,而是会带上一个撤下来的锅底,或者捎回去几张服务员来不及下的菜单。撤台一项工作,某店105张桌子,只有4个专职撤台人员。因为收餐具、送餐具这些工作大家顺便就帮着做了,他们基本上只需要擦桌子。传菜员传菜的时候,发现有时很难做到回去不空手,因为有时候实在没什么可带回去的,能带的都已经被大家带回去了。"来回不空手"这个要求太厉害了,极大地提高了效率、节约了成本。分工是提高效率的好事,但是如果规定每个人只做自己的事而不顾其他就太僵化。因为由于工作性质差别,每个部门最忙的时段不一致,帮助别人并有别人的帮忙能够将劳动量均匀分摊下来,而大家相互帮忙也是一件让人感到快乐的事情。接受别人的帮忙以后,被帮助的人绝对不会吝啬多说一声"谢谢",而距离就会在不知不觉中被拉近。

2. 管理者与员工之间

海底捞的店长、经理在店里都有很高的个人威望。主要原因并不是他们的职位,而是所有员工都会有这样一种概念:如果我需要帮助,店长和经理一定是最可靠的人——不管是生活上的事情还是工作上的事情,只要我开口,他们就会帮我甚至不用我开口,他们也能知道并做到。店长和经理们都不会在办公室,绝大部分时间都是在工作第一线,哪里最忙、哪里最需要人手,他们就在哪里出现。一是指挥员工之间相互协作,二是随时帮助需要帮助的员工。一个普通员工,他需要什么样的上级?一定是一个能够随时帮助自己的上级,而不是经常坐在办公室甚至都不在店里的上级;一定是一个能够随时鼓励自己的上级,而不是一个经常批评自己的上级;一定是一个能够用实际行动告诉自己哪儿做得不对的上级,而不是一个只用嘴说自己错了的上级;一定是一个对业务比自己还熟练的上级,而不是一个不能动手的上级。所以,在海底捞做一名普通员工相比其他企业是相对容易的,因为普通员工主要受到激励;而在海底捞做一名管理者较难,因为管理者不仅需要熟练掌握所有业务,更主要的是要关心员工。他们甚至需要是优秀的演说家,所到之处要能够提高员工的士气。[1]

(四)家庭网络支持

海底捞在人力资源管理实践中突破传统的个体单元,选择将员工家庭视为

---

[1] 黄铁鹰:《海底捞你学不会》,中信出版社,2011年。

第六章 儒家留人观

一个有机的管理单元，如海底捞员工绝大部分来自张勇老家四川简阳。为了让背井离乡的员工工作时无后顾之忧，公司出资千万元在简阳建了一所寄宿学校，让留守的员工孩子免费上学。公司设立了专项基金，每年拨100万元用于治疗员工和直系亲属的重大疾病。海底捞不仅照顾员工子女，还想到了员工父母。公司每个月会将给大堂经理、店长以上干部、优秀员工的一部分奖金，直接寄给其远在家乡的父母，让父母一起分享孩子的进步和荣耀。谁不想孩子有出息？可衣锦还乡的毕竟是少数，公司寄来的奖金让这些父母脸上有光彩。中国人含蓄，中国的农民更含蓄，心里骄傲不好直说，却说："这孩子有福气，找到一家好公司，老板把他当兄弟！"因此，这些农村老人会一再叮嘱自己的孩子在海底捞好好干，而能够让自己的父母、家人分享自己的成功与快乐，员工也更加自信，更加感恩公司。这些组织支持举措无疑很好地契合了新生代农民工的内在诉求，迎合了员工心声，也拉近了彼此之间的心理距离。组织支持理论认为，员工会对组织的友善或不友善动机和行为做出评估，一旦他们感知到组织为自己高质量地履行关系责任提供便利和支持，他们的组织承诺将大大增强，并以互惠行为回报组织。

（五）组织公平支持

海底捞一直践行"组织公平"的基本原则，许多人力资源管理政策也在不断诠释组织公平。例如，海底捞将员工薪酬直接和个人表现与业绩挂钩，每月评选的优秀员工给予特殊奖励。海底捞从不以门店营业额和利润指标来考核门店经理，张勇对此的解释是"对餐饮企业营业额影响最大的因素是选址，而这是老板的决策。因此，通过营业额考核门店是让门店经理承担老板的决策后果，无疑是最大的不公平！"除了分配公平，海底捞还特别关注机会公平，而这恰恰是处于社会底层的农民工最缺失、最渴望得到的。海底捞鼓励员工自由提出想法，在董事长办公室墙上贴着一张"金点子排行榜"，这就是海底捞特色服务思想火花的源泉。每个月，由各大部长、片区经理组成的创新委员会对员工们提出的创意做出评判，一经评上，员工可以获得相应的奖励，还以创意员工的名字为该创意命名。手机袋、健康秤、防水罩……金点子排行榜上，列出了历次员工们上榜的创意。创业多年来，海底捞员工提出了200多个特色服务创意，其中大部分都在服务实践中得到推广。海底捞不按资历和学历，只按能力的晋升制度是海底捞服务差异化战略的核心。"一个没有服务员经历的管理者，再换位思考也是近台看戏。可是看戏，哪怕是资深票友，也不会真正理解以唱戏为生的压力与追求"，张勇如是说。这套晋升政策除了能保证管理层知道一线服务员的冷暖和压力外，更重要的是让绝大多数员工感到公平，因为他们大都是没有读过大学的农民工。

（六）身份认同支持

海底捞强调企业内部员工身份等同，坚持"人人有权利、人人无特权"。张勇说："我们的管理很简单，因为我们的员工都很简单，受教育不多，年纪轻，家里穷的农民工。只要我们把他们当人对待就行了！"这不仅仅停留在文化塑造和空洞的口号宣传上，许多管理制度也在践行和强化这一理念。例如，公司不看学历、不看经历，唯看业绩表现的晋升标准体现了所有员工之间的身份等同。而且，公司管理层都从一线服务员晋升，相似的成长经历和人身感悟无形中化解了不同层级员工之间的心理隔阂，增强了彼此之间的心理认同和凝聚力，这进一步强化了海底捞身份等同的企业文化。

除了企业内部身份等同外，海底捞也特别关注员工的社会身份等同。海底捞员工大都是"80后"一代，与其父辈相比，他们更加渴望融入城市、享受市民生活，也更加关注身份等同和社会其他群体的尊重与认同等。因此，海底捞采取多种措施帮助员工快速融入都市生活，如为他们聘请专业保洁公司提供后勤服务，让员工体验"被服务"的感觉；培训员工如何辨识红绿灯过马路；如何识别地图搭乘地铁等。这些措施有助于消除农民工的自卑心理，让他们意识到餐饮服务员并非低人一等，从而从内心认同自己。并且，海底捞洞察了员工的诉求与无奈，并积极创造各种条件为员工融入城市生活提供支持。例如，新员工入职第一天的培训内容不是如何做好一个服务员，而是如何辨识红绿灯过马路、如何识别地图、如何搭乘地铁、如何使用冲水马桶等，让员工接触并适应都市生活习惯。很多餐饮企业为了节约成本，往往让服务员住在地下室。但海底捞为员工租住的全都是正式住宅小区的两三居室且都配备空调；考虑到路程太远会影响员工休息，公司规定从小区步行到工作地点不能超过20分钟；还雇用物业公司负责保洁、为员工拆洗床单，让员工体验"被服务"的感觉；公寓还配备了上网电脑；如果员工是夫妻，则考虑分配单独房间……这些措施既有助于消除农民工的"自卑"心理,让他们从心理上融入这个城市;同时也为他们真正适应城市生活提供了各种客观便利。

三、海底捞留人实践小结

(一) 海底捞对待员工的诸多政策或做法充分体现了儒家"民为贵,君为轻"的人本思想

这对于企业组织来说,就是特别强调了要"以人为本",要重视人。正所谓"士为知己者死,女为悦己者容",受到尊重与感动的员工,你完全可以放心地交给他任何工作。一家企业树立了这一思想,无疑就是找到了解决留人难问题的根本。显然,在海底捞的发展过程中,其就是始终把尊重与善待员工放在首位,真正地做到了"以人为本",由此,海底捞员工的忠诚度也就不断提高,这从同行其他企业员工流失率普遍保持在30%左右高水平,而海底捞员工流失率却只有10%这一数据中即可看出。

(二) 海底捞对待员工的诸多政策或做法充分体现了儒家"惠则足以使人"的待遇留人基础

儒家认为,要尊重人们对于物质利益的追求,孔子甚至把"足食"看作是治理政事需要解决的三个重大问题之一。正如子曰:"恭则不侮,宽则得众,信则人任焉,敏则有功,惠则足以使人。"[①] 在这里,孔子认为只有满足了人的物质利益需要,才能调动人的工作积极性,显然,这也是一个组织能够吸引人才、留住人才的基础,作为优秀的管理者首先就应尊重人的物质利益需要,要尽可能给予下属更好的福利待遇,海底捞也正是这样做的,为了保障员工切实的物质利益,海底捞制定了具有较强激励性的规范化薪酬和福利制度。如海底捞的薪金构成是建立在他们的"员工发展途径"之上的,普通员工可以通过升职提高工资,如果不能升职也可以通过评级提高工资;普通员工工资中还引入了员工分红制度;采用宽带薪酬,员工大致可通过三条晋升路线升职,使得基本工资升高,如果不升职,也可以通过在自己的岗位上努力工作,获得较高的级别,使基本工资升高,普通员工还可以参加先进、标兵、劳模、

---

① 《论语·阳货篇第十七》。

功勋员工等的评比,由此,普通员工同样可以拿到低岗高薪,有些普通员工的收入甚至可以超过经理的收入;员工薪酬水平在同行业中总体处于中等偏上的水平;实行"员工奖励计划",给优秀员工配股等。无疑,正是这些具有竞争力的薪酬待遇政策才保障了海底捞员工最基本的物质利益,从而也构成了员工安心工作的基础。

(三)海底捞对待员工的诸多政策或做法充分体现了儒家"君使臣以礼,臣事君以忠"的情感留人的根本

根据现代组织行为学理论的人际关系学说观点认为,人非"经济人",因此,对于人的激励,金钱报酬不是提高人们积极性的唯一动力,人是"社会人",即人不仅有经济与物质方面的需求要得到满足,更重要的是人还有社会与心理方面的需求要得到满足。对此,儒家很早就提出对人的激励除了物质、地位上的激励外,情感激励也是非常重要的一种手段,君主尊重臣子,以礼贤下士的方法任用、礼待臣子有时甚至比用高官厚禄更能吸引人才与留住人才,正如子曰:"君使臣以礼,臣事君以忠。"[①] 显然,对于企业组织来说,同样如此,管理者要想真正留住人才,尤其是要想真正留住人才的"心",那么,尊重人才,对人才给予真正的关爱,让人才能够真正感受到组织或管理者对其的情感投入,正如孟子曰:"君之视臣如手足,则臣视君如腹心;君之视臣如犬马,则臣视君如国人;君之视臣如土芥,则臣视君如寇仇。"[②]

由此看来,海底捞对待员工的诸多政策或做法确实充分体现了儒家"君使臣以礼,臣事君以忠"的情感留人的根本。如海底捞对员工的尊重不只是停留在口号上,而是落实到了其对员工日常生活及其家庭的关怀与关爱的每一个细节上:为帮助海底捞员工尽快融入城市、享受市民生活,新员工入职第一天的培训内容不是如何做好一个服务员,而是如何辨识红绿灯过马路、如何识别地图、如何搭乘地铁、如何使用冲水马桶等,让员工接触并适应都市生活习惯;为了使员工能够得到社会其他群体的尊重与认同,海底捞为员工租房要求

---

① 《论语·八佾篇第三》。
② 《孟子·离娄章句下》。

必须是正式住宅小区的两三居室，且都要配备空调、电视、上网电脑等，考虑到路程太远会影响员工休息，公司规定从小区步行到工作地点不能超过20分钟，还雇用物业公司负责保洁、为员工拆洗床单，让员工体验"被服务"的感觉；为了使员工真正获得公司全方位的关爱，海底捞在人力资源管理实践中对员工的关怀与关爱还突破了传统的个体单元，而选择将员工家庭视为一个有机的管理单元。海底捞员工绝大部分来自张勇老家四川简阳，为了让背井离乡的员工工作时无后顾之忧，公司出资千万元在简阳建了一所寄宿学校，让留守的员工孩子免费上学；公司设立了专项基金，每年拨100万元用于治疗员工和直系亲属的重大疾病；公司每个月会给大堂经理、店长以上干部、优秀员工的一部分奖金，直接寄给其远在家乡的父母，让父母一起分享孩子的进步和荣耀；如果员工是夫妻，公司会考虑给他们分配单独房间；如果有员工把孩子带到北京读书的话，就可以每年在公司报销1.2万元以内的学费；若是某位员工生病，宿舍管理员会陪同他看病、照顾他的饮食起居；等等。可见，海底捞对待员工是实实在在的真情关怀与关爱，公司如此对待员工，怎能换不回员工对公司的高水平情感承诺呢？正如海底捞的一位总部领导曾经对包头海鲜店的领导说："一定要关心每一位员工。你可以不用他，但是不能不爱他，不能不关心他。"这句话说出了感动员工的真正方法：关爱是感动之源，只有付出我们的关爱，员工才能被感动。

（四）海底捞对待员工的诸多政策或做法充分体现了儒家"故由天子至于庶人也，莫不骋其能、得其志、安乐其事"的事业留人的关键

人才一般都具有强烈的成就欲，都有着极力通过对某一事业目标的追求而实现其个人价值最大化的欲望，现代组织行为学的激励理论对此进行了较为充分的阐述。然而，儒家经典思想更是早就对此进行了明确的论述，正如荀子曰："故由天子至于庶人也，莫不骋其能、得其志、安乐其事，是所同也。"显然，荀子认为，从天子到普通百姓，没有谁不想充分施展自己才能的，没有谁不想着实现自己的志向，也没有谁不想安逸愉快地从事自己的工作，这是每个人都具有的共同特点。由此可以看出，儒家认为人们期望通过对事业目标的追求而实现其人生价值的最大化是从天子到普通百姓所有人的共同追求。

在这一方面，海底捞又是如何做的呢？海底捞给予员工充分的信任与授权,让员工收获幸福感和成就感。海底捞给予员工的信任不是说出来的,而是做出来的。如海底捞的一线员工即服务员,就有给客人自行打折和免单的权力,这等于授予了海底捞一线服务员在其他所有餐馆只有经理级别才可以拥有的权力;给予员工公平晋升的机会。海底捞不按资历和学历,只按能力的晋升制度是海底捞服务差异化战略的核心。张勇认为:"一个没有服务员经历的管理者,再换位思考也是近台看戏。可是看戏,哪怕是资深票友,也不会真正理解以唱戏为生的压力与追求。"这套晋升政策除了能保证管理层知道一线服务员的冷暖和压力外,更重要的是让绝大多数员工感到公平,因为他们大都是没有读过大学的农民工,但在海底捞只要肯干,干得好就能够得到公平的晋升机会,由此,在海底捞几乎所有的管理人员都是内部提拔,并且是从一线服务员工一步一步干上来的;海底捞还特别关注机会公平,而这恰恰是处于社会底层的农民工最缺失、最渴望得到的。如海底捞鼓励员工自由提出想法,在董事长办公室墙上贴着一张"金点子排行榜",这就是海底捞特色服务思想火花的源泉。每个月,由各大部长、片区经理组成的创新委员会对员工们提出的创意做出评判,一经评上,员工不仅可以获得相应的奖励,还能以创意员工的名字为该创意命名。手机袋、健康秤、防水罩……金点子排行榜上,列出了历次员工们上榜的创意。近年来,海底捞员工提出的特色服务创意多达200多个,其中大部分都在服务实践中得到了推广;等等。无疑,这些管理措施的推行,不仅保障了每一位员工在海底捞都有一个公平发展的机会以及成长的空间,更为重要的是,在这一事业的平台上,能让每一位员工即便是一线的普通服务员工都能感受到公司对他们的信任与授权,他们也能积极地为公司发展建言献策,所提建议如果被采纳不仅能获得相应的奖励,还能被列入"金点子排行榜",甚至是以创意员工的名字为该创意命名,显然,这些对激起员工内心的成就欲是具有非常重要的促进作用的。无怪乎,当海底捞员工被问及"你们这么热情,为的是什么?"时,服务员都说,"为了你能再来我们海底捞"。

(五)海底捞对待员工的诸多政策或做法充分体现了儒家"以和为贵,和而不同"的留人原则

儒家认为,实现了"人和"就可以使组织中人与人之间的关系处于非常和谐的状态,由此,就能形成巨大的凝聚力与向心力,使组织中的成员上下同

第六章 儒家留人观

心,全体成员可目标一致,心往一处想,力往一处使,从而形成一个有凝聚力、有向心力的集体或组织。正如荀子曰:"故义以分则和,和则一,一则多力,多力则强,强则胜物。"① 那如何能够做到"和"呢?对此,儒家也进行了较充分的论述,以说明人与人之间如何达成"和"的状态。孔子认为,只要人人都能够以诚信之心、真诚之心待人,人人都能够恪守本分,以信立人,求同存异,进而在彼此"不同"中实现和睦相处以及关系的和谐。对此,海底捞又是如何做的呢?如海底捞建立了规范的分工和协作制度。海底捞非常重视部门员工之间互帮互助关系的建立和维护,并认为协作比分工更重要,这是海底捞充分认识到了服务业独特特征的表现。由于餐饮业不同岗位的工作性质、职责以及各岗位之间的强关联性等关系,海底捞通过总结不同部门员工相关工作的规律,进行明确的分工和协作,促使各部门之间互帮互助,不仅有利于降低企业的成本,还有利于提升员工的工作效率,同时,更重要的是,在规范的分工和协作过程中,员工之间加深了对彼此的了解,彼此之间相处也更加的融洽了;海底捞的管理者经常为员工充当着指导者与帮助者的角色。在大多数企业,管理者基本上将任务传达给下面的员工,然后强调说其只重视任务最终的结果,至于其他都是员工自己的职责,管理者给人的感觉总是高高在上,而在海底捞,管理者是真正是具有相当的威望,而这种威望与其在企业中的职位无关,而是与管理者个人的人格魅力相关的。因为,在海底捞,管理者不仅仅往下分配任务,更重要的是充当指导者、帮助者的角色,所有员工都会有这样一种概念:如果我需要帮助,店长和经理一定是最可靠的人——不管是生活上的事情还是工作上的事情,只要我开口,他们就会帮我甚至不用我开口,他们也能知道并做到;在海底捞对员工的出色表现会毫不吝啬地给予肯定,即使员工到店里的时间不长,但都能感受到无处不在的鼓励。在海底捞,表扬的权力放得很低,批评的权力却很高甚至可以说很少有批评。在部门小会上,领班就可以奖励苹果,直接从水果房拿苹果就行了。店里有一个公告栏,谁都可以写一封表扬稿放到那里,所以表扬稿的落款五花八门,有的是店长,有的是领班,有的是某位基层员工。同时,海底捞还要求对待同事也

---

① 《荀子·王制第九》。

要跟对待顾客一样礼貌,并有很多相互问好的具体要求。由此,海底捞真正创造了一种人人相互关爱的和谐环境。不难看出,在海底捞中无论是管理层与员工之间,还是员工与员工之间的关系,都无不体现着儒家"以和为贵,和而不同"的留人原则。

参考文献

[1]（魏）刘劭：《人物志》，中州古籍出版社，2007年。

[2]（北宋）程颢、程颐：《二程集》，中华书局，1981年。

[3]楚云：《卫哲离职背后——阿里巴巴B2B公司缘何高调处理中国供应商欺诈事件》，《新财经》2011年第3期，第66-69页。

[4]北京老字号协会：《构筑成长成才通道 培育企业发展人才——同仁堂集团人才建设新措施》，《时代经贸》2009年第8期，第56-60页。

[5]蔡泽华：《孟子教育观评述》，《青海师专学报》2002年第3期，第1-8页。

[6]陈继红：《名分·秩序·和谐——先秦儒家名分思想的一种解读方式》，《南京大学学报》（哲学·人文科学·社会科学版）2012年第5期，第140-149、160页。

[7]陈德述：《儒家管理思想论》，中国国际广播出版社，2008年。

[8]陈戍国点校：《四书五经·论语·先进》，岳麓书社，2002年。

[9]程颐：《河南程氏遗书》（卷十九），朱熹编，商务印书馆，1935年。

[10]程斯辉、武家舫：《关于儒家培养创造性人才思想的思考》，《教学与管理》1999年第11期，第3-6页。

[11]丁四新：《世硕与王充的人性论思想研究——兼论〈孟子·告子上〉公都子所述告子及两"或曰"的人性论问题》，《文史哲》2006年第5期，第43-54页。

[12]杜娟：《儒家教育思想对当代中学语文教育的影响》，云南师范大学硕士学位论文，2006年。

[13] 杜任之、高权帜：《孔子学说精华体系》，山西人民出版社，1985 年。

[14] 杜喜荣：《中国传统人文思想解读》，中国文联出版社，2009 年。

[15] 方孝孺：《逊志斋集》，宁波出版社，2000 年。

[16] 樊建武：《从与现代教育的冲突与融合看儒家教育思想及其德育传统的现代价值》，西安科技大学学位论文，2003 年。

[17] 费洪根：《孔子的教育创新》，《东疆学刊》2008 年第 25 卷，第 1 期，第 89-96 页。

[18] 费孝通：《乡土中国》，中华书局，2013 年。

[19] 冯兵：《论孔子善恶混存的人性观》，《哲学研究》2008 年第 1 期。

[20] 冯友兰：《中国哲学史新编》（第一册），人民出版社，1982 年。

[21] 冯友兰：《中国哲学简史》，北京大学出版社，1985 年。

[22] 冯友兰：《中国哲学史》，华东师范大学出版社，2001 年。

[23] 高小玲、刘巨钦：《从人性假设视角透析管理思想回归的内在历史逻辑》，《南开管理评论》2005 年第 8 期，第 83-90 页。

[24] 葛甲：《阿里巴巴月饼事件是规则问题 与价值观没有关系》，http://news.mydrivers.com/1/499/499709.htm，2016-09-16。

[25] 巩见刚：《传统儒家用人哲学及其当代借鉴》，《中国井冈山干部学院学报》2014 年第 7 期，第 94-100 页。

[26] 龚喜春：《孔子的人才思想与企业家的用人之道》，《湖北师范学院学报》（哲学社会科学版）2002 年第 1 期，第 62-65 页。

[27] 谷兴荣：《中国传统人性假设与华人管理思想探讨》，《广东商学院学报》2014 年第 1 期，第 11-16 页。

[28] 顾准：《顾准文集》，贵州人民出版社，1994 年。

[29] 韩秀丽：《儒家"任人唯贤"的人才观及现代意义》，《北京联合大学学报》2001 年第 6 期，第 26-30 页。

[30]（汉）孔安国、（唐）孔颖达等：《尚书正义》，北京大学出版社，1999 年。

[31] 贺韧：《儒家传统道德教育思想探析》，湖南师范大学博士学位论文，2006 年。

[32] 黄河：《儒家管理思想研究综述》，《南阳理工学院学报》2009 年第 3 期，第 40-41 页。

[33] 黄铁鹰：《海底捞你学不会》，中信出版社，2011 年。

[34] 黄卫伟等：《以奋斗者为本：华为公司人力资源管理纲要》，中信出版社，2014 年。

[35] 姜英来：《荀子的管理思想》，东北财经大学博士学位论文，2009 年。

[36] 匡亚明：《孔子评传》，南京大学出版社，1990 年。

[37] 乐爱国：《朱子格物致知论研究》，岳麓书社，2010 年。

[38] 李存山等：《中国文化通志·哲学志》，上海人民出版社，2002 年。

[39] 李大元、陈应龙：《东方人性假设及中国管理流派初探》，《经济管理》2006 年第 17 期，第 44-47 页。

[40] 李桂花：《王符社会思想研究》，重庆师范大学学位论文，2009 年。

[41] 李慧芬：《荀子管理思想研究》，山东大学博士学位论文，2010 年。

[42] 李磊：《大学之道——浅析孔子治学思想》，《西昌学院学报》（社会科学版）2009 年第 6 卷，第 21 期，第 38-41 页。

[43] 李丽丽：《先秦儒家和谐教育思想研究》，东北师范大学博士学位论文，2011 年。

[44] 李泽厚：《论语今读》，生活·读书·新知三联书店，2004 年。

[45] 李则直：《中国古代人才观》，经济管理出版社，1997 年。

[46] 黎红雷：《儒家管理哲学》，广东高等教育出版社，2010 年。

[47] 黎红雷：《儒家管理哲学研究情况简介（续）》，《哲学动态》1991 年第 9 期，第 43-44 页。

[48] 梁秋英、孙刚成：《孔子因材施教的理论基础及启示》，《教育研究》2009 年第 11 期。

[49] 梁漱溟：《梁漱溟先生讲孔孟》，上海三联书店，2008 年。

[50] 凌文辁、张治灿、方俐洛：《中国职工组织承诺研究》，《中国社会科学》2001 年第 2 期，第 90-102 页。

[51] 林俊俊：《〈荀子〉管理哲学思想研究》，华东师范大学博士学位论文，2012 年。

[52] 林叶连：《〈诗经〉中的"君子"身份》，《辅仁国文学报》2006年第1期，第66页。

[53] 刘国民：《董仲舒的经学诠释及天的哲学》，首都师范大学博士学位论文，2003年。

[54] 刘华荣：《儒家教化思想研究》，兰州大学博士学位论文，2014年。

[55] 刘敬鲁：《孟子"性善论"的价值意蕴及其对社会治理的意义》，《复旦大学学报》（社会科学版）2015年第2期，第55-62页。

[56] 刘清：《朱熹教育思想浅论》，《大学教育》2012年第12期，第20-21页。

[57] 刘文勇：《儒家文学教化说与价值理性》，《西南师范大学学报》（人文社会科学版）2005年第5期。

[58] 刘瑛、赵颖：《人才管理问题国外研究成果综述》，《科技管理研究》2014年第2期，第75-79页。

[59] 卢文舸：《历代名儒小传》，杭州出版社，2011年。

[60] 卢美松：《朱熹的教育目的论和教育内容论浅释》，《教育评论》1990年第6期，第50-51页。

[61] 陆建国：《同仁堂：一脉相承的"仁、才、新"》，《中外企业文化》2009年第1期，第34-36页。

[62] 吕艳：《董仲舒新儒学意识下的德教体系建构》，《兰州学刊》2005年第2期，第279-280页。

[63] 马鹏翔：《君子与名士——汉晋士人理想人格转型之研究》，南开大学博士学位论文，2014年。

[64] [美] 狄百瑞：《儒家的困境》，黄水英译，北京大学出版社，2009年。

[65] 孟子：《孟子·告子上》，世界书局，1939年。

[66] （明）王阳明：《王阳明全集》，上海古籍出版社，1992年。

[67] 南怀瑾：《话说中庸》，东方出版社，2015年。

[68] 宁向乐：《二程教育思想比较研究》，陕西师范大学学位论文，2015年。

[69] 钱穆：《孟子研究》，开明书店，1948年。

[70] 钱穆：《论语新解》，巴蜀书社，1985年。

[71]（清）刘宝楠：《论语正义》，中华书局，1990年。

[72] 邵方：《儒家思想与礼制——兼议中国古代传统法律思想的礼法结合》，《中国法学》2004年第6期，第155-162页。

[73] 石训等：《北宋哲学史》（下卷），河南人民出版社，1987年。

[74] 史晓麟：《儒家"以民为本"与中国企业管理制度内在关联性研究》，河南大学学位论文，2008年。

[75] 宋新忠：《孔子人才管理思想——以〈论语〉为考察中心》，山东大学学位论文，2008年。

[76] 孙丽：《"理性经济人"假设基于儒家思想的扩展——中国经济学人性行为假设初探》，《经济理论与政策研究》2013年第6期，第65-75页。

[77] 孙湜茗：《析儒家人才观及其现代意义》，《中国哲学史》1997年第2期，第12-17页。

[78] 孙哲：《儒家教育传统的基本特征及其意义》，《陕西师范大学学报》（哲学社会科学版）2009年第7期，第89-90页。

[79] 唐凯麟：《论儒家的忠恕之道——兼对普遍伦理的历史反思》，《求索》2000年第1期，第71-76页。

[80]（清）唐甄、吴泽民校：《潜书》，中华书局，1955年。

[81] 汤恩佳：《儒学的回顾与展望》，《中国文化研究》2000年第3期，第17-21页。

[82] 陶愚川：《中国教育史文化比较研究》，山东教育出版社，1985年。

[83] 王奥：《浅谈儒家仁学思想与社会主义荣辱观》，《中山大学研究生学刊》（社会科学版）2008年第4期，第157-162页。

[84] 王璐颖：《先秦儒家人才观透视》，第二军医大学学位论文，2012年。

[85] 赵保佑、高秀昌、荆建刚：《墨学与和谐世界》，河南人民出版社，2009年。

[86] 王守仁：《王阳明全集》，吴光等编校，上海古籍出版社，1992年。

[87] 汪三汝：《先秦儒家德育智慧及其现代启示》，暨南大学学位论文，2011年。

[88] 徐复观：《中国人性论史》，上海三联书店，2001年。

[89] 徐细雄、淦未宇:《组织支持契合、心理授权与雇员组织承诺:一个新生代农民工雇佣关系管理的理论框架——基于海底捞的案例研究》,《管理世界》2011年第1期,第131-143页。

[90] 颜士梅:《国外战略性人力资源管理研究综述》,《外国经济与管理》2003年第9期,第29-33页。

[91] 杨伯峻译注:《论语译注》,中华书局,1980年。

[92] 杨伯峻译注:《孟子译注》,中华书局,2012年。

[93] 杨杜、高蕊、关一:《让企业充满奋斗者:以奋斗者为本的华为文化体系研究》,《中国人力资源开发》2015年第12期,第94-96页。

[94] 姚瀛艇:《宋代文化史》,河南大学出版社,1992年。

[95] 叶显恩:《儒家传统文化与徽州商人》,《安徽师范大学学报》(哲学社会科学版)1998年第4期,第5-18页。

[96] 尹长云:《论儒家推己及人的人性论根据》,《学术论坛》2006年第10期,第39-41页。

[97] 游唤民:《论孔子的"性善论"及在其学说中的地位》,《湖南师范大学社会科学学报》2004年第3期,第5-8页。

[98] 于超:《孟子、荀子教育哲学思想比较研究》,《教育学报》2013年第8期,第114-121页。

[99] 余英时:《现代儒家的回顾与展望》,生活·读书·新知三联书店,2004年。

[100] 余海舰:《荀子管理哲学思想研究》,湖南师范大学博士学位论文,2012年。

[101] 张道勤:《试论韩非"生而好利"人性观在其法术理论形成中的作用》,《浙江大学学报》(人文社会科学版)2002年第32卷,第4期。

[102] 张杰:《浅谈孟子的教育思想》,《企业研究》2010年第14期,第114-115页。

[103] 张觉:《荀子译注》,上海古籍出版社,2012年。

[104] 张军、朱方明、陈健生:《从"经济人"到"知识人":解读人性假设的历史变迁与经济学研究范式的重构》,《经济评论》2004年第4期,第

36-42 页。

［105］张琳：《荀学三论》，复旦大学博士学位论文，2003 年。

［106］张欣：《中国古代儒商和现代儒商的比较研究》，西安工业大学硕士学位论文，2006 年。

［107］张颖：《因材施教——教育教学的经典原则》，《山东教育学院学报》2003 年第 1 期，第 102-108 页。

［108］赵法生：《孟子性善论的多维解读》，《孔子研究》2007 年第 6 期，第 16-25 页。

［109］赵国祥：《中国古代"人性恶"假设与管理》，《史学月刊》1996 年第 2 期，第 7-11 页。

［110］赵纪炳：《论语新探》，人民出版社，1959 年。

［111］周璐：《先秦儒家管理哲学研究综述》，《管理工程师》2014 年第 5 期，第 48-52 页。

［112］周伟民：《孔子的管理哲学·实践精神·实践程序》，《海南大学学报》（社会科学版）1995 年第 3 期，第 8-9 页。

［113］周振甫：《周易译注》，中华书局，1991 年。

［114］朱绪健：《先秦儒家管理思想研究》，山东大学学位论文，2012 年。

［115］朱文彬、赵淑文：《高等教育心理学》，首都师范大学出版社，2007 年。

［116］朱哲、鹿丽萍：《有教无类　立德树人——孔子教育思想的伦理意蕴》，《伦理学研究》2009 年第 5 期，第 75-80 页。

［117］Allen N J, Meyer J P. The Measurement and Antecedents of Affective, Continuance, and Normative Commitment to the Organization ［J］. Journal of Occupational Psychology, 1990（63）：1-18.

［118］Axelrod B, Handfield-Jones H, Michaels E. A New Game Plan for C Players ［J］. Harvard Business Review, 2002（1）：81-88.

［119］Batt R. Managing Customer Services：Human Resource Practices, Quit Rates, and Sales Growth ［J］. Academy of Management Journal, 2002（45）：587-597.

［120］Becker H S. Notes on the Concept of Commitment ［J］. American Journal of Sociology, 1960 (66): 32-42.

[121] Becker B E, Huselid M A. Strategic Human Resource Management: Where do We Go from Here? [J]. Journal of Management, 2006 (32): 898-925.

[122] Boselie P, Dietz G, Boon C. Commonalities and Contradictions in HRM and Performance Research [J]. Human Resource Management Journal, 2005 (15): 67-94.

[123] Boudeau J W, Ramstad P M. Talentship, Talent Segmentation, and Sustainability: A New HR Decision Science Paradigm for a New Strategy Definition [J]. Human Resource Management, 2005 (42): 129-136.

[124] Boudeau J W, Ramstad P M. Beyond HR: The New Science of Human Capital [M]. Boston, MA: Harvard Business School Press, 2007.

[125] Buckingham M, Vosburgh R M. The 21st Century Human Resource Function: It's the Talent, Stupid! [J]. Human Resource Planning, 2001, 24 (4): 17-23.

[126] Cappelli P. Talent on Demand [M]. Boston, MA: Harvard Business School Press, 2008.

[127] Cappelli P. Talent Management for the Twenty-first Century [J]. Harvard Business Review, 2008 (3): 74-81.

[128] David G C, Kamel M. Strategic Talent Management: A Review and Research Agenda [J]. Human Resource Management Review, 2009 (19): 304-313.

[129] Heinen J S, O'Neill C. Managing Talent to Maximize Performance [J]. Employment Relations Today, 2004 (31): 67-82.

[130] Hilton D M. Hiring and Retaining Top Talent [J]. Credit Union Executive Journal, 2000, 40 (5): 12-16.

[131] Huselid M A, Beatty R W, Becker B E. "A Players" or "A Positions"? The Strategic Logic of Workforce Management [J]. Harvard Business Review, 2005 (9): 110-117.

[132] Kesler G C. Why the Leadership Bench Never Gets Deeper: Ten In-

sights about Executive Talent Development [J]. Human Resource Planning, 2002 (25): 32-44.

[133] Lepak D P, Shaw J D. Strategic HRM in North America: Looking to the Future [J]. International Journal of Human Resource Management, 2008 (19): 1486-1499.

[134] Lepak D P, Snell S A. The Human Resource Architecture: Toward a Theory of Human Capital Allocation and Development [J]. Academy of Management Review, 1999 (24): 31-48.

[135] Lepak D P, Snell S A. Examining the Human Resource Architecture: The Relationships among Human Capital, Employment, and Human Resource Configurations [J]. Journal of Management, 2002 (28): 517-543.

[136] Luthans F, Luthans K, Luthans B. Fositive Psychological Capital: Going beyond Human and Social Capital [J]. Business Horizons, 2004, 47 (I): 45-50.

[137] Mercer S R. Best-in-Class Leadership [J]. Leadership Excellence, 2005, 22 (3): 17.

[138] Meyer J P, Allen N J. Testing the "Side-bets Theory" of Organizational Commitment: Some Methodological Consideration [J]. Journal of Applied Psychology, 1984 (69): 372-378.

[139] Michaels E, Handfield-Jones H, Axelrod B. The War for Talent [M]. Boston, MA: Harvard Business School Press, 2001.

[140] Pascal C. Talent Management Systems: Best Practices in Technology Solutions for Recruitment, Retention, and Workforce Planning [M]. Canada: Wiley, 2002.

[141] Peter Boxall. Achieving Competitive Advantage through Human Resource Strategy: Towards a Theory of Industry Dynamics [J]. Human Resource Management Review, 1998, 8 (3): 265-288.

[142] Peter F. Drucher. The Practice of Management [M]. New York: Harper & Brothers, 1954.

[143] Walker J W, Larocco J M. Talent Pools: The Best and the Rest [J].

Human Resource Planning, 2002, 25 (3): 12-14.

[144] Wright P M, McMahan G C, McWilliams. A Human Resources and Sustained Competitive Advantage: A Resource-based Perspective [J]. International Journal of Human Resource Management, 1994, 5 (2): 301-326.